新时期财政预算绩效管理的策略研究

谢 颖 著

H.P.H 哈尔滨出版社
HARBIN PUBLISHING HOUSE

图书在版编目（CIP）数据

新时期财政预算绩效管理的策略研究 / 谢颖著. -- 哈尔滨：哈尔滨出版社, 2022.7
ISBN 978-7-5484-6614-7

Ⅰ. ①新… Ⅱ. ①谢… Ⅲ. ①财政预算－经济绩效－财政管理－研究－中国 Ⅳ. ①F812.3

中国版本图书馆CIP数据核字(2022)第133752号

书　　名：新时期财政预算绩效管理的策略研究
XINSHIQI CAIZHENG YUSUAN JIXIAO GUANLI DE CELÜE YANJIU

作　　者：谢　颖　著
责任编辑：韩金华
封面设计：赵　郎

出版发行：哈尔滨出版社（Harbin Publishing House）
社　　址：哈尔滨市香坊区泰山路82-9号　　**邮编：**150090
经　　销：全国新华书店
印　　刷：北京宝莲鸿图科技有限公司
网　　址：www.hrbcbs.com
E-mail：hrbcbs@yeah.net
编辑版权热线：（0451）87900271　87900272
销售热线：（0451）87900201　87900203

开　　本：787mm×1092mm　1/16　**印张：**10.25　**字数：**235千字
版　　次：2022年7月第1版
印　　次：2022年7月第1次印刷
书　　号：ISBN 978-7-5484-6614-7
定　　价：68.00元

凡购本社图书发现印装错误，请与本社印制部联系调换。
服务热线：（0451）87900279

前　言

新时期下，随着我国大力推进依法治国，财政预算绩效管理成为国家金融制度大环境下的重要研究课题。十九大的召开，为我国预算制度建设指明了方向，全面规范透明、标准科学、约束有力成为预算制度建设的重要标杆，同时要求我国从国家层面上全面实施绩效管理。早在多年前，我国已经通过《预算法》等多部法律法规对国家公职金融部门、单位对政府经济的支出、预算管理、开支细节等情况进行了有计划、有步骤的规范化建设，本着对国家负责、对人民负责的态度认真落实财政绩效管理。新时期下的财政制度，就是要以法制建设为核心，以财政预算绩效管理为手段，以资金流动管控为目标，形成从中央和地方的财政绩效管理体系。

目前我国经济发展势头良好，然而随着市场经济系统的健全和财务公开的连续性改善，政府财政管理的问题已经集中到公务细节公开这一新阶段。财政绩效管理已经是包含新内容与新措施的政府财政管理体系中最为重要的一环，其内容涵盖：政府采购、部门预算和财政集中化收支改革。可以说，财政预算绩效管理的改革是国家整体改革过程中政府自身改革的重要关节，需要建立更为科学的财政绩效管理系统来进一步改进资源分配。经济全球化也突出了政府改革的迫切性，随着我国走向国际舞台的建设项目越来越多，传统的财政管理体系已经无法很好地适应国内与国际的金融现状。打破税收体制改革的障碍，使得国家可以全面落实财政绩效管理，提高政府责任化管理的意识，进一步改进公共服务水平，提高经济使用成效。

全面实施预算绩效管理对于各级政府改革、政务处理能力提升意义重大，有利于推进行政责任建设，提高服务质量。通过政务公开、公示等方法，提高政府机关的工作透明度，有利于增强政府与人民群众的沟通能力，提高政府的公信力，促进国家信用体系健全完善，提高人民生活幸福度。《新时期财政预算绩效管理的策略研究》首先探讨了财政绩效管理的内涵与意义，其次介绍了预算绩效管理的工作方法，然后有针对性地分析了实际工作中存在的主要问题，最后提出了提高预算绩效管理水平的几点建议，为下一步的财政绩效管理研究打下基础。

作者

2022.3

目录

第一章　导论

第一节　研究背景

财政预算绩效管理作为在“新公共管理”运动背景下催生的政府绩效管理的重要组成部分，是一种以支出结果为导向的预算管理模式。其实质是将绩效理念融入财政管理活动的全过程，并由绩效目标、绩效运行监控、绩效评价和绩效结果反馈运用组成的一个综合系统。实行财政预算绩效管理是国家治理与公共财政的必然要求，是政府角色由传统的“统治型”向“服务型”转变的必然要求，也是建设现代化财政制度的必经之路。最先兴起财政绩效管理的西方发达国家将其作为提升政府预算管理水平、强化部门支出责任、提高公共物品供给质量、优化财政资源配置、节约公共支出成本的重要手段，并投入了大量的精力进行实践探索和理论研究。自21世纪以来，我国为缓解收支压力，提高政府预算管理水平，建设责任型政府、阳光型政府，开展了对预算绩效管理的探索，从中央到地方，从中央行政单位到经济社会各领域如社保、农业等，财政预算绩效管理经历了由简入繁、先易后难、由点到面逐步扩大的过程。党的第十九次代表大会提出实施“全面预算绩效管理”的战略思想，更是将财政预算绩效管理推向了新高度。

尽管如此，我国的财政预算绩效管理仍面临着诸多问题和挑战：

一是绩效目标管理不完善，绩效目标编制不够科学、内容较笼统，甚至由财务人员编写，存在较大的随意性，而且目标管理未渗入预算管理和绩效管理全过程；

二是理论界将大量的精力集中于绩效评价技术层面，对绩效管理制度体系的研究有所忽视，而制度体系的建设才是绩效评价的依据；

三是绩效评价在一定程度上流于形式，因为绩效目标、绩效标准等绩效信息建设和管理不足，使得绩效评价难以量化，绩效标准、绩效指标设计缺乏科学性和可行性，绩效管理基础薄弱，阻碍了评价结果的实际应用以及反馈机制的研究；

四是绩效应用及外部监督还缺乏合理的制度安排，现有的评价机制基本为财政与部门内部化，外部监督形式化问题突出。

可见，这一综合系统的有效运行需要各环节紧密相扣，形成预算绩效管理闭环，而目标管理、绩效评价和评价结果应用这三个主要环节的协同性正是解决这一问题的关键所在。而从其可行性方面来看，经过十余年的预算管理制度改革，我国财政预算绩效管理制度大致框架已基本形成，绩效监管力度得以加强，技术水平不断提升，资金使用效益明显提高。至此，不论是政策方面，制度方面，还是技术方面都已经有了保障，形成了较为成熟的实施环境。

所以,《新时期财政预算绩效管理的策略研究》首先探讨了财政绩效管理的内涵与意义,其次介绍了预算绩效管理的工作方法,然后有针对性地分析了实际工作中存在的主要问题,最后提出了提高预算绩效管理水平的几点建议,为下一步的财政绩效管理研究打下基础。

第二节　研究综述

一、国外研究现状

第一,国外早期的实施国家公共财政预算支出绩效管理的方法和思想来源于工业革命后建立的一套国家财政预算审计管理机制,其主要作用之一就是监督审查国家公共财政预算支出的基本合法性和预算的合规性。国外关于绩效管理财政预算的第一个基本定义是在 1949 年由美国内战时期总统财政预算绩效管理办公室(OMB)所提出的:美国绩效管理财政预算就是这样一种财政预算,它明确描述了国家公共财政支出的基本目标,预测了在其制订和实施相应的工作目标和计划的过程中所需花费的时间和资金量,并发展了一套量化的指标体系来衡量财政支出的多少、具体工作情况及是否达到预期效果。Terry Fenrick(1995)强调经济性、效率性和有效性,提出的"3e 公共收入支出测评体系标杆管理基本准则"成为我国现代政府绩效标杆管理理论常用的理念和基本准则。美国俄勒冈进步委员会(OPB)通过标杆系统管理法(benchmarking)对委员会和政府的工作进行指导,管理法的三部分组成了当时构建的指标体系:一是确定和说明每个指标系统的相关性及其所属的目标领域;二是在建立各层次指标体系的基础上,重新选取各指标领域中具有重要代表性的部分,而这些被选取的部分需要具有较高的评价水平和价值;三是在各部分的基础上,确定了具有重要针对性的公共财政支出最终评价指标。

第二,在研究美国财政预算和支出的绩效评价基本理论这一重要层面,Cole(2009)率先进行了关于政府资源分配等一些关于财政职能的理论研究,详细深刻地研究了美国政府财政收支方面的情况和绩效评价之间的关系。他还提出来要将公众的意愿和需求当作财政预算绩效评价的基石,这样在资源配置时,能全面提升政府资源配置的效率。Breidenbaugh 和 Arimandrew(2010)等人再次通过深入研究证实了他们的观点,这对管理学研究内容的丰富十分重要。Hill, Heth 和 Alismatthew(2011)等人随后得出了一个新结论:通过多方面多层次多角度的研究,公共资源产品私有化可以使政府预算绩效评价以及管理能力得到很大的优化和改善。Saleh,Alisalman(2011)等人发现,政府在配置公共财政资源时,不应该将控制财政支出作为资源配置的手段,而应始终以政府开展基本活动和满足民生发展的需要为出发点;Willamson(2012)Sprinkle,Geoffeyb 等人则进一步分析了私有化与新公共产品管理相结合的观点,指出为了促进私有化财政的绩效管理,必须严格开展私有化财政的预算管理和绩效评价,对优化财政预算的效率、规模和结构都有极为重要的作用。Klemmer(2012)运用图文结合的方法,详细介绍了美国政府的财政收支和预算管理情况,进一步阐释了社会公众是财政收支的支付者和受益者,应对财政收入进行合理的管理、规划和使用。

第三,绩效评价的方法包括三个方面。Gloria(2002)等人在国际研究中,主要关注的是用于评价政府支出预算绩效的作业成本法（ABC 成本法），该法充分发挥出政府的导向作用，对决定和优化政府财政支出预算绩效起着重要作用。Harvie 和 Afoncharles（2005）等人则分析了成本与政府预算评价、支出与绩效的关系，着重分析了通过使用成本法来考量实际作业成本与标准作业成本之间的作业成本差异，从而进一步明确政府绩效的评价效果。Schuknecht、Afonso（2015）等人在进行国内外研究时，通过研究工业化国家的绩效评价实况，结合数据包络分析方法，利用政府支出预算对财政支出评估的绩效进行了作业成本法评价分析。Mattie（2013）等人分析了绩效评价支出在政府权责发生制中的具体实施和适用范围，并以美国、新西兰、英国和日本、澳大利亚等国为例展开了深入的研究。另外美国兰德公司等人，提出使用德尔菲法确定政府财政支出绩效评估预算指标的权重。希腊塞萨利大学 George 和 Hackes（2012）用数据包络分析法和财务比率分析法对工业企业进行绩效评价。Vanitas 等人（2015）采用综合指数法，结合很多经济分析指标，计算公共财政预算中的综合经济效益，并考虑其综合指数。Freeman（2017）研究发现物质资本和人力资本存量是政府进行财政科技支出的前提，并以此实现技术的进步和创新，推动经济的稳定增长。

二、国内研究现状

在建立和完善财政预算支出绩效评价指标体系这一方面：贾康（2010）表示，建立财政预算支出绩效评价指标体系，应从支出质量和数量这两个角度准确描述我国政府财政预算资金的实际使用情况和效果，全面评价财政支出这一政府职能最终的实现程度和财政资金配置的效率。白文杰（2012）表示，应该将我国财政预算支出绩效评价和预算管理看作对政府财政收支的监管手段，并形成一套规范性制度加以约束。王雁（2011）提出，建立财政支出的绩效评价体系和加强预算管理，其核心意义是，进一步强调我国财政预算支出中管理目的与实际产出最终效果之间的联系。张晓菡、张悦政（2017）利用知识网络图谱法，发现财政预算支出相关领域的绩效评估将是接下来一段时间的研究热点。

赵亮（2016）提出，目前我国的财政预算收入和支出的绩效评价体系具有社会总体性、多样性、多层次性、外在影响性四个基本的特点。即我国的财政预算和支出的收入和绩效评价的过程需要从国家和社会的实际和总体经济情况出发，把社会财政资金的实际支付和耗用情况充分放到国家和社会在发展和生产的总过程当中来考察，财政支出绩效评价的工作需要从社会政治、经济、文化等多个社会层面的角度入手，从多个主体的角度、多个层次的角度进行绩效评价分析。另外，在制定和开展我国财政预算支出收入和绩效评价的工作时，不仅必须要充分考虑到社会财政的分配和经济活动的直接分配结果，还要充分考虑间接的结果。

李燕（2017）根据构建财政预算评价指标体系的基本原则，设计了一套衡量和评价地方财政用于科技的支出和绩效评价的指标体系，收集整理了《中国科技支出统计年鉴》中有关科技产出的绩效指标数据，并运用数据包络分析法和改进模型，对广东省 2007—2015 年地方财政科技支出绩效进行了横向分析，完成了 2015 年除新疆、西藏、港澳台等 30 个官方区域外，各级地方财政科技创新支出总体绩效评价的比较与跟踪分析，最后根据数学实证结果，提出了提高地方财政科技支出效率的建议。

目前我国财政预算支出绩效评价研究的内容和重点基本上集中于以下几个方面：沈书海（2003）提出，我国政府财政支出的绩效评价应当始终坚持两方面原则，一方面是综合性和特殊性相结合，另一方面是定量和定性相统一；彭健、黄志强（2006）提出，在对政府财政支出进行绩效评价时，应当明确其流程，同时要建立一套完备的省级政府财政支出绩效评价投入支出信息管理系统；丛树海（2007）认为，研究当前省级政府财政预算投入与产出绩效，应考虑其是否满足成本不容改变这一个大前提，即在此条件下，要做到以最小的投入实现财政支出收入和效益的最大化。贾晓云（2007）提出，在研究省级财政预算收支环节上，必须重视政府绩效评价及管理；张军（2008）主要应用了非参数模型、数据包络分析法，分析了当前我国的绩效评估以及改革之后的财政支出相对效率，同时在相关研究中他还发现了影响效率的因素，及财政支出的效率；刘振亚（2009）等人以省级各级地方政府预算投入产出的绩效结果为例，结合数据包络非参数分析方法，指出在当前形势下，各方面发展仍有很大增值空间，也指出严格控制政府财政预算是提高支出效率的重要政策之一；乔久华、鲁春艳（2014）等人综述了目前财政支出投入的绩效评价方法，包括财政成本收益绩效评价法、最低投资额评价法、专家评议分析法和综合评价法等，他们还对评价主体进行了系统性的比较；廖逸儿等人（2017）认为，支出绩效评价指标要以第三方为财政支出评价主体，其评价指标的范围应当针对资本投资、过程和监督，以及如何实现国际社会的目标和满足国际社会的需要；郑方辉（2017）认为，近年来我国对财政支出进行绩效评价的理论和实践方向有五大发展趋势：从中央和地方的探索到顶层的设计、从内部的评价主体到外部组织实施绩效评价、从以人大财政部门和社会组织作为财政指出评价的主体到以人大第三方作为财政支出评价的主体、从人大采用一般性的评价方法到采用具有针对性规范化的评价、评价结果从内部通报对外公开到向国际社会公开。

张瑞龙（2019）提出，预算部门整体要建立四维度支出绩效评价体系，而且要结合预算部门的职能进行绩效评价，并通过投入产出的效率，考核实际工作开展情况，体现工作实绩；贝晓松（2019）提出，要将全面预算绩效管理贯穿于生产经营的全过程，将绩效考核作为企业生产经营的重要组成部分，有关部门应根据绩效结果建立奖惩机制，激发工作积极性，促进资源要素合理分配；张桂玲，陈利花（2019）通过数据包络分析法（DEA），基于科技投入绩效评价指标设计原则，构建了科技投入绩效评价指标体系，在此基础上评价河南省科技投入绩效，给出了政策建议；孙欣（2018）则提出了增强责任意识、提高资源利用效率和实现财政目标的重要举措。

三、国内外研究现状综述

国外对于财政预算绩效的理论、实践和研究均比我国起步早，通过考察我国的绩效管理的意义、绩效评价的基本方法以及对预算制度改革的绩效制度分析这三个基本方面的研究内容，使我们对于绩效管理预算体制改革的难点和困境有了一个更清晰的理解和认识，从而为我们推进改革提供了一条新的线索与途径。其中特别值得注意的一点是，这些研究主要是基于西方发达国家的法律制度、经济发展背景以及其实践经验综合总结下的，虽然它们对我国的法律和相关预算理论研究有一定的参考借鉴意义，但是我们也不能全盘接受，应该更好地结合我国具体的国情，有选择性地学习吸收。

国内专家学者们普遍认同绩效预算改革是预算管理制度建设和改革的长远发展方向，但是绩效预算改革是一个漫长的过程。随着我国逐渐丰富的绩效预算制度改革经验和理论研究，绩效预算制度改革也逐渐具备强有力的政策理论和实践支持。

当前，国际上关于财政预算支出和评价的研究也存在着一定的缺陷，具体表现如下：对于财政预算支出绩效评价的研究还没有一个全面、系统的认识和论述，现有的支出绩效研究通常是选取某一个角度，研究其理论和现实意义，而财政预算支出绩效研究的具体目标及其总体建设情况与评价，在理论和逻辑上还存在一些不足，导致财政预算绩效支出的相关研究缺乏明确的研究方向。目前，关于预算支出与绩效的分类及相关的研究主要是从预算支出的基本概念和理论渊源、结构性问题、深层次原因以及直接影响预算支出与绩效的因素等方面进行并提出解决对策，实际在影响收支因素的分类、构建指标和绩效评价方面还存在一定差异，需要进一步对其科学性进行验证。

第二章　财政预算绩效管理内涵概述

第一节　新时期财政预算绩效管理的含义

一、财政预算管理的相关概念

（一）财政预算相关概念阐述

对于“财政”的概念，学界的论述尚不能完全统一。基于各种结论和数据，本文认为财政主要是指政府为提高资源配置效率所采取的一系列法律程序和行政措施，科学分配国民收入，促进经济稳定发展，让行政行为的各项职能实现效益最大化。不同的研究人员提出来了不同的观点，毛翠英（2013）等学者提出，公共财政是社会对政府收入和消费者支出的一种经济行为，这些财政收入和支出行为影响着政府职能的有效发挥，并从宏观、中观和其他微观角度影响着社会经济的发展模式。贾佳（2016）等学者认为，财政在狭义上是指经济财政收支，侧重领域和重点应该是财政收入支出的现金流量。

预算是经国务院法定程序的，由国务院审核或者批准且由国家中央财政年度制定的集中性财政收支计划。它明确规定了国家集中性财政收入的各项资金来源和数量、财政支出的各项资金用途和财政支出数量，反映出整个社会和国家的政策、政府经济活动的主要影响范围和发展方向。预算中所包含的主要内容不仅是经济预测，它还可以涉及如何综合处理所有的变量。预算不仅包括财政集中收支，而且它具有计划性、公开性、政策性和法制性等特征。此外，预算的内容还可以包括财政资金的分配、行政管理、公共资源的分配、承担社会政策等职能。

（二）财政预算支出相关概念阐述

基于各种结论和数据，财政预算支出一般按照其资金来源来划分，按照《财政总预算会计制度》（财政部 2015 年 10 月 10 日印发、财库〔2015〕192 号）规定，分为一般公共预算本级支出、政府性基金预算本级支出、国有资本经营预算本级支出、财政专户管理资金支出、专用基金支出、转移性支出、债务还本支出、债务转贷支出等。

一般公共预算本级支出是指政府财政管理的由本级政府使用的列入一般公共预算的支出。政府性基金预算本级支出是指政府财政管理的由本级政府使用的列入政府性基金预算的支出。国有资本经营预算本级支出是指政府财政管理的由本级政府使用的被列入国有资本经营预算的支出。财政专户管理资金支出是指政府财政用纳入财政专户管理的教育收费等资金安排的支出。专用基金支出是指政府财政专用基金收入安排的支出。

转移性支出是指在各级政府财政之间进行资金调拨以及在本级政府财政不同类型资金之间调剂所形成的支出，包括补助支出、上解支出、调出资金、地区间援助支出等。其中，补助支出是指本级政府财政按财政体制规定或因专项需要补助给下级政府财政的款项，包括对下级的税收返还、转移支付等。上解支出是指按照财政体制规定由本级政府财政上缴给上级政府财政的款项。调出资金是指政府财政为平衡预算收支、从某类资金向其他类型预算调出的资金。地区间援助支出是指援助方政府财政安排用于受援方政府财政统筹使用的各类援助、捐赠等资金支出。

（三）绩效管理相关概念阐述

从树海、周炜（2005）等提出，绩效管理就是指一个企业行为管理过程的效果，其管理的结果主要是工作效率、效率和有效性。翁钰栋、许梦博（2016）等人认为，绩效是指在企业生产和经营中有效利用人力资源管理所取得的业绩和成果。伍玥（2017）认为，随着中央及地方政府对企业绩效人力资源管理的高度重视，“绩效”不仅是指投入的基本经济和基本产出效率还包括人力资源成本、支出效率。

对于“绩效管理”这一概念，赫尔曼·阿吉斯教授（2013）认为，绩效管理的概念是为了最终实现企业组织的一个总体目标而不断地识别、衡量和改进现在的个人绩效或企业和团队整体绩效的一个过程。毛太田（2013）提出，绩效管理的五个基本特征分别是：企业发展导向、目的方向导向、系统战略思维、以人为本导向和有效沟通导向。李文静等（2015）指出，绩效管理的过程并非静态的过程，而是会不断演变变化的一个动态的过程，以持续沟通为中心，以提高绩效为最终目标。绩效管理方法从广义上来讲，就是企业为提高绩效目标而采取的一系列有效的绩效管理的方法和措施，包括绩效管理过程和绩效监控管理运行、目标管理、绩效评价管理和绩效管理结果评价。

绩效是指投入要素后的产出、成本后的收益以及在不同层次上为特定目的而进行的活动的有效产出，如效率和效果。预算绩效管理是政府或其他部门通过绩效评价手段，考核预算结果和财政支出目标的过程，并对财政支出的绩效结果进行考核，对绩效管理方式方法进行指导。绩效评价以及绩效管理的主体可以解释为，从绩效评价管理的主体目标管理角度和定义来看，预算结果和绩效管理的目标评价部门和主体一般可以包括公共财政部门、财政拨款的预算单位、第三方中介机构等。公共财政部门主要领导单位是负责公共财政的法定代理人、公共财政拨款的监督部门绩效检查的主要负责人，负责指导组织和监督指导其他财政部门的预算绩效考核。公共财务部门领导单位主要是政策的实施者，主要职责是建立、组织、评价本部门和本单位下的具体工作。

（四）预算绩效评价相关概念阐述

在了解预算项目的表现之前，首先我们需要了解预算开支的定义。部门财政预算支出是业务单位在一个预算年度内预计在各项职能活动中发生的工作任务的总支出，并通过编制年度预算报告反映出来，通常年度预算包括基本支出、经营支出、项目支出、上缴上级经费费用的支出，以及给予附属机构（企事业单位）的财政补贴预算支出。基本收支的重要内容包括发展项目的经营预算和支出预算。基本支出和预算，一般来讲指的是行政管理机关及事业单位为了保障其行政管理机构正常运转、完成日常的工作管理任务而需要编制的行政机关年度基本的支出和计划。事业发展项目的支出和预算一般是指事业或行政管理机关事业单位为了完成其特定的事业或行政管理机构工作而确定的任务或者特定的事业或行政发展计划目标确定的行政机关年度基本事业或行政发展计划项目，并依据具体确定工作的内容确定所编制的行政机关年度事业发展项目基本支出和计划。事业发展项目的支出又可以分成建设性专项支出和事业发展性专项支出。建设性专项支出又可分为基本建设、企业内部挖潜改造、科技三项建设费用等。事业发展性专项支出一般包括国家教育、科学、卫生、文体广播、农林水、社会保障、公安、安全、外事等行政部门为了完成某项特定的工作任务而产生的专项费用和支出。

预算项目绩效的管理一般认为绩效是指在对项目预算的管理中必须树立预算和绩效的理念，在密切关注项目预算的投入、目标的设定、绩效跟踪的需要的同时，以预算产出为重点的绩效管理注重绩效评价及其成果的应用，应纳入地方政府预算、执行和成果评价的整体绩效管理过程，进一步完善地方政府绩效管理资金的使用和经济效益、社会效益的分配，即支出投入的产出。

绩效评价是财政部门对财政项目预算支出和效果的评价。评价方法和评价标准应把握的原则是：客观理性、公平公正、科学精准、合理使用。绩效考核管理作为预算绩效管理的核心部分，在对财政事业部门或企事业单位中期业绩进行自我评价的基础上，对预算项目财务支出的中期业绩目标进行评价，并对一些主要预算专项基金和其他财政政策支持专项基金进行中期政策支出业绩目标评价，逐步形成相应的预算项目业绩评价指标的评价结果，建立以重大预算项目为考核单位的绩效管理制度，逐步实现财政资金全覆盖的管理模式。为了使绩效评估管理目标成为主要的导向、手段和质量保证，开展预算项目绩效评估，加强成果应用，促进绩效预算优化管理和资源配置的实现，绩效考核一般按照国家有关法律法规和规章制度、中长期区域发展规划和部门的年度工作计划以及项目管理制度、有关行业的工作规范、部门职责和行业标准、预算申请和批准材料、年度决算报告、年度审计报告等资料进行。评估对象包括经营单位财政财力资金和转移支付。根据预算支出类型的不同，预算支出绩效评价可分为基本财政预算支出和项目财政预算支出。

基本财政预算支出绩效评价指标的选取应该更加注重基本预算支出和项目预算支出，重点绩效评价具有支出大、对社会经济影响达到一定程度、与业务职能密不可分等特点。绩效考核还应严格按照既有的科学分类、规范制度等一些与绩效管理相关的基本原则进行绩效管理。关注项目支出的经济性和效益性，采取定量和定性的方法，严格按照规定的程序，做到公平公正、规范标准、信息准确、公开监督评价，通过对项目支出的投入产出效果进行绩效评价，然后得出一个清晰、简洁的评价结果。

二、财政预算管理相关理论

（一）财政预算管理相关概念

1. 财政预算管理的内涵

财政预算管理是政府极其重要的一项职能，是基于预算编制、预算执行、预算调整、决算、预算监督和绩效评价等财政预算工作展开的一系列管理活动，对经济社会的发展和稳定起着至关重要的作用。其中财政预算必须是经法定程序审查批准的、政府及其部门在一个财政年度内的财政收支计划。政府部门的每一项经济活动都必须有财政预算，财政预算直接体现着政府的政策意图，直接关系到社会经济运作的好坏，因而，科学、规范、严谨地制定财政预算是每年政府部门的头等大事，财政资金投向哪里，财政蛋糕如何切分，考验着领导者的决策力，也关系着一个地区的发展繁荣。基于其不可比拟的地位，财政预算管理是现代国家公共财政体制建设的基本内容，也是衡量一个国家或地区经济发展现代化水平的重要风向标。

随着经济社会的转型，我国财政预算管理制度几经变迁，从最初的计划经济体制时代到如今的市场经济体制时代，财政预算管理制度也随之从计划经济财政预算制度向市场经济财政预算制度改革。无论是因为内在压力还是外在需求，财政预算管理越来越突破传统的管制，通过不断的改革规范，传统的思想管理和管理模式逐步被取代，新的财政管理模式如绩效预算、预算公开常态化等发挥财政资金使用效益的操作模式成为了中央到地方的一致改革方向，成为了社会民众的普遍诉求，财政预算制度改革正在大步向公共财政预算制度方向迈进。

2. 财政预算管理的周期

财政预算管理的周期包括：预算编制、审批财政预算、部门预算批复、预算公开、预算执行、决算和审计监督。其中审计监督贯穿整个周期的任意阶段。预算编制是政府预算管理周期的首要环节，是在法律法规允许的范围内，结合相应的方针政策，对下一财政年度的可使用财力科学评估，并运用一定的支出预算编制方法，如基数预算、零基预算等方法测算全年的财政支出计划。审批财政预算是人大的一项重要职能，主要是审议财政预算草案的收支安排情况，人大常委会、人大代表有权对财政安排计划提出质疑，只有经人大会审议通过的财政预算草案才能作为下年财政收支安排计划。部门预算批复和预算公开是按照新《预算法》的要求，在人大会审议通过财政预算草案后的一定时间内，由财政部门批复各预算单位预算，并依法进行政府预算和部门预算公开。预算执行是预算管理周期的重要环节。它主要围绕着人大会通过的财政草案的具体执行展开，包括如何合理、科学、规范、有效地实现财政收支预测，确保财政资金的安全、高效，还涉及政府会计的核算、预算指标的下达、用款计划的审批和支付等等环节。预算执行主要围绕着如何合法合规地实现政府的财政政策目标，如何有效监督制约财政资金的分配和使用等环节。决算时对预算资金的实际使用情况进行统计和分析，是核查预算执行偏差率是否大的一种方式。审计和监督是贯穿全过程的监督制约模式，无论是审计部门还是内部监督检查部门，都可以对财政支出的过程和结果进行审计取证，这样能有效地保证年初财政预算草案的执行，同时倒逼政府主动适应社会发展新常态，科学合理地使用财政资金。

3. 财政预算管理的目标和形式

基于前面已经提到财政预算管理的意义，财政预算管理的目标可以总结为实现政府的各项政策目标，同时规范政府的收支行为，控制预算支出总量。即在人大等组织或部门的监督下，在规定的范围内，通过合理、规范、高效的方式，对财政资金进行分配和使用，实现经济发展、社会和谐稳定及民生福祉的提高等政策目标。

财政预算的表现形式是年度的财政收支计划，即我们通常说的预算草案，只有经人大审议和批准的预算，才能予以执行。在各个地区，财政预算表现为财政预算报告文档和各类表格，财政预算管理则是包括了预算编制、审批财政预算、部门预算批复、预算公开、预算执行、决算和审计监督的所有行为和活动。

4. 财政预算管理的特征

（1）公益性

财政资金的筹集是为了满足社会公共的需要，弥补市场的不足，所谓“取之于民，用之于民”，财政资金的投向主要是公共产品和准公共产品领域，财政也被称为公共财政，因而，财政资金的分配和使用必须追求公益目标，比如经济社会协同发展、民生福祉不断提高等，而不是从事市场营利活动或者追逐利润。否则，凭借政府部门的特殊权力，必将损害市场经济的其他经济主体，破坏正常的市场经济秩序，扰乱国家公共秩序。

（2）法定性

政府的一切权力来自人民，行使财政预算管理职能时必须按照法定程序进行。因此，财政预算必须是经过立法程序审批通过的财政收支计划，预算草案在经国家立法机构审查批准后才可以执行，且任何人不得随意调整，财政预算管理的法定性规范了政府的行为，体现了对纳税人的责任，同时也提高了财政资金的使用效率。

（3）完整性

从财政预算管理的范围来讲，政府的所有收入和支出都应纳入预算管理，包括一般公共预算、政府性基金预算、国有资本经营预算、社保基金预算、政府债务预算等，即我们通常说的全口径预算，同时，按照预算改革的要求，各地区开始尝试编制三年滚动预算，并逐步探索建立权责发生制综合财务报告制度。所有这些，都体现着财政预算管理的全面性和完整性，也意味着政府对所有财政资金统编统管，进一步规范政府行为。截至目前，很多国家都在追求全口径预算，力求预算信息全面完整，甚至部分国家如新西兰将财政风险控制也纳入了政府预算报告，增加对或有负债的披露。

（4）公开性

财政资金取之于民，用之于民，其分配和使用的方向是反映社会的公共需求，关系每一个纳税人、每一个公民的切身利益，同时站在规范政府财政收支行为的角度，公开是财政预算管理的重要内容，包括了财政预算、预算执行、财政监督及财政决算的全过程公开，并接受公众的监督和质疑。而且，除涉密部门和涉密事项外，财政预算的公开必须站在易于公众理解和审查的角度进行，如现在要求将政府收支分类科目细化到末级科目，分别按照功能科目、经济科目的明细，财政拨款及结余情况等等信息进行公示，并对公开的情况特别是“三公”经费、债务情况、绩效评价情况等进行重点解释说明。

（5）时效性

在我国，财政预算管理的周期为一年。财政预算管理的周期在各个国家各有不同，我国按照公历从 1 月 1 日到 12 月 31 日为一个预算年度，部分国家则采取跨年制，如美国是从 10 月 1 日始至次年的 9 月 30 日止。

（二）财政预算管理体系与方法

1. 分税制财政管理体制

分税制是目前市场经济国家特别是发达国家普遍采用的一种财政管理体制，从各国实践来看，分税制分为完全分税制和不完全分税制两种操作模式。完全分税制是指完全地划分中央和地方税收管理权限，不设置中央和地方共享税种。比如美国这样的联邦制国家。在这种制度下，中央和地方税务机构独立设置，各级政府的事权非常清晰，财权和事权关系密切，多大的财力就安排多大的支出。但是完全的分税制对一个国家的法制环境要求高，社会公众要能够有效监督权力的运行。

不完全的分税制是指不完全划分中央和地方税收管理权限，存在中央和地方共享税种。比如英国、日本等管理权限比较集中的国家。不完全的分税制也是我国采取的财政管理模式。主要包括以下内容：

（1）中央与地方的收入的划分

根据事权与财权相匹配的原则，按税种划分中央与地方收入。其中，与维护国家权益、实施宏观经济调控相关的被划为中央税，比如关税、消费税、进口增值税、车辆购置税以及各银行总行、各保险公司总行的所得税、城建税，还有中央企业的所得税等等。与经济发展直接相关的主要税种被划为中央与地方共享税，比如增值税，“营改增”之前是中央 75%，地方 25%，全面“营改增”之后则是中央和地方各 50%。而与地方征管直接相关的税种被划为地方税，比如契税、土地增值税、耕地占用税、城镇土地使用税等。同时，我国还分设国税系统和地税系统，国税系统负责征收中央税、中央与地方共享税，地税系统征收地方税。

（2）中央与地方的事权和支出责任的划分

中央财政主要承担维护国家安全、外交、中央国家机关运转、实行国家宏观调控、协调地区均衡发展等所必需的支出。地方财政主要承担本区域内行政机关运转以及本区域内经济、社会事业发展所必需的支出。

（3）财政转移支付制度

不完全的分税制将大量财力集中在中央，均衡地方经济发展。在分税制执行后，该制度对政府间财政转移支付的数量和形式进行了相应调整，除保留原体制下中央对地方的固定补助、专项补助和地方上解外，还建立了中央对地方的税收返还制度，即在中央税收上缴完成后，将一部分税收收入返还给地方财政。

经过 20 多年的完善与磨合，中央和地方都已比较适应不完全分税制的管理模式，不完全分税制更适合市场经济发展模式，同时也满足了集中力量办大事的要求，提高了征管效率，为经济社会民生事业的发展奠定了坚实的基础。但同时也导致了财权和事权不对等，地方税收不稳定从而依赖土地财政以及转移支付制度不合理的现象等等。

2. 政府活动扩张法则

政府活动扩张法则，又称“瓦格纳法则”。瓦格纳是 19 世纪 80 年代德国著名的经济学家，德国社会政策学派的代表人物，他通过对 19 世纪 80 年代的英国、德国、法国、美国等国家的公共财政支出进行实证研究，得出了公共财政支出规模不断扩大是社会经济发展的客观规律这一结论。他认为，公共财政支出之所以会不断增长，是因为伴随着工业化进程的加快，社会和经济的发展增加了对政府活动的需求。

首先，市场的不断扩张，使市场中主体之间的关系越来越复杂，由此产生的矛盾和冲突也必然增多，引发对经济法和契约等的需要，因而为更好地维护社会和经济的良好秩序，需要增加公共财政支出。

其次，为了纠正市场失灵等外部效应对资源配置的影响，政府出于参与资源配置的需要，需要增加公共财政支出。

此外，随着经济社会的发展，对文化、教育、医疗卫生福利等公共产品的需求将更加明显，这也会增加公共财政支出。

以上瓦格纳关于公共财政支出不断增长的结论，为多国经济社会发展的历史所证实。

3. 基数预算法

基数预算法是编制预算草案时，以过去年度的预算收支指标为出发点，根据基期预算的执行情况及下一预算年度可用财力，综合考虑影响下一预算年度财政收支的各种变化因素，来确定年度财政收支计划。由于基数预算法的基数是基本不动的，变动时考虑的是增量部分，因而基数预算法又称增量预算法，该预算方法是一种传统的预算编制方法，是我国多年以来长期使用的预算编制办法。基数预算法存在以下优缺点：

（1）优点

方法简单，耗时较少，能够在较短的周期内编制出预算草案，而且由于项目的延续性，协调沟通的成本较低。

（2）缺点

一是会导致资金分配的不均衡。前期基数大的项目不断被放大，不合理的因素得不到及时剔除，导致资金不能投向最急需的领域，部门和部门之间的资金分配不均衡。

二是不利于财政资金发挥效益。部门的重点转向争取更多预算资金，而不是如何节约资金，把资金用在刀刃上，且极有可能导致资金的串用，资金使用效率低下。

三是导致收支难以平衡，财政支出压力大。由于部门都偏向于多争取资金，多列预算，导致支出规模超出可用财力，财政协调困难。

4. 零基预算法

零基预算法的思想最早诞生于20世纪50年代，美国人维恩·刘易斯在他的著作《预算编制理论新解》中指出，在编制财政支出预算时，根据某种标准或方式来决定把一部分资金分配给A部门，而不是B部门，这样分给A部门和分给B部门后资金的使用会产生不一样的效果。他认为，只有通过不同于以往的新的预算编制方法才能解决这一问题，即后来逐渐形成的零基预算法。

零基预算法是指在编制年度预算时，不考虑基期预算的情况，而是一切从零出发，根据各部门单位的实际需要来确定预算草案的编制方法，要求部门单位递交的每一项预算都有足够的依据支撑，并对每一项开支的合理性重新审核，以此测算来年预算编制所必需的资金。因此在一些书中也被称为“不连续预算”。与基数预算法相比，零基预算法有以下特点：

（1）预算的基础不同。

基数预算法以基期的预算执行情况为基础，本期的预算根据基期预算进行调整来确定。而零基预算法的基础则是零，本期的预算是根据本期年度各部门、单位的实际情况和需要来测算必要和合理的资金需求。原有的各项开支都要重新审核。

（2）预算编制的着眼点不同。

基数预算法主要对新增项目进行合理性分析，着重分析预算金额的增减。而零基预算法则对所有的经济活动都要进行成本效益分析，从开展活动的必要性和重要程度来安排有限的资金。

（3）对时间和审核的要求不同。

基数预算法相对来说更易操作，耗时较少，但对资金的效益考量较少。零基预算法的工作量大，要求有高素质的预算编制人员、比较完善的预算定额体系，编制和审核的周期非常长。

5. 绩效预算法

绩效预算法，是指以经济社会发展的战略规划为导向，依据政府职能，重点关注财政支出成本效益分析，强调预算支出结果的一种预算编制方法。也就是说，绩效预算法要求政府的每一笔支出，都符合“绩”和“效”的要求。绩效预算法所倡导的“绩效”理念符合预算管理改革的方向，因而被大多数国家所推崇。绩效预算法包括的内容有：政府职能的界定，如教育、医疗、国防等；部门的设定，如高等院校、联校等；支出的费用，如资本性支出、商品和服务支出等；最终产品，如新建校舍的投入、公共基础设施的配备、医疗保障的覆盖范围等，核定其成本与效益，通过各项收支计划的最终产品的成本和效益来评价其绩效。

绩效预算法有如下优缺点：

（1）绩效预算法推进政府管理模式的变革

与其他预算编制方法不同，绩效预算法最大的变化是推动了“绩效预算”模式的确立，将绩效评价结果作为预算编制的重要依据，融入了成本核算的概念，从而强化了政府的内部控制，倒逼政府部门主动思考财政支出的科学性和效益性。

（2）绩效预算法能更好地反映政府阶段性的发展战略

推行财政支出的绩效评价，意味着支出结构的进一步调整、进一步优化，财政从单纯控制总量到更加关注支出效果，使部门有更多自主分配财政资金的权利，将重点从如何从财政多争取资金转变为如何用好财政资金。

（3）绩效预算法的编制要求较高

由于绩效预算法注重的是成本效益，因而要求预算编制人员有较高的专业素养，而且审查周期会比较长，部分项目绩效目标的量化也存在一定的难度，很难达到真正的评估出项目的绩效水平。从总体上看，实行绩效预算可按照以下三步逐步推开：

首先，将部分项目纳入试点改革。先从部分支出项目的成本效益分析开始，通过绩效评价对其进行量化评估。绩效考评不理想的，直接核减该项目预算或者来年取消、减少项目预算。同时，对所有项目实行滚动管理，建立可执行的项目库。

其次，在所有部门推开项目预算。将所有专项列入绩效评价范畴，在所有单位间树立“绩效”理念，按照效率、公平和效果去使用财政资金，既注重“过程”，更注重支出“结果”，以此倒逼财政预算管理的合规化。

再次，全面铺开绩效预算。杜绝无“绩效”，无支出，确保绩效评价覆盖财政的方方面面，通过一整套量化的指标体系来监督和约束政府的收支行为。

绩效预算法的理念虽然深入人心，但是从欧美多国的改革实践来看，绩效预算法所遇到的改革和阻力较多，而且科学的预算绩效评估体系是整个方法的焦点。如何编制一套合乎每一个项目的绩效评估体系，考验着很多人的辨别力。截至目前，绩效预算法是时下很多发达预算管理制度改革的目标。然而，要真正推行好绩效预算，还需要政府强势推动财政改革，乐见财政改革，并对部分事前、事中行为及时纠正整改；建立合乎实际、合乎“CREAM”标准的预算绩效评估体系，同时应积极稳妥推进权责发生制综合财务制度和财政信息的公开、透明。

（三）我国财政预算管理制度改革的几个阶段

我国财政预算管理改革可以总结为以下四个阶段：

1. 计划经济财政预算制度阶段

这个阶段大概是从 1955 年到 1980 年。总体而言，这一时期的财政预算管理由于历史时期的特殊性，是一种中央集权较重、行政主导明显的管理制度，没有真正发挥财政预算管理的功能。

2. 市场经济财政预算制度初期阶段

这个阶段大概从 1980 年到 1992 年。我国开始在这一时期实行改革开放，并逐步向市场经济制度转型，这一时期中央开始有针对性地下放一些权力给地方政府和国有企业，实行“行政性分权”。在这种时代背景下，以下放权力为基本思路，中央在财政预算收入的划分方面进行了多次重大调整，以此来调动地方政府和国有企业的积极性。

3. 市场经济财政预算管理改革攻坚阶段

这个阶段大概从 1992 年到 1998 年。在中央的力推下，财政预算管理制度改革取得显著成效，主要是从 1993 年开始实行的分税制改革，虽然是不完全的分税制，但适应我国国情，与市场经济发展方向一致，为市场经济的发展打下了坚实基础。

4. 公共财政预算制度改革推进阶段

该阶段从 1998 年开始，至今仍然在进行中。这场改革的第一声号角于 1998 年底在全国财政工作会议上吹响，当时国家正式提出了要建立公共财政制度框架的改革目标，并于 1999 年在河北省率先设立试点推进部门预算管理制度改革。随着河北省的改革实践逐渐被中央认可，部门预算管理改革开始在全国正式推进，并由此逐步开展了政府收支分类科目改革、国库集中支付改革、政府采购改革、预算监督检查改革等各项改革。财政预算管理改革开始在全国各地轰轰烈烈开展，并随着实践经验的丰富不断深化，使得我国财政预算管理制度越来越适应市场经济社会的发展，越来越与发达国家先进理念接轨。

值得一提的是，在改革开放前沿的广东省，其财政预算管理改革也走在了前面，经过多年的探索实践，广东省部门预算逐步形成了以“绩效”和“公开”为主要特点的改革模式，这种模式有两个显著特征：

（1）初步具备绩效预算的雏形和架构

广东省在部门预算改革中大胆地引入了绩效预算管理的理念，尝试建立了绩效评价制度，对重点项目支出实行绩效评价，并把绩效评价结果应用到财政预算的安排中。预算部门在申报项目时，首先必须提出绩效目标，再在预算审定过程中，引入第三方独立机构对项目预算进行绩效评价，评价结果作为财政预算安排依据，项目实施完成后，预算单位对项目结果进行自评，财政绩效评价部门抽查并选择重大项目进行事后综合评价。

（2）突出立法监督机构的地位

相对其他地区而言，广东省人大的监督作用十分突出。《广东省预算审批监督条例》明确规定，在人大召开的45日前，有关部门必须向人大财经委提交预算草案，并根据财经委员会的初审意见对草案进行修改，于人大会议举行的10日前向大会筹备处提交预算草案和有关材料，以此确保人大能够更好地行使对预算的审批监督权。从2002年起，每年财政预算超收安排、预算调整均必须按程序向省人大常委会报告；2004年，广东省针对人大代表对部门情况及相关财政预算知识、政策法规不了解，审议预算困难的问题，在提交预算草案时增加了预算草案名称解释、收支预算编制指导思想和原则、部门的机构设置职能和人员编制情况等说明材料；与此同时，广东省及其市区财政每年都聘请高校教师为人大代表讲授财政知识；2009年，广州市更将全部部门预算在网上公布，接受社会公众的公开监督。

三、预算绩效管理的改革与环境

（一）预算绩效管理改革

随着我国预算绩效管理改革的不断推行，为进一步提高财政资金的使用效益，实现财政资金的精细化和科学化管理，我国着力探索更加有效的预算绩效管理改革方式。财政部为推进预算绩效管理工作，先后出台关于推进预算绩效管理改革的多个文件，这也成为各地完善预算绩效管理体系的重要依据，其具体内容如下：

《财政支出绩效评价管理暂行办法》（财预〔2011〕285号）。

2011年4月份发布的《办法》中，首次提出全过程预算绩效管理理念，指导全国财政部门进行预算绩效评价工作，逐步建立健全全过程预算绩效管理机制，并为预算绩效评价工作提供制度依据。

《关于推进预算绩效管理的指导意见》（财预〔2011〕416号）和《预算绩效管理工作考核办法》（财预〔2011〕433号）。

2011年7月发布的《指导意见》是对公共财政体系的健全完善和进一步规范，对政府财政提出更科学严谨的要求，明确各方责任，从而提高预算资金使用效率。文件强调在预算管理全过程中加入绩效理念，提高整个系统科学化精细化程度，使之与预算工作各组成部分有机结合，逐步建立“预算编制有目标、预算执行有监控、预算完成有评价、评价结果有反馈、反馈结果有应用”的预算绩效管理机制。同时加入“重点督查、随机检查”等方式的考核机制，力求及时发现和解决问题。

《预算绩效管理工作规划（2012—2015年）》（财预〔2012〕396号）。

2012年9月发布的《工作规划》中指出，要积极推进预算绩效管理工作的全面化进程，在财政管理的科学化和精细化上下功夫，因为我国预算绩效管理工作尚处于初级阶段，针对绩效理念牢固程度、法律制度、绩效目标等方面存在的问题进行客观评价，并对下一步预算绩效管理工作开展进行规划。要求“建立一个机制”“完善两个体系”“健全三个智库”“实施四项工程”。

《预算绩效评价共性指标体系框架》(财预〔2013〕53号)。

2013年4月发布的《指标体系框架》是根据《预算绩效管理工作规划(2012—2015年)》的要求，预算绩效评价指标体系的建立完善必须符合我国国情，使绩效评价具备权威性与统一性，既要灵活选择共性评价指标，还要针对不同评价对象的特点，设计个性化指标，进一步规范调整评价指标体系。

《中央部门预算绩效目标管理办法》(财预〔2015〕88号)。

2015年5月21日发布实施的《办法》旨在全面推进预算绩效管理工作，主要是为进一步规范中央预算绩效目标管理工作，提高预算资金使用收益。文中对绩效目标从设定、审核到批复、调整，再到应用等各个环节都做了具体要求，为中央各部门预算绩效目标管理工作提供了有力依据。

《关于全面实施预算绩效管理的意见》。

2018年9月，《关于全面实施预算绩效管理的意见》颁布实施。《意见》中对各地方政府和相关部门的政绩观提出严格要求，必须全面树立正确政绩观，在预算管理方式上进行创新突破，压实主体责任，明确绩效目标导向。对实施预算绩效管理方面要求全过程全覆盖，提高政府执政能力建设，使财政资金高效收益，向社会公众提供更好的公共服务和公共产品。

(二)预算绩效管理发展环境

我国政府实施预算绩效管理改革在很大程度上是因为公共管理所需资金规模不断扩大，而各级政府可支配的财政资金有限，当两者不相匹配时，就会促使中央以及各地方政府寻找解决之法。无论在何地，人民群众对政府提供的公共产品和公共服务的要求都会逐渐上升，尤其是在诸如教育、医疗、社保等民生领域以及公共安全领域。虽在改革开放后，全国各地经济均取得长足的发展，但由于全球经济危机、产业结构调整、产业转型升级等的影响，再加上不同地区存在的现实问题，导致各地政府纷纷出现可支配财政资金增速缓慢的情况。同时，一般均衡性转移支付总额的比重有所增加，但各地方政府仍存在财政资金缺口，另外专项转移支付地方配套资金也给地方政府不小的财政压力。财政资金支出持续增加，但是财政收入增速较缓，这就是当前各地方政府所面临的财政收支现状。正是由于这种现状的存在，各部门才必须进行预算绩效管理改革，不断提高预算资金使用效率，尽量以较少预算投入争取较大收益。

1. 地方会计环境

我国地方会计环境主要涉及预算会计和政府会计。两者是监控、管理、使用财政资金的重要手段。预算会计的作用是事中监管和反映财政资金使用状态，政府会计则更加倾向于预算工作的事后评价。但是，预算会计对成本、费用、资产、负债等政府财政状况的反映还不够精确，还有一定局限性。这必然导致地方政府预算目标编制质量下降，不利于预算绩效管理工作的开展和地方经济发展。而政府会计的主要工作重心放在审查财政资金使用的合规性和责任归属，以及对财政支出的经济效益和社会效果的绩效评价上。随着预算绩效管理工作的公开信息逐渐增加，公众在政府活动中的参与程度逐渐提高，政府会计对地方政府投入预算财政资金和绩效评价结果的考评不能满足日渐增强的公众关注度。因此，政府会计环境需要进行调整。一方面，根据《财政总预算会计制度》改革预算会计制度，以全面监控预算执行并实时记录反映在预算资金使用过程中发现的问题，同时扩大核算范围，覆盖政府财政中的资产负债、成本费用等。另一方面，要改革政府会计制度，需将权责发生制作为政府综合财务报告制度的基础。通过会计制度体系的改革完善，不断提高财政预算资金使用效益、安全程度和政府行政效率，更好地为公众服务奠定基础。

2. 政治、经济环境

政治方面，我国目前正处于预算绩效管理探索改革的关键时期。2018 年 9 月，《关于全面实施预算绩效管理的意见》明确提出力争用 3 到 5 年时间基本建成全方位、全过程、全覆盖的预算绩效管理体系。由此可见，各地方政府会根据当地政治、经济发展状况，制定相应的预算绩效管理工作改革制度，这势必对政府预算项目进行整合、规划，也就会对预算部门产生较大影响。同时，我国经济发展日新月异，社会公众对各地政府所提供的公共产品和公共服务的需求也日益增长，尤其是与民生经济密切相关的教育、医疗、扶贫等方面，更是公众广泛关注的焦点。但各级地方政府财政可支配财力毕竟有限。需要根据经济发展状态调整预算绩效管理体系，有效显示资产负债等财务项目，有效调控地方政府债务风险。

3. 第三方参与地方预算绩效评价工作环境

当前，各地预算绩效评价工作引入第三方仍处于探索阶段。引入第三方评价机构的主要目的是改变绩效评价中政府自我绩效评价的单一模式，形成更加客观的外部评价机制。财政部门虽是被评价方，但也是财政资金的主要监管方，财政部门需要更合理地平衡其中的关系，毕竟第三方绩效评价机构与财政部门的立场不同。虽然第三方绩效评价需要的指标更科学完善，但实际操作过程中会遇到政府部分信息不完备的问题，也就会影响第三方绩效评价结果的准确程度。这些问题会给推进第三方绩效评价改革带来困难，直接影响这些机构评价结果的可信程度。

另外，第三方绩效管理评价机构参与预算绩效管理工作的过程中，势必会遇到政府信息保密和职业道德问题。就目前而言，各地方多以财政部门发布的文件对第三方评价机构加以规范，在法律层面的管理保护和约束还亟待加强。因此，需要建立健全该领域的法律体制，为第三方评价机构介入政府绩效管理工作提供法律支撑和约束，严格保证第三方评价机构参与绩效管理的独立性，增强该类机构提供的评价结果的客观性和有效性。当然，还要考虑到我国在绩效管理发展态势下，会对该类机构提出的更加严格、综合复杂的要求。“找专业的人来解决专业的问题”是解决问题的不二法门，但第三方评价机构往往不能专注于某一领域，它们要面对的是更加综合性的评价要求。所以，各地政府必须有针对性地整合第三方评价行业资源，以应对未来将要出现的更加专业、复杂的绩效评价局面，使绩效评价结果更加科学、严谨，具有更高的参考价值。

第二节　新时期财政预算绩效管理的必要性

一、财政预算绩效管理的现实迫切性

从财政发展方向和完善管理的要求看，在预算方面推行绩效管理的理想模式是实行绩效预算。但是，也要清醒地认识到，实施绩效预算需要具备坚实的管理基础和诸多约束条件，西方国家引入绩效预算的重要经验是结合经济发展的客观阶段，由易到难，实行渐进式改革。当前，我国正处于逐步完善社会主义市场经济体制的发展阶段，健全公共财政体系的任务仍然艰巨，还面临着诸如行政决策机制不健全、财政管理体制不完善等问题，财政管理水平整体不高，受这些外部环境和因素的制约，目前全面实行绩效预算的条件尚不成熟。对此，较为现实的做法是根据我国的实际情况，将绩效理念、方法融入预算过程，推行以绩效为引导的预算绩效管理。完善的绩效预算需要一定的约束条件，国外绩效预算的经验表明，绩效预算对于提高财政资金使用效益、缓解财政压力、增强部门支出责任、改善公共管理、提升政府公信力具有积极的作用。它是政府行政管理能力达到一定水平和公众的民主意识觉醒到一定程度后，纳税人的预算诉求对政府提供公共服务的质量与成本不断影响的必然结果，代表了预算发展的趋势和改革方向。但是，并不是所有的国家都处于相应的发展阶段和具备必要的条件，都能够实施绩效预算。作为一种先进的预算管理方式，绩效预算能在世界上多个国家实施，与这些国家健全的法律法规体系、规范的管理制度、充分的部门自主权以及相应的文化背景等是密不可分的。

（一）要有健全完善的绩效管理方面的法律制度

绩效预算的实施并不仅局限于预算或是财政体系内部，它是整个政府和公共部门改革与政治理念更新的组成部分，需要健全的行政管理体系和政府职能的转变，要有相关法律来约束和界定各个部门的职能，同时对政府部门职能和产出进行明确的定位，使绩效预算建立在衡量政府绩效的基础上。西方国家普遍制定了一系列涉及政府支出绩效、财政责任的法律法规，为顺利实行绩效预算提供制度依据和法律支撑。同时，政府要有约束性战略规划，并有很强的行政管理能力，对投入的控制有相对成熟的规范，从而保证支出在控制基础上转向产出责任。

（二）形成比较规范的预算管理制度

一是将全部政府资源都纳入预算管理，包括公共资产等，使政府能够清楚知道公共资产的数量和结构，掌握政府资产底数，准确把握完成绩效目标所耗费的成本，以便进行成本—收益分析。

二是现金全部收归国库管理，国库能够对部门的资金使用情况进行有效监督。

三是实行权责发生制的会计和财务制度，以准确地反映政府在一定时期内提供公共产品和服务的真实成本，全面衡量完成绩效目标所产生的各种耗费，进而描述实现每个绩效目标所需的资金、人员、物质、信息等成本。

四是强化政府与公共部门的报告制度，建立政府与公共部门问责机制，明确绩效约束下的问责。

五是需要一定的预算绩效信息和相应的系统分析能力，要求有较高的预算透明度，公开绩效信息以落实结果责任。

（三）部门拥有充分的自主决策权

绩效预算是"使命感的预算""自主的预算"，侧重于对产出的控制，部门被赋予在资金使用、结余、信贷、人事等方面较为灵活的自主权，各部门能够根据实际需要自主安排资金，通过优化资源配置来实现本部门的产出目标。总体上，部门预算是一个拥有自主权、相对比较灵活的预算，类似于"打捆"预算或项目拨款，而不是所谓相对细化的概念，从而可以保证部门产出的实现。

（四）预算安排上的民主化和公众参与度

绩效预算是公众委托下的公共预算，社会公众才是预算的真正"所有者"。在西方国家中，从预算编制到批复、预算拨款等，都要经过充分的民主讨论程序，公众参与度高，从而使得预算被置于社会监督之下，它是绩效预算的实质特征和公众诉求的反映，也是保证绩效预算实施的重要基础。

（五）具备较好的绩效文化背景和环境

绩效预算必须建立在一个支持公共责任和追求绩效的预算环境中，绩效理念得到广泛认同，有社会公众的积极参与和支持，决策者和管理者有压力和动机去接受和使用评价结果所提供的信息。公众是政府公共服务的最终受益者，对于公共服务的数量和质量最有发言权，因此，以公众需求为导向成了西方国家绩效预算改革的重要内容，无论是年度绩效计划的制定还是绩效评价的开展，都有公众的广泛支持和积极响应，绩效文化有着深厚的社会基础，从而有利于建立符合公众公共服务需求的预算，促进健全以结果为导向的公共服务体系。

此外，绩效预算的实施还有赖于技术能力的构建，受到政治面的限制与冲击。前者主要源于对部门管理能力和人员水平的要求，以及相应的评价指标体系、信息系统建设、强有力的审计手段等。后者主要源于公共预算本有的政治特性，使得资源配置不能依循理性预算原则而行，政治气候的变迁也可能左右绩效预算伸展的空间。

二、预算绩效管理制度化的经济价值

从经济学角度看，任何一个部门或项目的运转都需要公共资金的投入，并力求产出大于投入，资源配置有效率。同时，区别于私人部门活动，公共支出活动在向社会公众提供公共产品和服务，讲求效率的同时，还要满足为民服务的公共价值目标，兼顾社会公平和公正。政府预算绩效管理的经济价值主要体现在以下四个方面。

（一）为公共部门行为确立公共价值导向

政府预算绩效管理不仅仅是一种技术工具或方法，更是一种公共部门履行受托责任的价值理念。这种价值理念包含着民主、责任、绩效等，即公共价值的体现。预算绩效管理政策的设计与供给应当体现公共价值导向，最大限度满足公众福利的改进。民主符合公共经济最根本的内在逻辑，民主制度对于保障和维护公共经济生产方式处于良好状态起着决定性作用。人民是公共事务的委托方，公共部门作为受托方应以满足人民公众需要，服从人民意愿为最高目标。

它与社会资产评估最大的不同之处就在于其首要维护的不是部分主体（例如公司）利益，而是社会公众的利益，甚至有时会用来替代制度安排的比较绩效标准，除了预算资金使用绩效定量的数据分析外，还需要公众受益者的主观认知满意等定性分析。中国是社会主义国家，人民是国家的主人，中央和地方政府代表人民行使权力进行公共治理。公共资金的使用关乎人民福祉，国家大力宣传一种绩效文化，使“讲求绩效”成为一种文化自觉，将绩效管理的合法性和合理性嵌入社会意识形态之中，成为一种自觉遵守的常态。这样一来，各级政府、各部门在推行绩效管理的过程中，相关利益方从思想上对公共价值的一致认同感和公共责任感达成共识，主动讲求绩效，才能提高管理效率和质量，降低交易成本。

社会意识形态要与本国国情相适应。政府、市场和民间组织是社会的主要组成部分，民间组织与政府的合作互动，一定程度上也可以破解“诺斯悖论”难题。政府作为公共利益的代表，拥有国家权力，利用强制手段实现社会公平，但是往往又忽视社会效率，甚至出现无效或低效行为。同时，政府内部单位、部门也是理性人，会追求自身利益最大化，出现道德风险。预算决策者难免根据自身对公众利益的理解来制定政策，而政策未必会最大限度地符合社会公共利益。想要避开悖论，从逻辑上来讲，应引入外部监督力量——民间组织。民间组织作为“第三方”，代表社会利益，独立于政府之外，在政府与社会成员或公众之间搭起一座桥梁，发挥着沟通、联系和促进双方相互信任的作用。民间组织与政府的合作互动，通过培育和发展民间组织对国家权力进行评价和监督，使之成为克服政府有限理性和纠正政府失灵的有效率的制度安排。

（二）反映公共经济行为的绩效结果

公共经济行为的绩效结果是公共投入和公共产出的比较，只有产出大于投入，才能说明公共经济行为是有效的。中国对公共支出的计量和反映体现在政府会计、政府审计和政府预算绩效评价这三部分。政府会计计量、记录公共资金的使用情况，是对公共支出投入的测量。政府审计可以验证政府会计所记录的公共支出投入是否真实、合法和有效益。政府预算绩效评价是在政府会计及其审计的基础上对公共资金支出的效果进行评价，是对公共支出产出的测量。目前，政府会计制度、准则和权责发生制的政府综合财务报告正在进行改革和统一，政府审计由《审计法》统领，相关的审计准则和条例等规范性文件正在完善，力求保证公共支出的真实和效益。只有将分散在各部门、各地方的法规文件等预算绩效管理制度统一规范化，明确绩效标准和方法，才能保证公共支出绩效的准确测量。

预算过程将预算支出分配到公共部门的各项活动中，并对预算产出（实际活动结果）进行测量，测量结果的可靠性关乎预算绩效管理的成败，需要测量程序和方法更加规范和可操作。绩效结果的测量并不是仅靠合理的绩效指标和方法就可以解决的，而是涉及各个环节。以绩效结果的可靠性为目标，通过政府部门职责的明确分工和合作，对绩效各个环节进行规范，才能保证绩效数据有效地反映和衡量公共支出的产出结果，与公共投入数据相匹配，反映公共经济行为的绩效结果。

（三）降低公共部门之间的交易费用

政府实施预算绩效管理的根本出发点是有效使用并节约有限的公共资金。随着中国经济总量和实力的提升，财政收入及其支出规模日渐增大，让每一笔财政资金发挥最大的效益，是政府高效管理的重要表现。诺斯认为，政府主导的制度创新经常是成本交易最低的创新形式，政府的强制力产生的制度安排是任何自愿谈判都不能实现的，它会产生极高的经济和社会收益。若全国人大和中央政府进行合理的制度设计安排，明确绩效管理的主体及其实施机制，政府各部门、预算单位等在具体执行中合作分工，就可以大大减少交易成本。同时，正式制度强制实施后，非正式制度会自然形成一种自觉，成为社会公众共同遵守的准则。各级政府部门和单位在安排使用公共资金时，必然会自觉考虑经济效益和社会效益，节约资金，避免浪费。任何组织都企图减少实施成本和摩擦成本，一方面，谋取经济、政治和社会的最大收益；另一方面，界定各自权责，有效约束主体行为，缓解社会利益冲突。

建立政府预算绩效管理制度成本收益分析，主要在于制度设立与缺位的比较。当前各个地方政府或人大的地方性法规文件，大多集中在具体的制度安排上，例如绩效某一环节、绩效指标库、引导社会力量参与管理等规范。而中央层面的法律法规对参与各方的权责划定还尚有缺位。因此，亟待从国家层面弥补上位法的缺失所带来的交易成本过高，这在地方实践上表现尤为突出，例如绩效评价和绩效审计的职能划分不清晰，评审中多部门职能交叉信息不共享，执行中多方博弈，问责和激励制度设计不合理等问题。政府预算绩效管理的目标是使公共资金产生最大的经济效益和社会效益。合理的制度安排，节约资金就意味着收益的增加，高效的合作会降低交易成本。由国家层面出台预算绩效管理制度，所带来的综合收益必然会大于交易成本。

（四）对公共部门预算资金运用进行再约束

新制度经济学用经济学方法和理论去分析制度和真实的世界，寻求解决方法，更贴近于现实社会。实践中发生的案例是真实世界的反映。借助关于制度的理论知识和现有成果，案例研究方法常常是让我们积累关于制度变革理论知识的唯一方法。中国正处于市场经济完善和国家法治化的进程阶段，出台的法律法规不仅要体现公平，还要提升效率，使立法目标的初衷能得以实现。从现实世界出发，研究规则如何去激励和约束人的行为，长期以来，其对中国经济改革提供了理论的依据。预算绩效管理制度化可以为开展预算绩效管理工作提供合法有效的依据，约束预算资金合理使用。

中国中央政府和地方政府已经实施并开展政府预算绩效管理，尤其是地方政府，在中央政府及相关部门文件指导下出台了大量法规和行政性文件，规范本地预算绩效管理工作。经过十几年在地方政府和部分政府部门中实践应用，应根据积累的经验，系统研究预算绩效管理制度，从实践再回归到理论进行思考，以基层政府实施政策的真实效果和客观分析数据为出发点，站在国家层面，深入总结制度安排需要改进或创新之处，继而推动实施全面绩效管理。不同的组织主体作为“经济人”都应理性地行使自己的职责，对工作绩效负责。主体在相互的配合中竞争、合作、博弈，存在监督实施的交易成本的同时，又要节约财政资金，避免浪费，使资金使用得到最大的收益。用新制度经济学的理论去分析公共部门行为中存在的约束问题，有利于更深入地理解制度设计和安排。

三、我国全面实施预算绩效管理法治化的必要性

（一）法治化可以为全面实施预算绩效管理提供外在动力

实现全面预算绩效管理需要有内在动力和外在动力，内在动力就是实现全面预算绩效管理可以为我国带来的实际好处，例如提高预算管理水平，提升政府的公信力等，而法治化则可以为全面实施预算绩效管理提供外在动力。全面预算绩效管理追求通过让绩效理念融入所有政府机关的预算管理全过程和各个预算科目，进而获得良好的绩效管理结果。而我国大多数的支出部门都在基层政府，但是我国许多基层政府和政府管理人员存在消极管理的倾向，其中以“不出事”逻辑和“干事就会出大事”逻辑尤为明显。这些政府管理人员在只要不影响自己任期内的政绩考核结果的情况下，习惯突击式地采取各种手段完成表面工作，应付上级分配的任务，却不注重过程的正当性和结果的有效性。这种消极的思维阻碍了预算绩效管理有效落实。为了对抗这种消极的思维，就需要给政府及其官员施加外在动力，最有效的动力就是法治。在法治化的情况下，预算参与各方尤其是支出部门职责明确，互相制衡，互相监督，在将国家强制力作为终极保证力量的情况下，政府官员难以消极对待，从而更好地推动预算绩效管理的落实。

（二）法治化才能有效规制政府部门的预算管理行为

法治化可以通过制度体系和权力制衡的配合实现规制政府部门的预算管理权。在我国的政治体制下，财政决策经常直接表现为各个政府部门基于自己部门利益而产生的权力冲突，这导致决策过程变为各种利益集团的博弈。直接受到财政决策影响的社会公众却难以对财政决策的过程施以任何实质性的影响，这必定会使财政决策产生的结果不符合社会公众的真实需求。预算管理权作为财政权中的重要组成，其实也饱受这种政治利益博弈的影响，支出部门更多考虑的是己方的利益而非社会公众的需求。如果没有明确的实体规定、程序规定，最后预算绩效管理仍然是政治力量的博弈，所以需要通过立法预先确定一般性的政府行为准则，防止政府在预算绩效管理中产生随意性和擅断性，避免其受到政治力量的垄断性控制，从而保障全面预算绩效管理的有序运行，并在法治化过程中形成相互制衡的权力结果，为立法机关行使监督权提供合理依据和制度保障，让立法机关监督和规范政府部门的预算管理工作。

四、我国财政预算绩效管理取得的时效

我国传统的投入性线性预算模式存在诸多弊端，对此，我国自启动部门预算改革以来，在财政预算领域已开展了多项改革，如由过去单一的线性预算模式变为复式预算、零基预算；由过去单一的支付方式改变为国库集中支付、政府采购、政府收支分类等，这些改革从不同的维度对财政预算的整个运行质量进行完善，极大地促进了我国财政预算的科学性与精细性。

（一）在预算绩效目标管理方面取得的进展

1. 构建了新型预算管理模式

随着绩效管理工作不断完善和绩效评价技术的进步，至此，预算管理、绩效管理和目标管理的发展迈上了新台阶，具有中国特色的新型预算绩效管理模式正在逐步形成。而这种模式与传统模式相比的“新”主要体现在以下几点：

（1）“新”在管理方式和管理模式

首先，管理方式的“新”体现在主体自治与目标相结合。目标被上级授权后，项目主管部门和预算单位等参与主体就可以在不偏离目标的基础上，以相对自主、自由、灵活性较强的方式对项目实施和管理，即上级财政部门通过目标管理的方式来约束部门或项目单位，而对实现目标的具体过程并不过多干预，此举既避免了僵化又确保决策更加科学和高效。

管理模式则是编制、执行、评价、应用乃至监督五个环节一体化形成的全过程管理。起初，该模式启动后将重心放在财政支出的事后绩效评价，后拓展为绩效管理，但是绩效管理实践中又需要依托目标管理，因此，各地逐步开展以目标为导向进行绩效追踪的过程管理，将绩效管理工作前移。

（2）“新”在目标编制方式

我国传统目标编制在实行财政支出绩效事后评价的探索时期就已有涉及，但是内容抽象笼统，多用书面文字表达，且仅作为项目绩效最终评价环节的参考，并未上升到预算绩效目标管理的层面。而预算绩效目标管理则是目标锁链和完整体系的体现，通过科学的设计，将目标由上至下、由部门到项目逐级分解，形成方向一致、环环相扣和协调一致的目标体系，并且，事责、权责、利责在这一过程中得以确认，有利于目标实现及事后追责。另外，这种新型绩效管理模式中最突出的特点在于目标管理贯穿预算安排和绩效评价的全过程，由上可知目标编制形成一个完整的锁链，这种连贯性不仅体现在编制方向上，还体现在内容上。目标的内容涵盖事前目标编制、事中目标执行和事后目标效果呈现，事前目标具有规划性质，在充分考虑合理性和有效性的基础上进行预判，事中目标具有承上启下的作用，既要承接事前目标的战略思想，又要反映绩效追踪的真实情况，还要为事后目标实现程度的评价打好基础。可见，目标设置不再是以往的一劳永逸，而是更加系统、细致、灵活的管理活动。

（3）“新”在效率意识

此效率意识体现在绩效目标和项目同时入库、绩效目标与预算一同上报，保证工作开展连贯性和资金到位及时性。如 2012 年 10 月，我国水利部建立了预算项目筹备管理、预算执行考核和动态监控三项机制，要求将绩效目标和项目同时纳入项目库储备，即对该部门项目绩效目标管理贯穿预算管理全过程的试水。2017 年又新增建议环节，以提高项目申报的针对性和工作效率。其中《水利部预算项目储备管理暂行办法》将项目储备程序分为项目的申报、审查、入库及项目库管理四步，且明确提出申报要求。2016 年中央部门下达预算时，首次将项目绩效目标和与之配套的绩效指标及资金同时批复，在提高工作效率的同时，意在强化“钱”“责”结合的责任意识以形成契约机制。

对于绩效目标管理，财政部多年来不断打磨完善，寻求一种适合我国预算绩效管理现实和具有中国特色的新型预算管理模式，逐步实现全面绩效管理，即真正的绩效预算。2018 年 5 月，财政部预算司发出推进中国绩效预算改革研究的征询意见公告，可见适合中国的预算绩效管理模式势在必行且亟需各界专业人才共同发力。

2. 形成了日益规范的目标管理制度

在财政部和各地政府的共同努力下，我国的目标管理制度正在不断完善，为绩效预算管理工作提供了基本的制度保障。财政部在引入绩效目标管理概念以来，循序渐进，先后发布了关于预算绩效评价和管理的《暂行办法》《指导意见》和《预算绩效管理工作规划（2012—2015）》，使得绩效目标管理理念在逐步强化的同时，为推进目标发挥统领作用打下基础。2015 年 5 月 21 日，财政部进一步出台了《中央部门预算管理办法》，其中包含了中央部门项目支出的目标申报、审核、自评和部门整体支出绩效目标申报等相关表格以及较为完整的预算绩效目标管理流程图。这为全国范围内目标管理工作提供了导向和指引框架。各级地方政府在中央政府的指导下也结合实际情况，各有侧重地制定了相关制度和办法，如表 2-1 所示。

表 2-1 我国部分绩效目标管理制度规范文件

对应流程	发布时间（年）	具体制度
绩效编审（事前评价阶段）	2011	《广东省部门预算项目支持绩效支出绩效目标管理过程》（粤财评〔2011〕1 号）
	2015	《贵州省省级部门预算绩效目标管理暂行办法》（黔财绩〔2015〕1 号）
	2015	《云南省省级财政预算绩效目标管理暂行办法》（云财预〔2015〕344 号）
	2017	《西藏自治区财政支出预算绩效目标管理暂行办法》（藏财预字〔2017〕94 号）
	2018	《龙岩市本级预算绩效目标管理实施细则》（龙财绩〔2018〕7 号）
绩效跟踪（事中评价阶段）	2016	《河北省省级绩效预算运行监控管理办法试行》（冀财库〔2016〕47 号）
	2013	《益阳市财政局关于开展财政支出项目预算绩效运行跟踪监控工作的通知》（益财绩〔2013〕226 号）
	2015	《娄底市本级财政支出绩效运行跟踪监控管理办法》（娄财绩〔2015〕285 号）
	2018	《岳阳市财政局关于开展 2018 年度财政支出绩效运行跟踪监控工作的通知》（岳财绩〔2018〕5 号）
综合问效（事后绩效评价阶段）	2011	《财政部财政支出绩效评价管理暂行办法》（财预〔2011〕285 号）
	2004	《广东省财政支出绩效评价试行方案》（粤财评〔2004〕1 号）
	2011	《上海市财政支出绩效评价管理暂行办法》（沪府办发〔2011〕1 号）
	2016	《兰州市财政支出绩效管理暂行办法》（兰政办发〔2016〕24 号）
	2017	《益阳市财政局关于开展 2017 年度财政支出预算绩效运行跟踪监控工作的通知》（益财绩〔2017〕257 号）
绩效管理（全过程配套制度）	2016	《财政管理工作绩效考核与激励暂行办法》（财预〔2016〕177 号）
	2011	《宁波市中介机构参与绩效评价工作暂行办法》（甬财政预〔2011〕298 号）
	2015	《向第三方购买省级财政支出绩效评价服务管理暂行办法》（冀财监〔2015〕1 号）
	2018	《上海市第三方机构财政支出绩效评价工作质量评估办法（试行）》（沪财绩〔2018〕17 号）

从上表可以看出，由国家至地方各级政府、从东部省市到西部地区，都对预算绩效目标管理的各个环节出台了相关制度政策规定。另外，随着实践的深入，各地政府也纷纷出台了相关配套制度政策规定，以保证预算绩效目标管理工作的质量和有效性。例如，关于第三方组织机构的建设，2011 年宁波市出台的中介机构相关的管理办法，2013 年上海市印发了用以评估第三方评价工作质量的管理办法，之后又经历了多次修改。关于绩效考核与激励，财政部于 2016 年印发了《财政管理工作绩效考核与激励暂行办法》，2017 年浙江省出台了《财政管理绩效考核与激励暂行办法》，都对预算执行进度、预算公开等方面加以规范。

3. 建立了系统化的组织体系

根据财政部最新公布的数据，到 2015 年 3 月，大约一半的中央部门成立了预算绩效管理领导小组；在全国 36 个省（区、市）财政厅（局）中，有 23 个省（区、市）设立了单独的预算绩效管理机构。以江苏省与南京市及其部分辖区为例，从省级到县市都设有专门处室（如表 2-2）。另外，一些地方政府科学细分了财政部门内部、主管部门及预算单位的职责，能够为绩效目标管理工作的顺利开展提供保障。具体内容如表 2-3 所示。

表 2-2　江苏省与南京市及其辖区的部分财政预算绩效目标管理处室

政府	处室名称	处室职责
江苏省	绩效管理处	研究建立全方位、全过程、全覆盖的预算绩效管理体系；研究拟订预算绩效管理政策、制度和实施办法；组织开展省级财政资金预算绩效目标管理、绩效运行监控、绩效评价等工作；组织和指导省级部门（单位）开展预算绩效管理工作；指导市、县开展预算绩效管理工作
南京市	绩效管理处	拟定绩效管理政策、制度和实施办法；研究建立科学合理的财政资金绩效管理机制和预算绩效评价体系；开展专项资金目标管理工作；组织实施市级财政支出绩效评价工作；指导县区开展财政资金绩效评价管理工作等
南京市江宁区	绩效管理科	分析研究财政经济形势，拟订财政支持经济社会发展的政策措施，研究提出财政政策、财政体制、预算管理制度和中长期财政发展规划的建议；编制汇总年度全区、区级预算草案，审查和报批区级部门预算等
南京市建邺区	预算科	拟定财政支持经济社会发展的政策措施；研究提出财政政策、财政体制、预算管理制度和中长期财政发展规划的建议；编制年度区级预算草案和办理预算追加事宜；承担部门预算审核、批复、调整工作等

表 2-3 湖南省组织管理与职责划分

部门	主要职责
财政部门	①研究制定绩效目标管理的有关制度，建立和完善与目标管理相匹配的绩效指标库； ②组织和指导本级预算部门的绩效目标编制，审核批复绩效目标； ③指导下级财政部门开展绩效目标管理工作
预算部门	①负责本部门绩效目标编制、申报等工作； ②组织和指导项目单位的项目绩效及目标编制，负责审核、汇总以及根据财政部门的意见批复项目绩效目标； ③按照财政部门反馈的审核意见，修正调整绩效目标
项目单位	①负责本单位项目绩效目标编制、申报、修正调整等工作； ②完成项目绩效目标

（二）在预算绩效评价方面取得的进展

预算绩效评价贯穿预算绩效管理和目标管理全过程，而前一部分已经从目标管理整个框架流程及制度构建的进展方面进行了描述，因此，在此仅从绩效评价的指标构建、评价方法等方面的成果加以概括。中央层面，我国财政部于 2013 年下发了《预算绩效评价共性指标体系框架的通知》，从投入、过程、产出和效果四个方面对项目绩效评价指标进行了划分，并提出了评价要点，为预算绩效评价指标体系提供了具有参考性的框架模式，同时，文件还给出了具体的指标体系和评分表样表以及规范的工作流程图，增强了评价的统一性和权威性。地方层面也结合实际工作进展，相继提出了适合本省、市、自治区的共性指标体系框架，以供下级政府、预算单位或第三方评价机构参考。据财政部目前公布的最新数据统计，到 2015 年，我国省级财政部门中，有 31 个建立了基本的共性绩效评价指标体系，29 个建立了差异化的个性指标库。

1. 在绩效目标编审阶段的绩效评价成果

2015 年，《中央部门预算绩效目标管理办法》（财预〔2015〕88 号）得以出台，给出了中央部门项目绩效目标申报表和审核表的模板。其中，绩效目标申报表要求绩效指标应包括产出、效益、满意度三类一级指标，每一类又应进一步分为若干二级、三级指标，文件对绩效评价指标设定、权重及标准并未进行明确规定，并且提出绩效指标应按中期和年度分别填列，需以相对应的年度目标为细化标准。而绩效目标审核表则明确提出政府应当从完整性、相关性、适当性和可行性四个方面进行审核，充分考虑部门职能、项目立项依据和实施条件，以及财政资金的使用范围等内容。对于审核方式则采用定量与定性相结合的方式，即一般项目采取定性审核的方式，而重大项目采取定性、定量相结合的方式（如表 2-4 和表 2-5）。2016 年财政部组织力量对 153 个中央部门的全部 2024 个一级项目，包括 93 项中央对地方的专项转移支付项目绩效目标实行集中审核，形成了包括产出的数量和质量、成本、时效、三大效益、可持续影响以及满意度等 9 个维度在内的规范化绩效指标体系，初步建立了绩效目标与预算资金在申报、审核、批复流程中同步处理的机制。以上内容都为地方政府及部门提供了借鉴。此后，浙江省、安徽省、青海省、天津市、深圳市等地也纷纷出台了《绩效目标管理办法》对绩效目标的绩效评价（审核）加以规范，并在《共性指标框架》中对绩效目标评价指标设置进行了规定，只是细化程度各有不同。例如，深圳市在预算编制明确性的二级指标中提出目标的明确性，并对“成本相应增加”“数量增加”等模糊性表述进行了详细说明。

表 2–4　一般项目审核等级评定标准

8 个审核要点中等级划分数量			
“优”级数量	“良”级数量	“中”级数量	“差”级数量
≥6		0	0
≥6			0
≥6			

表 2–5　重点项目审核等级评定标准

分值划分	审核等级	分值划分	综合评定等级
[90，100]	优	[90，100]	优
[80，89]	良	[80，90]	良
[60，79]	中	[60，80]	中
[0，59]	差	[0，60]	差

2. 在绩效跟踪阶段的绩效评价成果

绩效跟踪环节也就是绩效目标执行监控环节，关于绩效跟踪环节的绩效评价，2012 年常州市出台了全国首个专门的绩效跟踪管理办法——《常州市市级财政专项资金绩效跟踪管理暂行办法》，规定了市级财政部门与预算部门的职责范围、绩效跟踪管理工作程序、目标完成情况填写要求等内容，并编制了专项资金绩效跟踪意见反馈表。泰兴市、盐城市、娄底市、北京市等紧随其后，绩效跟踪工作在全国市级层面逐渐兴起。2016 年，为全面推进预算绩效管理，我国财政部下发了《关于开展 2016 年度中央部门项目支出绩效目标执行监控试点工作的通知》，首次选取了教育部、国土资源部、工业和信息化部等 15 个部门及对口部门司展开绩效目标执行监控试点，并从上一年度中筛选 25 个涵盖教育、农林等民生领域的重大项目和专项支出开展评价，涉及资金 3000 多亿元，首次实现了中央部门层面项目支出绩效目标管理的全覆盖。随后，省级相关管理办法相继出台，绩效跟踪管理工作得以在全国范围内全面铺开。

关于绩效跟踪环节的评价指标，财政部给出的中央部门目标执行监控表将指标分成产出、效益、满意度三大部分进行列示，为地方绩效跟踪评价指明了大致方向。而绩效跟踪监控过程中的绩效评价方法与最终的问效环节基本一致，除了常用的成本效益分析法、因素分析法、比较法外，还有数学模型、博弈、操作分析和经济计量等数学方法与之相结合。区别在于，绩效跟踪监控的目的是通过动态监控以保证计划顺利执行和目标如期实现，并且对后期工作进行预测，而财政支出结束后的绩效评价则是对整个项目完成效率更加全面、详细的评价，且是对前一阶段工作的评判。

3. 在财政支出绩效评价阶段的绩效评价成果

（1）评价技术手段的多样化

开展预算绩效管理之初，我国就将财政支出绩效评价作为工作重点，并随着工作的推进，无论是在技术上，还是制度构建上都取得了显著的成果。发展至目前，绩效评价技术手段呈现多元化的特征，在实践中，秉承着定性与定量、规范分析与实证相结合的基本原则，除了上文提到的传统分析方法与数学分析法的综合运用外，我国还借鉴了有较丰富的绩效管理经验和管理水平的国家所采取的先进技术手段，比如平衡计分卡法、因子分析法、专家赋值法、模糊数学法、层次分析法、德菲尔法、头脑风暴法等。这些方法在国内理论界和实践中得到广泛应用。

（2）财政支出绩效评价指标库日益完善

起初，我国财政预算绩效管理都是围绕事后评价工作试点开展的，导致了各自为政、工作大量重复的低效率现象。之后，随着绩效目标管理的推进，由上一级政府牵头的动态指标库的构建，极大地改善了这一分散化问题。考虑到地方差异大的问题，高级别政府往往制定相对简单的指标框架，将个性化的指标量裁权留给下级政府，避免了指标体系设计的僵化，并且该趋势随着指标库设计日益完善而愈发明显。总的来说，十余年来，我国财政绩效评价指标设计类型和内容不断丰富，评分标准更加清晰和细化，主客观指标占比趋于合理，满意度指标逐渐受到重视。具体概括为以下几方面：一是统一性与差异性相结合，将指标体系主要分为三级结构，一、二级指标为共性指标，三、四级为个性指标，充分考虑地方政府或不同部门间的差异，体现了具体问题具体分析的科学性。同时，以量化指标为主，辅之以定性指标；二是评价内容全面化，表现为绩效评价向前延伸，涉及财政支出全过程，即对投入（事前）、过程（事中）、结果（事后）不同阶段分立指标，且包含了财务和业务评价指标；三是评分标准与各环节工作情况较为贴近，数据易得。

五、新时期预算管理改革的前瞻与展望

在“十四五”时期的预算管理改革实践中，应以推进国家治理体系和治理能力现代化为首要目标，顺应技术发展变革，建立数据驱动的预算管理体制，使预算管理成为推进国家治理体系和治理能力现代化的重要驱动力。

（一）强化对预算编制的宏观指导

《中共中央关于制定国民经济和社会发展第十四个五年规划和二〇三五年远景目标的建议》提出的“强化对预算编制的宏观指导，加强财政资源统筹”，体现了按照经济社会发展目标和宏观调控总体要求指导预算编制的思想，也体现了一般公共预算、政府性基金预算、国有资产经营预算以及社会保险基金预算相对整合的全口径预算要求。

1. 依托国家战略来指导预算编制

国家经济和社会发展的整体战略是预算编制的重要基础，需要将坚持和加强党的全面领导贯穿预算编制的全过程，服务于党和国家发展大局，还要按照经济社会发展目标和宏观调控总体要求，指导地方和部门预算编制。在后续加强预算编制宏观指导的过程中，可以考虑在国家整体发展战略、中期财政规划以及预算编制的指导思想和原则等基础上，设置各部门和地区的年度战略目标来指导年度预算的编制，从而使预算编制有依据、预算执行有目标、绩效评价有参考。年度的战略目标依托于中长期战略目标，但更加具有年度针对性，可以作为年度预算编制和执行结果评价的基础。但在中长期的预算平衡过程中，仍要以中长期战略目标为指导来进行预算决策，从而加强预算的可持续性。

2. 加强全口径预算的统筹管理和使用

评估全口径预算组成的现实格局主要有两个标准，即可否审批和能否统筹。可否审批的意思是，在全口径预算编制中，能否将四本预算全面完整地提交人代会进行审查；而能否统筹是指，能否对四本预算进行统筹管理和使用。“十三五”时期全口径预算审批和衔接统筹的力度

进一步加强，但如何真正做到预算一个“盘子”、收入一个“笼子”、支出一个“口子”，仍需要进一步深入推进。

四本预算相同的公共属性决定了其相互衔接的可能性，但仍应关注不同政府预算收入的不同特征和功能。四本预算在功能上存在差异是其相互独立的内在原因，可以凭借各自不同的“能力”分别实现不同的财政功能目标。一般公共预算侧重强调财政的公平功能，国有资本经营预算侧重强调财政的效率功能，政府性基金预算侧重强调财政的调控功能，社会保险基金预算侧重强调财政的保障功能。此外，包括依托行政权力和国有资源（资产）获取的收入以及特许经营权拍卖收入等在内的非税收入，也具有不同的类别和特点。在进一步将非税收入纳入预算管理的同时，在控制预算总额的基础上，既要保证预算的一致性，也要考虑到不同政府收入的不同特征。有关部门可以循着这一思路，进一步出台专门针对四本预算统筹管理、统筹评价和统筹使用的管理办法。在满足基本公共服务支出的同时，充实社会保障支出，接受人大和社会的监督，同时加强针对四本预算的综合绩效管理。

（二）加强中期财政规划管理

中期财政规划的编制，是我国预算制度改革从年度周期走向跨年度周期的一个重要标志，是实现财政可持续性的重要技术支撑手段。“十四五”时期，如何将中期财政规划发展至中期预算绩效管理，也是一个颇具攻坚克难色彩的重要命题。

1. 进一步提升预算的可持续性

年度预算平衡的决策模式容易助长短期行为倾向，而忽视财政收支安排在中长期的可持续性，限制了政府对未来更为长远的考虑。跨年度预算平衡机制的建设，在一定程度上缓解了这种短期行为倾向，但平衡的预算并不完全代表健康的财政支出计划，中期财政规划的重点目标是形成财政和预算可持续。中期财政规划的编制和执行，有利于在中长期的尺度上进行预算安排，从而缓解预算压力并提升政策的可预期性。一些国家（如澳大利亚、瑞典和英国）通过调整其养老金制度来缓解未来的预算压力。根据《稳定与增长公约》，欧盟成员国在提交给欧盟委员会（EC）的中期预算框架中，也需要讨论财政可持续问题。虽然各国都尽可能在可预见的尺度内缓解预算压力，但 3~5 年的预算安排依然是各国可以达到的极限。中期财政规划的设置是预测 3~5 年内的支出计划并对中期预算进行安排的有效措施。因此，在中期财政规划和跨年度预算平衡机制不断完善的过程中，首要步骤是对中期战略计划的细化与共享，并进一步做好可持续层面上的中期预算调整。

2. 中期财政规划与预算绩效管理挂钩

预算资金使用的效果发挥有时需要较长时间。对于项目、政策和预算使用的绩效评价过程，也应该从年度周期拓展到中期视角。根据中期财政规划的具体内容和目标，制定并不断完善中期预算绩效目标，对资金使用和项目实施的长期效果进行动态跟踪和评价。部分国家在预算过程中设定多年期的总体绩效目标，来指导绩效评价的实行。如美国各部门的绩效战略目标制定以 4 年为周期，体现了部门的长期预期成果，并得到更具体的绩效目标和指标的支持。这种中期尺度上的预算绩效评价，一方面，对于年度周期内不能完成的预算项目和支出政策，通过中期绩效评价，可以统筹管理其在不同年度的资金使用和产出结果，从而更加有效地推进项目实施并进行动态调整。另一方面，对于有较长期影响的项目和政策而言，采用中期预算绩效管理模式，可以从更长尺度上洞悉资金使用的真正效果。

（三）推进财政支出标准化

随着部门预算改革的不断推进，项目支出定额标准成为建设全面规范、公开透明的预算制度的重要支撑。《中共中央关于制定国民经济和社会发展第十四个五年规划和二〇三五年远景目标的建议》中提出的“推进财政支出标准化”，是强化预算约束和绩效管理的基础，政府需要部署推动实施标准化战略，加快完善标准化体系，全面提升标准化水平。

1．推进财政支出标准化建设

财政支出标准的设置并不是对财政支出的简单控制，而是根据各部门和地区的实际情况来设置相应的支出标准和债务限额，保证在标准约束下的支出灵活性以及标准的动态调整。在各国不断发展的预算制度法案中，部分国家对财政支出控制的规则体现在政府声明中，如挪威、瑞典、英国；部分国家对于财政支出的控制要求体现在法律中，如加拿大 1992 年的《支出控制法》就设置了涵盖五个财政年度的支出限额，并对支出限额的调整做出规定；美国 2011 年《预算控制法案》对预算支出、项目以及债务设置了标准，如果政府在财政年度内对预算支出标准进行调整，则需要《预算控制法案》的重新授权。

推进财政支出标准化，需要在制定标准的基础上，据实列支、动态监控，形成标准化支出体系。

首先，应根据“十四五”时期国家整体发展战略以及标准化体系建设规划制定阶段性的财政支出标准建设计划，并根据中期标准建设计划来设立年度财政支出标准，并随预算报送人大审查。

其次，在财政支出标准制定之后，需要根据不同支出的使用性质设定据实列支的标准化程序。对于一般性资金的使用，严格规范上报和批复流程，在财政支出标准内进行列支，严禁擅自调高支出标准。

2．标准的设定及动态调整

虽然支出标准设置和支出审批过程要求严格，但对于应对突发事件和自然灾害的应急性财政支出而言，资金拨付速度较慢则会影响应对突发事件的反应效果，因此可以在一定程度上简化或延后支出审批程序，从而保证资金的及时到位。政府可以尝试在预备费制度的基础上，设置专门的应急专项储备基金，并且采取年度结余滚存积累的方式，从而减少资金拨付需要经过的部门和层级数量，使得在公共突发事件爆发的时刻，通过有关部门对事件情况进行直接判断，主动决定对资金的使用。

在财政支出定额标准的设定和动态调整中，可以考虑应用大数据等新兴技术。大数据使用历史数据结合客户反馈来预测未来事件，并使用预测分析和数据挖掘技术，将历史视图转换为前瞻性视图。在财政支出标准的设置上，通过大数据技术对财政支出历史数据进行系统分析与挖掘，预测下一阶段的整体支出水平。此外，财政支出标准的动态监控和调整也是财政支出标准化体系建设的重要步骤。可以考虑使用大数据技术对各类财政支出进行实时跟踪，及时判断资金使用是否合理，并及时对支出标准进行动态调整。

（四）全面推进预算绩效管理

随着《中共中央国务院关于全面实施预算绩效管理的意见》的出台，全面深化预算绩效管理改革成为“十四五”时期重点推进的财政改革工作。加强财政部门、人大和社会对财政资金使用的结果评价和监督，从而构建全方位、全过程、全覆盖的预算绩效管理体系，进一步彰显了财政治理体系和治理能力现代化的时代要求。

1. 全面推进预算绩效管理

第一，构建全方位的预算绩效管理格局。面对体量越来越大的政府预算、部门和单位预算、政策和项目预算等绩效管理对象，可以通过数据收集和管理技术建立绩效评价项目库，针对不同评价类型采取不同的评价方案。并使用大数据的数据分析技术对资金使用的历史数据进行分析，提高重点评价对象的绩效管理等级，有针对性、有重点地推进预算绩效管理工作。

第二，建立全过程的预算绩效管理链条。可以依据大数据的实时性特征，通过传感器等设备跟踪预算从编制到执行再到评价的全过程，并通过人工智能的机器学习技术实现自动化的预算绩效评价过程，将评价结果应用于下一期的预算决策之中。

第三，完善全覆盖的预算绩效管理体系。在全口径预算的基础上，针对四本预算的不同评价侧重点进行数据分析。这种方式更加关注不同预算的使用效果、运行风险以及支出结构等。

2. 进一步加强人大和审计的外部监督

首先，将人大绩效监督深入事前、事中和事后的各个预算阶段，形成全过程预算绩效管理闭环：

第一，在事前预算审批阶段：人大在预算审批中应重点关注对绩效目标的审核，对目标编制不合格的项目或政策的资金，予以扣减或者不予立项，从而加强绩效目标管理；

第二，在事中预算执行阶段：人大可以通过“预算联网监督系统”的开发和运用，推进对预算执行的绩效跟踪，从而达到对预算执行进度以及绩效目标实现情况的“双监控”；

第三，在事后预算绩效评价阶段：目前人大采用听取预算绩效管理工作报告的形式，对资金使用的绩效进行监督。从长期来讲，随着全面实施预算绩效管理的日趋成熟，人大可以尝试培养专门的绩效评价技术人员，进行独立于资金使用单位的绩效评价。

其次，在审计机关的绩效监督中，绩效审计的思想已经日益融入审计过程。绩效审计通过在各国的长期实践，已然成为预算制度法律框架的内在要求（如加拿大的《总审计长法案》）。部分国家虽然没有对绩效审计的强制要求，但审计办公室每年都会开展绩效审计工作（如法国、韩国）。我国的绩效审计注重对资金使用效果以及项目执行情况的绩效分析，但除深圳市等个别地区外，甚少对绩效审计单独形成审计报告。而将绩效审计发展成为独立的审计类别，并进行专门报告，也是推进审计机关作为预算绩效管理的重要外部监督主体的重要举措。

第三章　新时期政府预算绩效管理的意义

第一节　有利于加快服务型政府建设

随着我国政治体制改革的推进，建设服务型政府已经成为各级政府的发展方向，其中加快完善公共财政体系是非常重要的内容。各级政府部门应当落实社会公众委托责任，提供高效的公共产品和服务，落实好财政预算资金“取之于民、用之于民”的要求。因此，通过加强财政预算绩效管理，能促使政府部门树立绩效理念，将过去注重投入的旧观念逐步转向注重产出和结果的新观念，更好地推动服务型政府建设。

一、服务型政府的概念与理论基础

政府是社会的核心治理者，其自身性质、组织结构、职能配置和价值导向对社会进步和经济发展起着决定性作用。建立一个什么样的政府来领导中国的社会主义事业并推动中国的现代化进程，成为近年来政府治理工作中的主要问题。建设服务型政府成为我国政府改革的主要目标，尤其是十八届三中全会召开以后，政府的职能转变在理论和实际中变得越来越重要，因此，关于服务型政府的研究成了普遍关注的热点。加强服务型政府的基础理论研究，对于推进我国服务型政府的建设具有重要意义。

（一）服务型政府的概念界定

1. 职能结构的重心是社会服务

社会服务是服务型政府的主要职能，其他一切职能都处在次要的位置，服从于社会服务这一中心职能的实现。这就是说，社会服务本身就是目的，是服务型政府存在的价值和主要依据，服务精神应该贯穿于一切政府活动中。在传统政府模式下，政府职能结构的重心在政治统治上，政府虽然也提供社会服务，但是，政府提供的社会服务不过是维持政治统治、稳定统治秩序、争取政治合法性的手段。恩格斯早就指出：“政治统治到处都是以执行某种社会职能为基础，而且政治统治只有在它执行了它的这种社会职能时才能持续下去。”所以，是否提供社会服务不是区别服务型政府与非服务型政府的根本依据，要看社会服务职能在政府体系中是否居于中心位置，即政府在资源配置中是否把大部分社会资源用于社会服务事务上。

2. 执政理念的基础是公民参与

服务型政府必须鼓励公民参与，政府在提供公共服务的时候要充分尊重人民的意愿与要求，政府必须对公民的服务要求做出有前瞻性的预测和回应。服务型政府就是为人民服务的政府，它是在公民本位、社会本位理念的指导下，在整个社会民主秩序的框架下，把政府定位于服务者的角色，并通过法定程序，按照公民意志组建起来的以“为人民服务”为宗旨，以公正执法为标志，并承担着相应责任的政府。服务型政府是民主的、透明的、有限的。因此，必须健全公民参与机制，畅通公民参与渠道，让公民表达和选择各自需要的社会服务。正如密尔所说，一般来说，凡办理一项事业或决定怎样来办和由谁来办那项事业，最适宜的人莫若在那项事业上有切身利害关系的人。

3. 治理主体的构成是多元治理

服务型政府是传统政府模式的改变，是一种与以往不同的政府职能实现形式，其职能体系发生了结构性的变化，组织结构进行了全局性改组，价值导向进行了根本性的调整。政府更多的是担任社会治理主体中管理和协商的角色。随着社会发展，越来越多的社会事务需要具备专业知识与技能的实践主体来完成，在这种趋势下，要鼓励和培育社会组织。社会组织是指依照法律、法规或根据政府委托在民间设立的参与社会公共管理和公共服务，从事社会公益和互益活动的各类组织，与政治和经济组织相对应。社会组织不仅可提供一定的社会公共服务、维护一定群体的利益、推进民主政治，而且还能分担社会风险、化解社会矛盾、维护社会的和谐与稳定。服务型政府强调政府与公民保持良好的互动与合作，但是这种合作必须依赖一定的组织载体来发挥政府与公民之间中介桥梁的作用。代表公民社会利益的非营利组织的存在恰好解决了政府与公民之间交易成本高的问题，为实现彼此的合作提供了条件，而且非营利组织也是影响政府决策的重要因素和推动政府改革的重要动力源泉。在社会主义市场经济条件下，我国政府应该把更多精力放在服务和引导上来。

（二）服务型政府建设的理论基础

1. 价值基础——以人为本理论

众所周知，政治统治是以统治阶级、阶层、集团的一己私利为中心的，而社会管理是以统治阶级、阶层、集团和被统治阶级、阶层、集团的共同利益为中心的，只有社会服务是以全体公民的私人利益和共同利益为中心的。为进一步突出政府的社会服务职能，党的十八届三中全会提出“创新社会治理体制”，是社会治理理念的重大转变。为强调主体的多元参与，全会提出坚持系统治理，即加强党委领导，发挥政府主导作用，鼓励和支持社会各方面参与等内容。多元参与改变了政府过去对社会事务强调控制的理念，将控制转变成了服务与协调，这将促使政府真正回归到服务型的轨道，使政府从管理者转变为服务者。社会治理的提出使政府开始更为关注其他社会主体对于处理社会事务、解决社会问题的作用与功能，使政府开始意识到要将自己不应该管的和管不好的社会事务交给其他社会主体去处理，以便使社会问题得到更好的解决。多元参与使政府在处理社会事务、解决社会问题的过程中民主理念得到增强，这有利于更好地体现政府为人民服务的本质。

2. 制度基础——依法治国理论

服务型政府首先应当是法治政府，法治是服务型政府的内在要求。法治政府就是政府将从决策到执行及监督的全过程纳入法治化轨道，权责明确，权力运行有序、有限、透明，并以法律形式固定。服务型政府强调政府行政的服务导向，是依法行政的政府。服务型政府中的服务职能侧重于政府行政的宗旨和导向，法治政府中的法治强调政府行政权力运行的规范和方式，两个概念是从不同角度对政府行政提出的要求。服务型政府是更高目标，法治政府是最低限度的行为规则。服务型政府倡导的服务理念是指行政管理理念和方式的转变。从执法角度来看，应当将服务合法、保护守法作为基本出发点，行政机关首先应当使其工作的对象获得良好的服务，要使工作对象尽量付出较少成本，提供方便及时的解决方案。在管理方式上，行政机关应当更多地做出教育、培训、提示和指导等。行政机关要通过执法活动真正培养当事人的依法办事意识，而不是使当事人千方百计规避法律、逃避法律。

3. 目标基础——人民民主理论

人民民主是指政府的性质，是宪法赋予人民的基本权利，特别是“民主选举、民主决策、民主管理、民主监督”的权利，它界定了政府的有限性。宪法规定的这四个民主权利，反映了社会主义民主政治的本质，在现实的制度安排中缺一不可。服务型政府的本质特征是公民通过正常程序和渠道参与国家治理，表达自己的愿望。人民是国家的主人，政府的权力来自人民的授予，政府的施政目标必须征得人民的同意，人民有权参与政府决策和执行的过程。人民的利益至高无上，政府为人民服务是天职，而且必须全心全意地为人民服务，并实现社会公共利益的最大化。民主执政是服务型政府的基本要求，倾听群众的意见，倾听百姓的心声，了解人民的意志，已经不是政府可为可不为、愿为不愿为的选择，而是必须具备的姿态。为了提高为人民服务的质量，人民当家作主的政府必然是服务型政府。

（三）服务型政府的特征

服务型政府不同于传统政府。笔者认为要以财政绩效预算为手段带动服务型政府的构建，就必须把握服务型政府的内涵，在此基础上还要着重抓住服务型政府的本质特征。

1. 以服务职能为中心

政府职能是实现政府与社会间公共伦理关系的平台和中介。政府职能的内容保证了政府自身定位及政府与社会公众或其他管理机构的伦理关系，有利于政府稳定健康发展。服务职能是服务型政府政治伦理关系的核心。政治统治职能与社会公共管理职能是政府的基本职能。政治统治职能的存在以国家的存在为前提，社会公共管理职能的存在以社会的存在为前提。而社会的存在是以人类的存在为前提的，只要人类存在，政府公共管理职能就将存在下去。从这个角度讲，政府的政治统治职能必将让位于社会公共管理职能。服务型政府确立了以政府服务职能和以社会管理职能为目标的新理念，强调政府和公民的平等性，弱化了政府的统治职能。实际上，服务型政府的出现也是政府职能转变的契机，是传统政府转变的转折点。因此，服务职能是服务型政府的本质。

2. 以公民参与为手段

首先，公民参与有利于政府了解公民的需求，以便更好地为公众服务。公众有什么要求，需要什么公共产品及服务，公共管理哪些地方需要改进、如何改进，要提高服务质量，这些都是政府必须掌握的信息。公民可以参与到有关自身利益的事务中，反映自己的诉求，如参加相关听证及参与相关重要事项的决议等。其次，公民参与成为服务质量的重要反馈渠道。公民对公共管理存在哪些意见及看法，对公共产品及服务满不满意，这些都是构建服务型政府时必须重视的问题。政府人员或第三方机构以行政服务质量为内容对公众进行问卷调查，调查结果通过处理后就能了解公众的满意度及服务的改进方向。如果不了解这些，服务型政府就是空话套话，没有任何实际效果。离开公民的参与不符合服务型政府的理念。

3. 以公开透明为标志的政府服务

政府服务归根到底是用百姓的钱为百姓服务，因此，老百姓有权知道钱用在什么地方，即购买了什么服务，他们提出的关于购买什么服务的诉求必须传达到服务的提供者。政府只是居民服务的提供者或者说是服务购买的代理人，其地位从属于居民，应该受到居民的支配。但是，在现实中，居民反而受到政府的支配，政府喜欢购买或提供什么服务，居民就必须消费什么服务，哪怕服务质量很差，或者服务并不是居民所需的。这主要是由公开透明度不高，而且监督机制不能落实造成的。公开程度或透明度不高会造成居民的主人意识缺乏，不知道自己在某些事项上的主人地位，而且不知道政府购买了什么服务，自己所缴纳的税款是怎样被花出去的，或者说他们不知道具体细节。因此，要提高政府的服务质量、构建服务型政府就必须要公开透明，落实服务群众监督机制，发扬民主精神。

二、服务型政府与绩效预算的耦合机制

服务型政府是基于公民或社会为本的政府治理理念，在社会民主秩序下，政府通过市场手段，高效地为公民提供公共服务的政府模式。这种模式体现出了政府的公益性特点，其理论基础来自政府行政过程中的政府与公民之间的逻辑关系与互动。财政资金是建立在政府合法性基础上的政府收入，旨在保障公共利益的资金资源。因此，财政资金是否能合理安排及运用关系到政府提供服务的效率与质量，从这个角度讲财政预算是服务型政府构建的关键。

（一）服务型政府与绩效预算的功能关联

绩效预算作为公共预算的一种有效手段，近年来在西方国家被不断应用，取得了经验。绩效预算对于传统的“投入—产出”模式是一场革命，其合理配置公共资金资源、提高资金利用效率及满足公共需求的作用已得到了学界的共识。

从产生背景来看，服务型政府同绩效预算一起出现于后工业革命，即社会公众对于改革政府管理模式呼声高涨时期，都受到了新公共管理运动的影响。马国贤认为，按德国社会学家马克斯•韦伯的政治合法性理论划分，人类社会发展至今，出现了农业经济时代、工业经济时代、后工业时代，因此，政府治理模式也需要与之相适应，划分为：以王权及人身依附为中心的封建统治阶段、以公共事务管理为中心的管理型政府模式及以公共服务、行政效率为中心的服务型政府模式。

1. 服务型政府导向是公共财政的必然功能

公共支出是财政功能的主要体现。在现代国家，由于市场失灵，国家集中一部分公共资源为社会提供公共服务，这种以满足社会的公共需要为口径界定财政职能范围，为满足社会公共需要而构建的政府收支活动模式或财政运行机制模式就是公共财政。在社会需求不断多样化发展，更强调市场作用或市场与政府合作关系（PPP 关系或模式）的背景下，“只有公共财政才能适应、服务并有利于市场经济的存在和发展，这是数百年来市场经济在西方的发展历程所鲜明昭示的。”完全意义上的公共财政至少应当包括以下四点本质规定：第一，以增进绝大多数社会成员的公共利益为宗旨；第二，以提供公共产品、公共服务，满足社会公共需要为目标；

第三，最大限度地实行民主决策；第四，充分接受民主监督。很明显，公共财政的核心就是合理确定市场与政府的界限，不断满足社会公共需求。公共财政的逻辑内涵与构建服务型政府是完全一致的，公共财政必将成为构建服务型政府的重要内容。从我国财政支出实际来讲，民生方面的支出正在成为构建服务型政府的焦点。

我国政府公共支出在传统管制型政府模式下具有浓厚的生产投资型财政特点。公共支出被大量运用于政府没有比较优势的用途上，过多地进入了那些本应由市场力量发挥主要作用的竞争性和盈利性经济领域。随着我国社会转型及经济发展，民生需求成为社会需求的主要方面，随着和谐社会理念的深入人心，公众必将重视民生方面的支出。要实现服务型政府的目标，必须调整和优化公共支出结构，把稀缺的公共财政资源优先用于满足“三农”、基本医疗保障、社会安全网、公共卫生、扩大就业以及其他满足民生的方面。

2. 绩效预算改革是政府服务职能履行的保障

站在公共财政的角度，服务型政府的建立是公共财政的重要目标之一。因此，就不难理解绩效预算同服务型政府构建的这层逻辑关系：服务型政府对于绩效预算而言具有明显的导向作用，绩效预算改革必然也必须推动服务型政府构建。

绩效预算改革是重要的公共预算手段，同时也是公共财政改革的核心。“以财行政，以政控财”是对政府职能与财政关系的精辟论述。财政预算直接关系到财政资金的分配，直接影响到政府职能的履行。充足的财政资金将有利于政府提供公共产品，提升其服务的质量和效率，财力资源缺乏必将导致公共服务的缺少。财政资金作为服务型政府的必要保障，其分配方式即财政预算必将成为决定政府服务质量的重要因素。由于绩效预算需适应公共财政的发展方向，而公共财政以政府服务职能的履行为目标导向，因此，绩效预算将有力地推动服务型政府的构建。

服务型政府的构建为绩效预算改革提供方向。首先，是否有利于服务型政府构建是评价绩效预算改革的标准。绩效预算的改革必须促进服务型政府的构建，这也是公共财政的任务。这是公共财政的内涵及建立公共财政体制的任务所决定的。其次，服务型政府评价指标也是绩效预算指标建立的重要依据。从构建服务型政府的过程来看，必须建立结果导向的评价指标体系来对服务型政府进行评价，这符合目标导向的政府治理机制改革要求。评价指标体系既是服务型政府构建的中心环节也是绩效预算的重要依据。

（二）绩效预算是构建服务型政府的有效手段

从绩效预算同服务型政府的功能关联上容易理解服务型绩效预算功能的发挥对于构建服务型政府的重要意义。具体来讲，绩效预算将从以下三个方面促进服务型政府的构建。

1. 绩效预算推动政府服务职能转变

作为公共预算的有效手段，绩效预算改革体现政府执政能力建设的成效是构建公共财政体制的核心，也是构建服务型政府的基础。绩效预算有利于优化政府支出结构，重点保障服务型政府构建的资金安排。通过把公开、公平、规范的原则贯彻到财政资金的分配中，发挥公共财政在缩小收入差距、保障社会公平、促进经济协调发展等方面的职能作用，保障和推进经济社会全面、协调和可持续发展。

（1）合理界定政府和市场界限，极大提高了公共产品与服务提供效率

我国政府特别是地方政府介入市场微观主体活动领域的行为时有发生，这一问题一直受到广泛关注。政府到底应该在怎样的领域活动是研究公共经济学的基础问题。我国政府职能还存在明显的缺位与越位现象。政府的缺位将直接导致公共服务无法提供，而越位将会压抑市场作用，产生“国进民退”的现象，不可避免地造成垄断，导致公共产品的涨价及供给的无效率。从目前来看，这种趋势不但没有减弱反而在不断增强。比如一方面社会救助资金缺乏，一些贫困阶层在贫病中苦苦挣扎，造成很多社会问题；另一方面，我国的国有企业特别是处于某些行业的垄断企业不断壮大，这不仅没让老百姓享受到规模经济带来的好处，反而由于价格不断上涨，使居民的生活压力不断增加。

产生于新公共管理运动中的绩效预算，对于合理划分政府活动领域具有重要意义。绩效预算有别于传统预算方式，其首要问题是对财政资金投入领域的界定。绩效预算判定政府的投入领域不再简单以预算平衡或经济目标为考核依据，而是以产出的全面绩效为标准，主要包括经济绩效、社会绩效、生态绩效等指标。考核指标的科学性与合理性，避免了政府与民争利的问题。这样，绩效预算能通过公共服务的评价分配财政资金资源，避免了资金的浪费，有效提高了资金的使用效率。

随着市场经济的发展和政府公共管理水平的提高，很多看似只能由政府提供的公共产品与服务能够由私人或政府、私人联合提供。而且随着新公共管理运动的推进，由私人提供公共产品已经成为政府改革的趋势。以 PPP 模式为标志的新型公私关系正在代替传统的治理关系。绩效预算的推出有利于这种关系的稳固。绩效预算通过把市场引入到公共产品的提供中，以花钱的效果来评判花钱是否值得，以最小的资金代价购买私人提供的产品，极大地提高了资金使用效率。绩效预算还可以通过预算中的透明公开使政府资金的使用得到有效监督。

（2）优化了资金支出结构，推动了政府部门服务职能转变

传统预算资金分配具有较大的随意性，从我国目前的情况来看，还存在大量的纵向转移支付行为，但实际上在发达国家非常规的转移支付资金分配方式正在成为我国财政资金分配的常规方式，因此造成“跑步向钱”的尴尬局面，出现了财政支出“越位”和“缺位”现象。各地方财政预算往往是按需分配，这助长了各部门要钱的欲望。从分配环节看，我国财政支出主要是以规模而不是以资金使用效果为基本目标取向。虽然实行了部门预算，但是从根本上来讲，资金的按需分配不可避免地存在关系分配和经验分配。在资金的使用环节上，部门单位在预算申报时都是先要了钱再决定钱怎么花，要钱之前没有想过工作的计划、花钱效果的措施保障以及花钱究竟要达到什么目标和结果。从政府管理角度看，在传统分配体系下，分管领导也会加入和影响财政资源的分配，都尽量为各自的领域多争取资源。在部门单位不负责、资金使用效率不高的情况下，各部门面对财政分配，都会搬出主管行政首长来博弈，更糟的是会以行政首长的项目作为资金使用效果不佳和争取更多资源分配的理由。在这种没有外在的压力和内部承担对资金使用责任的背景下，预算要得越多越好，至于预算的使用结果和效果，就无人问津了。这样直接导致了支出膨胀，浪费严重，使财政支出不断膨胀，而工作效果却很差。

绩效预算打破传统分配的各种弊端，通过强化财政绩效管理，让预算单位恢复成为财政资

金使用的责任主体，使其成为自我约束、自我激励的责任人。通过管理制度创新，建立起有效的让资金使用主体实现“负责任的结果导致利益增，不负责任的结果必然带来利益扣减”的绩效管理制度的“围堰”，从机制上引导政府部门各单位兼顾眼前利益和长远利益，通过让责任归位的外部压力体系，增强预算单位的自我责任感，最终形成自我约束机制和自我激励提高的管理理念和管理意识。绩效预算强调政府部门及公务员的使命感、责任感，强调政府行为的规范化，强调财政资金的稀缺性，引入竞争性方式分配财政资金，按照“大事优先、民生优先、绩效优先”的原则，由专家根据各部门申报的预算进行评价排序，这样深刻改变了预算分配方式，促进政府服务能力和服务水平的不断提高。

2. 绩效预算有利于公民参与服务型政府构建

绩效预算是一种强调公众参与的预算方式。在公众参与的基础上，科学引入民主监督及决策机制。绩效预算归根结底要保障公众利益的最大化，公民通过参与政府行政实践和管理对政府业绩的考核是现代政府绩效评估的重要内容。我国在不断深化改革和扩大开放的历史过程中也朝着行政管理制度与体系透明化的方向发展，一些地方政府积极探索公民参与政府财政绩效考核评价的方式，不断拓宽服务对象考评政府部门和公务员的渠道。

人民对政府事项满意评价就是以人民为评价主体、根据人民对政府机关的评价结果为标准，将政府事项划分优劣等级。这种评估方式直接反映人民的满意度，具有重要的意义：首先，帮助人民重新认识当代政府的行政职能和公共服务决心，树立政府良好公共形象，提升政府在群众心中的公信力。其次，清晰地表达人民心中预期的政府目标，简单地将此表达为政府行政的直接目标，是高效的管理方式。最后，营造民主氛围。绩效的好坏再也不是由领导意见为标准，工作人员不需要再看领导脸色办事，鼓励行政人员养成说真话、办实事的作风，提高行政能力。此外，绩效预算中广泛采用专家评价或第三方评价。对于一些专业性较强的项目或者工程的评价，往往邀请专家参与，这样可以充分发挥专家的专业优势，客观公正地对相关事项进行评价。专家可以由财政部门聘请，但为了保证评价结果的公正一般邀请第三方参与评价。

3. 绩效预算有利于政府阳光化服务

绩效预算机制要求政府在公共预算的制定、执行以及监管过程中主动向公众提供参与的渠道，最大限度地将相关信息交给社会公众和服务对象，接受来自各方面的监督。地方政府应努力探讨各种可行的措施，进行制度创新，切实将地方公众和公民自治组织纳入地方公共预算的制定、执行和评估等各个环节。公众参与的最大好处是使得地方公共支出管理走向“阳光下”操作，可以在比较采纳各方建议的前提下制定出更为科学的公共预算，将有限的财政资源用在“刀刃”上，即社会急需解决的热点、难点和焦点问题上，从而最大限度地减少盲目支出和资源的浪费。

从资金分配本身来看，绩效预算是一种公开透明的资金资源分配方式。哪个项目或事项带来的社会效益多、人民更满意就能获得更多的资金支持。绩效预算的评价及绩效审计都是建立在公开透明的基础上的。利用政府绩效审计的公开透明性，揭露财政支出中的违规案件，曝光预算中存在的问题。在审计和社会舆论的压力下，财政预算向社会公开预算，这样有利于阳光政府建设。

（三）服务型政府建设有利于促进绩效预算发展

服务型政府作为公共财政建设的目标，对于绩效预算同样具有导向作用。从事权与财权的关系来看，事权会迫使财权的划分与之适应。政府提供服务首先是事权的划分。地方服务型政府在提供公共物品和服务时，就必须首先明确政府应该做什么、不应该做什么，中央政府应该做什么、地方政府又应该做什么，即政府事权的明晰。

事权是财权的基础，推动着财权的变革。政府间事权范围和责任的划分是否科学合理能直接体现出相应财政体制的完善程度。地方服务型政府建设要求中央政府与地方政府相互协调合作，根据最优化原则科学合理地划分不同政府层级间事权的范围与责任，并依此核定各级政府在公共财政资源中的分配比例，进而核定他们的财权，实现事权与财权的统一。从这个意义上来讲，地方服务型政府的建设对于我国财政体制改革的推动作用也是非常重大的。

1. 服务型政府是绩效预算的改革方向

服务型政府建设是政府执政理念的飞跃，是行政模式的变迁，以政府行政创新为核心，以提高政府的服务水平为目标。它对传统政府模式的革命而言是一项行政创新工程。从这个意义上说，服务型政府的构建是一套系统的创新，不能仅仅停留在表面，仅以几项具体服务来评判。财政体制必须适应这种创新，特别是绩效预算的改革必须以服务型政府的构建为导向。

要构建服务型政府，必须及时为居民提供公共产品及服务。从经济学效用角度看，要成为人民满意的政府，必须使居民的效用最大，而边际效用具有递减规律，因此，政府必须提供多样化服务来满足居民需求。单一的某些方面的满足并不能提高居民的满意度，或者说单一的物质丰富并不能提高人民的满意度，比如解决温饱问题，同时还需要精神文化生活产品及服务的提供。另一方面，居民最需要的产品或服务为其带来的效用最大。而居民最需的公共产品或服务正是政府职能最薄弱环节或者明显存在缺位或越位的地方，也就是政府服务最需要改进的地方。因此，通俗地讲，要提高政府服务的满意度不需要锦上添花，而是要雪中送炭。因此，这些老百姓迫切需要改善条件的地方就是政府财政投入的重点，是财力资源必须覆盖的地方。在绩效预算的实践中，这些重大工程及投入都是首要任务。在实践中，往往要通过专家的论证，根据紧急和重要程度排序，以安排财政资金。财政预算必须满足服务型政府的要求，优先保障人民急需的产品和服务的供给。在目前和谐社会的建设中，民生问题成为其核心环节。

与绩效预算相配套的制度必须强化应急资金管理。当突发重大公共事件时，政府财政能进行资金支持。政府必须具有应急资金的动员能力，要有与之配套的财政资金预算与管理制度，从而适应服务型政府的建设。

显而易见，服务型政府建设是一项系统工程，预算机制作为服务型社会构建的重要环节，其自身必须进行全面的创新，才能建立符合服务型政府的机制。

2. 服务型政府绩效评价有利于绩效预算评价指标的构建

（1）政府绩效评价意义重大

政府绩效评价是西方国家政府在科学技术飞速发展和经济全球化趋势的国际大背景下政府在行政管理方法上的重大改革，其改革的基本内容是在西方国家已经沿用了很长时间的基本政治制度下，以民权运动和科学技术为推动力，对于政府提供的公共物品和公共服务的基本职能进行改革。因此，政府绩效评价是服务型政府构建不可或缺的，对于服务型政府建设有重要的意义。

政府绩效评价促进服务型政府民主政治建设。

以政府部门产出测量为核心的政府绩效评价，是建立在公民参与制基础上的，老百姓有权对政府服务进行评价。这种决策方式不仅将管理国家的主动权从公务员手中转移至人民手中，也确立了政府和公民的平等地位。政府绩效评估是公共力量对政府行为约束和民主监督的重要方式和渠道。

政府绩效评价有利于强化服务型政府的责任意识。

政府对绩效管理的最终目标是实现群众高满意度的绩效水平，实际上是政府向群众交代其对国家和社会任务的执行程度和完成情况。如果评估结果具有严重问题，那么相关部门必须承担政府及公众在法律及道义上的谴责，并且在政府和公众的严格监督下不断改进直至达到预定绩效。

政府绩效评价帮助服务型政府向高效率进取。

政府行政效率的监测是绩效评价的本质内容，经过监测可以取得资金管理的经验，可以改进资金投入模式，能够依靠前期评估的结果合理设计本次投入的数量和方式，完成资源的配置和调整，以集中力量发挥组织的最大优势、减少甚至避免对效益产出无贡献部分的资源浪费，通过开源和节流提高组织行政效率。

（2）政府绩效评价可以作为绩效预算的重要依据

绩效预算评价的主要目标就是要对政府的财政资金运用效率进行评价，其中重要的一方面就是居民的满意度评价。实际上就是居民对于政府提供公共服务及公共产品的评价。可以说，居民满意度评价是政府绩效评价的重要内容。因此，从这方面来讲，绩效评价同服务型政府评价是相通的。

政府绩效评价有利于实现预算分配的科学性，合理界定财政的支出范围和支出顺序。按照公共财政原则，财政支出应满足社会公共需要，为具有政权建设性、社会发展性和经济建设性的公共服务职能中所需要的资金提供支持，支出保证顺序应首先保障维持党政机关正常运转的政权建设等经费的需要，而不是不顾现实需要，一味地强调压缩。具体来说，公共财政支出的范围应包括：行政管理、国家安全、公安司法检察、公益性事业、大型基础设施建设、科技教育、公共卫生、环境保护、社会保障以及对经济进行宏观调控所必要的支出等。

三、服务型政府预算绩效评价体系的评价主体

我国现行的绩效评价形式主要是上级对下级的评价，缺乏社会和公众的参与。服务型政府的政府预算绩效评价主体应该凸显社会公众在评价中的地位和作用，体现服务型政府的公众本位的价值取向。

（一）构成服务型政府预算绩效评价主体的条件

1. 拥有独立的地位

独立性是构成评价主体的首要条件，保证了政府预算绩效评价的客观性和公正性。这里所

谓的独立性，就是指评价主体在绩效评价活动中能够独立地进行判断，不受外来因素的干扰，做出的客观判断。这就要求评价主体不是附属于政府的，不属于介于政府与社会、市场、企业之间的管理层次，而是介于政府与社会、政府与市场、政府与企业之间的桥梁。其中包含了两层独立：一是身份的独立，评价主体不是任何政府或私人组织的附属，有独立的评价和决策权。二是财政的独立，评价主体拥有自己的稳定的资金来源，这里的资金来源主要是评价主体通过向社会提供服务所获取的。

2. 拥有专业的技能

评价主体的专业性保障着绩效评价的科学性。评价主体要具有特定领域的知识，能对收集到的相关信息在理论和实践上进行分析，能够提出有针对性的意见和建议。同时，还要有获取有效信息的能力，能够去伪存真，透过现象看本质，提出科学的对策。

3. 具有权威性

权威性就是说评价主体要有影响力。通常政府组织的权威有两种来源，一是政治赋权，二是组织自身活动所获得的社会认可。政府预算绩效评价主体的权威应该集两种来源于一体，这样才能保证其所属群体成员的服从，并且能够监督评价客体对存在问题的有效整改。

4. 合理的诉求

合理的利益诉求能够提高评价的权威性，保证绩效评价的客观性和公正性。受经济发展水平以及民主发展程度的限制，我国社会成员普遍缺少成熟的政治理性，缺乏政治参与的热情却只关注眼前利益、局部利益，或者容易受人煽动、被利用，或者不会表达自己的意愿。这样的评价主体是无法做出正确的评价的，我们强调的合理的利益诉求是评价主体基于对社会的责任感，依据翔实的关于评价对象的资料做出独立、客观的评价。

5. 低廉的成本

世界各国进行政府绩效探索最初的动因是政府效率低下、因循守旧，而这些都是由财政赤字和传统官僚模式所导致的。可见，提高效率、降低成本是政府绩效改革的根本动力，政府绩效评价主体在其行为实施评价的过程中，要尽最大努力将行为成本降低到最低的限度。

（二）服务型政府预算绩效评价多元主体构建

不同的评价主体拥有各自的特点和优点，政府预算绩效评价主体构建中的关键性问题就是如何构建一个个能够发挥不同评价主体优势的多元化的评价主体，尽可能客观、公正地评价政府绩效。

要解决不同评价主体对同一评价对象表达的意见不同的问题，非常有必要扩大目前的评价主体的范围，同时对不同评价主体的意见赋予不同的权重。不论是党委、人大、政协、政府机关这样的政府组织，还是第三方评价中介、专业评价组织的专家、公民代表，都要从自身的角色、知识、经验、利益需求出发，表达对政府管理的意见和建议，在拓宽民主民意表达渠道的同时，还使得评价更加准确、客观。

由于任何“绩效评估的成功有赖于强有力的政治支持”，在多元化的政府预算绩效评价主体中，政府及其绩效评价管理机构应该居于主导地位，同时，应该由一个中立的党派操作整个过程。在评价过程中要始终把接受政府服务的公众置于中心位置，让公众参与对政府绩效水平的鉴定、对服务质量的满意度测评。目前，我国很多地方政府都在构建政府绩效多元评价主体，一些试点的经验也得到了总结和推广。在总结国内外相关经验的基础上，构建了基于服务型政府的预算绩效评价主体，其结构如图 3-1 所示。

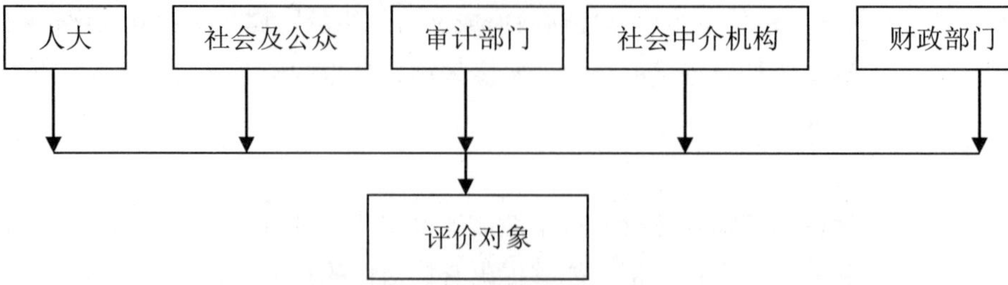

图 3-1　政府预算绩效评价的外部主体

（三）服务型政府预算绩效评价的基本内容

1. 对部门预算的总体绩效的评价

评价部门预算的总体绩效也就是对一般预算支出的评价，是对一定时期内政府机构运用财政资金实现的成果和是否达到目标的测评，对这一方面评价的基本出发点是政府职能。对政府各部门预算支出绩效评价的范围包括：政务信息的管理、公务员绩效管理、资源配置绩效管理和财务质量管理。通过对这几方面的评价可以得到政府各个部门和机构对财政资金使用效果的信息，加强政府责任性、快速找出并解决存在的问题、激励各部门和机构完善管理。

2. 对项目支出绩效的评价

除了政府自身的运转，政府职能的执行一般都是通过具体的项目。对项目支出进行绩效评价，同样是政府预算绩效评价的重要组成部分。通过对项目支出进行绩效评价，还可以对同一领域相似项目进行比较，避免资金的重复投入，有效分配资金。

（四）服务型政府预算绩效评价指标的选择

政府预算绩效评价指标是建立政府预算绩效评价体系的关键步骤和核心内容，是衡量政府预算目标实现程度的依据，能够反映政府预算过程、预测政府预算发展趋势、评价政府预算绩效。要全面、客观地衡量政府预算绩效，就必须选择一些有代表性的绩效指标，形成一套完整的政府预算绩效评价指标体系。

1. 服务型政府预算绩效评价指标的选择原则

指标体系的选择必须遵循一定的原则，而最基本的原则就是，具体评价指标的选择和指标体系的建立，必须从价值取向出发来保证评价指标体系能够有效反映政府绩效预算。而服务型政府的核心价值取向就是“以人为本”，责任性、回应性、公平性、节约性、高效性、廉洁性为其基本特征。

价值取向与评价指标存在密不可分的内在联系，价值取向决定了评价指标的内容，价值取向作为政府绩效预算评价的基础要素，并不能直接衡量政府绩效预算，而需要通过评价指标应用于评价实践。评价指标是价值取向的具体反映，有什么样的价值取向，就有相应的评价指标。同时，价值取向决定了评价指标体系的发展方向，其影响了评价指标体系的规模以及各指标在整个评价体系中的权重。随着服务型政府成为未来的政府治理模式，为了更好地体现“以人为本”，维护和发展民众利益，我国政府在评价指标体系中应引入考虑增长和能源消耗的绿色 GDP 指标、体现增长质量的生态环境类指标、促进增长的开放类指标、反映社会公平的公平类指标、保障民主的政府透明度指标等。在此评价指标体系中，绝对的增长类指标比重应不断下降，而反映民众生活水平的评价指标的权重不断上升。所以，价值取向是评价指标体系的灵魂，它引导着评价指标体系的设计，决定了指标体系的变迁，在评价指标的设计及确立上发挥基础作用。

与此同时，价值取向还是判断评价指标体系设计的重要标准，在设计具体的评价指标时，必须从价值取向出发，来保证评价实践能充分体现价值取向。能否充分反映价值取向是判断绩效预算评价指标体系的设计是否科学有效的重要标准，也是评价体系成功与否的重要标准。

同时，政府预算绩效评价指标选择原则有通用性原则和特殊性原则，通用性原则包括：一是相关性原则，是指衡量指标与政府部门的目标及项目目标要有直接联系，要能准确反映相关部门的情况；二是经济性原则，这项原则要求选取指标时要考虑实际条件和可操作性，数据的获取要在合理的成本基础上；三是可比性原则，这种可比性包括横向比较和纵向比较两种，指的是具有相似目的的项目之间要有共同的指标，以便对不同项目之间的结果之间进行比较；四是重要性原则，评价指标的选择要重点突出，要根据指标在整个体系中的地位和作用进行筛选，选择最具有代表性、最能反映评价目标的指标；五是客观性原则，能够客观反映真实情况的评价最具有说服力，才能真正为提高公共财政绩效服务。这些通用性原则要综合运用，才能符合绩效评价目标的要求。另外，特殊性原则也很重要，这里的特殊性是指标的选择要因地制宜，要根据不同地区、不同经济和社会发展程度设计各自相关性强的评价指标。

在具体指标的设计上，要综合运用上述的通用性原则和特殊性原则，结合不同地区、不同层级的实际情况，遵循实事求是的原则，吸收反映当地特色的一些特殊指标，形成一套科学、客观的评价指标体系。

2. 服务型政府预算绩效评价标准

确定了绩效评价指标之后，还要有绩效评价的标准。绩效指标会使绩效转化为一系列数量，所以评价标准一般是一个数值范围，如果被评估者的绩效刚好在标准数值范围之内，说明其完成了预定的目标；如果被评估者的绩效表现超出标准数值范围的上限，则说明被评估者的绩效卓越；如果被评估者的绩效表现低于标准数值范围的下限，则表明被评估者存在绩效不佳的问题，需要进一步改进。财政评价标准一般分为以下几类：

（1）计划标准

计划标准就是事先制定的计划数据。作为评价财政预算绩效的标准，计划标准是通过与实际完成值比较来发挥作用的。发现差异后，就要在下一次制定计划标准时注意调整。如果计划标准制定得过高，就会使得评价结果过低，无法达到激励被评价部门的作用；反之，如果计划标准制定得过低，使得评价结果表面上显得很高，就会影响到被评价部门的进步。所以，计划标准的制定一定要适中，起到既能激励被评价部门，又不妨碍被评价部门努力进步的作用。

（2）经验标准

所谓经验标准是在长期的财政预算绩效评价中总结出来的标准，一般由财政管理领域经验丰富的专家学者经过研究和分析所制定出来的标准。由于是由权威专家制定，所以这种标准就有较高的权威性，但是其主观性程度较大，适用范围有限。这种标准适合缺乏比较资料时使用。

（3）历史标准

历史标准是参照本地区、本部门、本单位或同类部门、单位、项目的绩效评价指标的历史数据，运用一定的数理统计方法分别计算出的各类指标的平均历史水平，以此作为评价标准。历史标准可以是该地区、部门、单位、项目过去一年或者是过去某一年的数据，如上年同期数据、过去某一年的同期数据、历史最好水平等。制定时，要根据预期情况与过去年份相似度的分析来决定使用哪一年的数据作为历史标准，同时注意客观因素的变化，及时做好标准的修正。这种标准客观性和权威性都比较强，在实际中应用比较广泛。

在实际的财政预算绩效评价中，选择哪种评价标准要根据评价对象的具体情况来定。一般而言，遇到评价计划与管理工作任务比较明确、针对性强的被评价对象时，选择计划标准有利于对实施过程进行管理和控制；对评价量化指标较少的被评价对象，使用经验标准就可以完成评价任务，同时又能节约成本；如果有完整规范的评价体系，同时又比较关注被评价对象的成长和发展，就适合使用历史标准。财政预算绩效评价标准是衡量绩效的尺度，标准的选择对财政绩效评价结果具有很大的影响。随着我国财政预算绩效评价体系的完善和评价工作经验的积累，需要建立评级标准的数据库，同时，为了适应社会的发展和变化，还要及时做好对数据库的更新。

第二节　有利于促进经济社会发展

加快科学发展、转型发展，是当前我们党和政府面临的重大课题。想破解这一难题，政府项目要带好头，通过深化财政预算绩效管理，在项目的可行性研究、投入产出、绩效评价等方面符合科学发展、转型发展的要求；政府的产业引导和扶持资金，要向符合科学发展、转型发展的产业和项目倾斜。将财政预算绩效的理念渗透到政府工作的各个方面，这也是推进区域科学发展、转型发展的重要动力。

一、科学发展与绩效预算的耦合机制

随着新的科学发展观和正确政绩观的提出，政府预算绩效管理成为社会关注的焦点。

（一）政府预算与公共产品供给

1. 公共产品

公共产品是指具有共同消费性质的产品及服务。公共产品可以分为两类，即纯公共产品和准公共产品。纯公共产品同时具有非排他性和非竞争性：非排他性指一些人在享用公共产品带来的利益的同时，不能排除其他人同时从公共产品中获得利益；非竞争性是指消费者的增加不会引起生产成本的增加，即多一个消费者引起的社会边际成本为零。国防、社会治安、政府行政等都属于纯公共产品。

准公共产品只具有非排他性和非竞争性中的一个特征，或同时具有两个特征但两个特征都

不明显。准公共产品的范围十分广泛。

第一类准公共产品是俱乐部产品。它的特点是消费具有非竞争性，但却可以轻易地做到排他，是一种可以排除其他人消费的拥挤性公共产品。如可以收费的公路、桥梁、公共游泳馆、电影院等。

第二类准公共产品是共同资源。它的特点是在消费上具有竞争性，但却无法有效地排他。在对共同资源的消费超过了一定的限度后，会出现过度使用的问题。如公共渔场、公用牧场等。

第三类准公共产品是使用和消费局限在一定地域中的准公共产品。其受益的范围是有限的，即进入才可以消费，而退出就不能够消费了，如社区保安、街道清洁等。

2. 政府预算与公共产品供给

在市场经济条件下，经济运行的主要机制是市场机制，市场是进行资源配置的主要手段，但这并非等于市场经济条件下市场就是万能的，政府就不需要参与经济运行。相反，在市场经济体制下，政府应该是公共产品和其他市场失灵情况下的产品或服务的主要提供者。

（1）政府预算是公共产品和部分准公共产品的提供者

如果把市场机制简单地划分为由市场提供的机制和由政府提供的机制，那么对于公共产品，市场无法提供，只能由政府提供。公共产品的消费存在着免费搭车的问题，即每个消费者都不愿意自己购买而是等着别人购买，然后出现顺便消费的现象。如果由市场来提供公共产品，那么，每个消费者都不愿意表达自己真实的消费愿望，市场就无从确定社会总需求的数量和价格。因此，市场无法提供公共产品。政府的运行机制却可以保证公共产品的供给，如果把纳税看作整个社会愿意购买公共产品的价格的话，政府就可以通过税收和公共决策机制了解到公众对公共产品的社会总需求，这是市场无法做到的。

准公共产品在一定程度上或者一定范围内可以由市场来提供。比如高等教育，它既是一种公共产品，又是一种私人产品。因此，既可以由市场来提供，也可以由政府来提供。一般地，准公共产品可以根据其受益人群来支付相应费用。如地方安全费用由地方财政支付，全国安全费用由国家财政支付。准公共产品应该由政府来提供还是由市场来提供取决于这项产品带有公共产品特征的程度如何。如果某项准公共产品更符合公共产品的特征，可以通过政府来提供，反之，则可通过市场提供。

（2）其他市场失灵情况下的产品和服务的提供

除了提供公共产品和具有强烈公共产品色彩的准公共产品外，政府还可以提供其他市场所不能提供的产品，或者说市场失灵情况下的资源配置是由政府完成的。市场经济条件下，许多经济活动都可以通过市场这只“看不见的手”顺利地完成，但是，在公共产品存在外部性、信息不对称、规模效益递增等情况下，经济活动就难以通过市场完成，这些情况被称作为市场失灵。其中的公共产品不能由市场提供，而只能由政府提供。

（二）科学发展观的精神重塑预算绩效管理的价值

1. 以人为本的价值

坚持以人为本是科学发展观的本质和核心。以人为本就是要把人民的利益作为一切工作的出发点和落脚点，不断满足人们的多方面需求并促进人的全面发展。改革开放以来，各级政府一直把大力发展生产力作为工作的中心任务。科学发展观并不否认经济发展的重要性，它强调的是发展的目的和本质，解决的是为谁发展、靠谁发展以及成果由谁享有的问题。我国的社会主义国家性质决定了满足广大人民群众不断增长的物质文化需求、保证人的全面发展是发展的最终目的。以人为本的科学发展观，其目的是以人的发展统领经济、社会发展，使经济、社会发展的结果与我们党的性质和宗旨相一致，使发展的结果与发展的目标相统一。

2. 公共性的价值

毫无疑问，公共性是政府存在的正当理由。从宪政的角度看，政府公共行政所追求的人民主权、公民权利、社会公正、公共利益、公共责任都是政府公共性的具体体现。过分强调对效率和工具理性的追求，必将导致政府沦为管理和执行的工具，难以捍卫民主政治责任，丧失公共性价值。科学发展观提出“坚持以人为本，树立全面、协调、可持续的发展观，促进经济社会和人的全面发展”。坚持“统筹城乡发展、统筹区域发展、统筹经济社会发展、统筹人与社会和谐发展、统筹国内发展和对外开放的要求”，让公共性涵盖于科学发展的各个方面。具体来说，它包含了公共利益、公共服务、公共责任、公平正义等一系列公共行政公共性的核心理念。以科学发展观为指导构建政府预算绩效管理体系必须坚持政府公共性这一价值取向。

二、全面预算管理对转型的推动作用

所谓市场化转型指国有企业的资源配置从主要由政府的行政控制转变为主要由市场决定，通过市场化的改革，使国有企业成为自主经营、自负盈亏、自担风险、自我约束的法人实体和市场竞争主体。在国有企业全面改革和打造金融板块的大背景下，财务公司传统信贷业务增长动力不足，银行业金融产品不断创新，市场资金紧张，资金成本不断上升，利率市场化，以及基于锻炼队伍、提升员工工作能力的需要，都要求企业进行自我变革，更好地了解市场、适应市场、把握市场，逐步培养强大的核心竞争力，提高可持续发展能力。

（一）为市场化转型提供组织保障

健全有效的全面预算管理组织体系是国有企业推行全面预算管理的重要内容，是防止预算管理松散、随意，预算编制、执行、考核等各环节流于形式，预算管理的作用得不到有效发挥的关键。全面预算可在以下几方面提供组织保障：

一是成立以企业总经理及分管领导为正副组长、各部门领导为成员的预算工作领导小组，小组负责按照企业的战略目标，制定全面预算，分解落实到每个部门、每个工作岗位，充分调动每个部门、每个岗位员工的积极性。

二是在预算执行过程中根据实际情况各部门联动对预算的执行加以分析、进行预算控制，有助于预算与实际更好的结合。

三是借助于全面预算良好的协调与沟通功能，还能加强部门间的理解和配合，有助于协调不同部门之间的工作，形成合力，使预算执行更加顺畅，进而有利于更好地实现企业的经营目标和战略目标。

（二）增强企业应对市场变化的能力

市场化转型要求企业提高应对市场变化的能力，企业要做到及时把握市场变化，对照自身优势与不足，进而采取措施做大优势、弥补不足，找准工作突破口，以此实现企业经营目标，增强市场竞争力，形成可持续发展能力。传统的预算管理主要强调预算编制，对预算的执行与控制重视不够，而全面预算除了预算编制、预算调整之外，还有预算分析、预算控制的内容。

1. 定期召开预算分析会

定期召开预算分析会，将预算执行情况与预算目标或标准进行对比，找出差异，分析差异形成的原因，并根据差异的大小和性质，提出相应的改进性措施。

首先，企业领导及各部门主要负责人均参加预算分析会，财会部门做预算与执行情况的整体分析，业务部门就本部门业务做具体情况的分析，各部门协同合作，提升分析的深度和对经营管理的指导性。同时通过分析促使业务部门加强对市场的研判，更加积极主动地收集市场信息、应对市场变化。

其次，预算分析的方法是多种多样的，要充分运用多种分析方法，增加分析的维度和内容的丰富性，避免分析的片面性或局限性，可以得出更接近实际的分析结论，从而使在此基础上做出的决策更加有效，更能适应市场的需要。

第三，通过分析预算与执行之间的差异，查找差异的原因，从而决定是否需要根据市场变化情况调整预算或决策，为下一步工作指明方向。

最后，分析会召开的频次可以根据实际经营管理需要随时调整，正常情况下每月召开一次，当有特殊情况或突发事件时，可召开专题分析会，以分析特殊情况对预算执行的影响，或者需要对预算做出何种调整，从而保证公司整体目标的完成。

2. 预算控制是国有企业整个内部控制体系的一个部分

预算控制是实现国有企业战略和预算目标的重要保障。预算做得再好，如果没有有力的执行都不可能实现，而好的预算控制可以说是执行的有力保障。全面预算控制的方式也是多种多样的，国有企业可以根据业务特点和管理需要，将这些方式相互结合，设计并采用个性化的预算控制方式，以达到最好的预算控制要求。比如国有企业的管理费用和八项可控费用就是采用总额控制和单项控制结合的方式，针对预算内项目、超预算项目和预算外项目有不同的审批流程等。

第三节　有利于化解财政风险和压力

近几年由于财政收入增幅放缓和土地出让难度加大，很多地区每年部门预算需求均超过当年可支配财力，财政收入和财政分配面临巨大压力，无法满足经济社会发展需求，由此导致政府债务居高不下，政府始终面临一定的财政风险。在这种形势下想要解决这些矛盾，除了减项目、压预算的途径外，更加重要的是要积极主动地抓绩效、增效率，“四两拨千斤”，使财政资金产生最大的绩效。因此深化财政预算绩效管理，强化政府部门的预算绩效意识，对缓解财政压力有很重要的现实意义。

一、新时期我国财政安全运行面临的风险挑战

（一）财政经济可持续风险

1. 经济转型升级面临的安全挑战

从经济的发展过程来看，1978 年至 2014 年我国经济进入“新常态”。我国依靠土地财政和基础设施领域的投资拉动，实现了 40 多年经济高速增长的“奇迹”。但是，在我国人均 GDP 超过 1 万美元之后，经济增长的内生动力急需从过去的投资拉动转向创新驱动，而技术的创新驱动又需要风险投资等一系列背后机制的支撑。因此，如何摆脱对过去投资拉动的路径依赖，实现经济的转型升级和经济的可持续发展，是财政安全面临的最大挑战。之所以将经济的转型升级提高到国家安全的高度，就是因为阿根廷、巴西等国要么未能越过“中等收入陷阱”，要么未能成功翻越此后的“高收入之墙”，经济长期停滞，带来了一系列复杂的经济、政治、社会问题。这是我国“十四五”时期发展和落实 2035 年远景目标必须高度重视的战略性问题。

世界银行首次在《东亚经济发展报告（2006）》中提出了“中等收入陷阱”（Middle Income Trap）的概念，基本含义是指：鲜有中等收入（人均国内生产总值 10000 ~ 12000 美元）的经济体成功跻身高收入国家之列，这些国家往往会陷入经济增长的停滞期，既无法在人力成本方面与低收入国家竞争，又无法在尖端技术研制方面与富裕国家竞争。“高收入之墙”与之含义也是类似的。其包括两层含义：一是在收入水平上如何实现对人均 GDP10000 美元的“跨栏”；二是支撑这种跨越的经济增长动力机制如何实现从投资拉动到创新驱动的“换挡”。

2. 制约“双循环”新发展格局面临的安全挑战

面对新冠疫情以及美国因为中国崛起而采取的贸易保护主义等逆全球化举措，我国在“十四五”时期正在加快构建“双循环、内为主”的新发展格局。而制约“双循环”新发展格局加速形成的因素主要有两个方面：一是随着市场经济的发展，经济的垄断程度不断提高，特别是在数字经济的发展背景下更是如此；二是经济结构在向高级形态演进，三次产业结构也经历了“一二三”到“二三一”，再到“三二一”的高阶段演进。在这种演进的过程中，技术水平不断提高，技术对劳动力的替代日益明显，就业压力越来越大。中低收入群体的收入增长的可持续性受到严重挑战。而收入不足又会制约中低收入群体的消费增长，促使最后“双循环”新发展格局的加速形成。

生产力水平的不断提高，一方面对人类的重复劳动是一种极大的解放，另一方面也使就业、收入、经济循环成为一个大问题。北欧一些国家开始实行无条件基本收入（Unconditional Basic Income）。不仅北欧国家如此，2020 年 12 月美国通过的每人 600 美元的疫情救助方案也具有这种“无条件基本收入”的特征。在北欧国家，这可以被看作一种高福利的尝试。在美国，这可以被看作一种疫情之下的临时性救助。但从长期来看，如何“打通堵点”、实现经济“大循环”，是人类社会发展面临的具有哲学意义的问题。

（二）财政汲取能力风险

“虚拟货币”成为“地下经济”的升级版。

展望未来，我国的财政汲取能力面临安全挑战。一是从国内来看，“虚拟货币”偷逃税款

"祸起萧墙"。数字经济带来的"虚拟货币"偷逃税带来的挑战，不啻为对我国现行货币体系和税制的双重"降维打击"。长期以来，各种"地下经济"造成的税收流失在不同程度上一直存在，但是"虚拟货币"借助数字经济的掩护似乎具备了"合法性外衣"。2021 年初，比特币价值突破 5 万美元、30 万元人民币，其中隐藏着巨大的税收潜在风险。二是随着经济全球化程度的不断提高，跨国公司加速将利润向国际的转移，也在客观上导致很多国内税源的萎缩和纳税人税负水平的相对上升。

"一鸟在手"远胜"两鸟在林"带来的税收征管与宏观调控的"双重困境"。

当"数字贵族"实现了对现行货币支付体系和税制体系的"双重逃逸"之后，我国财税部门对于逃逸之外的数字贵族和高收入群体鞭长莫及。在财政筹资压力有增无减的背景下，只能加重对"税网"之内纳税人的税收征管。这样一来，就造成了我国税收筹集和宏观调控的"扭曲"和"无效"。一方面，"数字贵族"等高收入群体"逍遥税外"；另一方面，"税网"之内的纳税人承担了更高的税负，进而对收入分配、消费刺激乃至社会的长治久安都会产生巨大威胁，迫切需要提高我国财税与货币政策对数字经济的宏观治理能力和治理水平。

对于这些"数字贵族"，税收征管和宏观调控之所以有所忌惮，主要表现在两个方面：一是自身不具备征管能力和征管技术；二是可能担心税收征管和宏观调控会影响这些新业态的初期发展，从而投鼠忌器，担心"因小失大"。但不管怎样，税收征管和宏观调控的意识和政策储备都是必不可少的，需要未雨绸缪。

数字经济在一定程度上因其用工形式的不规范获得了不正当的竞争优势，但却给财政收支带来了"近虑"和"远忧"。

随着"零工经济"（灵活用工）、共享员工等新经济催生的新用工方式的大量涌现，由于政府相关部门的监管未能及时跟进，出于降低成本的考虑，新经济在其用工社保缴费方面消极应付，这给予了新经济在面对传统经济竞争中的新优势，造成"劣币驱逐良币"而由此导致的社保缺口则需要国家和大众来共同承担。可以说，数字经济在一定程度上因其用工形式的不规范获得了不正当的竞争优势，但却给财政收支带来了"近虑"和"远忧"。"近虑"主要体现在当期一般公共预算收入的增速下降，在一定程度上表现为财政收入增速与经济增速之间的不匹配；而"远忧"则体现在国家社保未来的收支压力上。

"十四五"时期，我国要健全直接税体系，适当提高直接税的比重，那么，如何尽快构建和完善针对"零工经济"、共享员工等新型用工形式的税收征管模式就显得尤为重要。更为重要的是，"零工经济"的平台方通常位于我国经济基础好、数字经济发达的东部沿海省份，而其带动的用工点则广泛分布于全国各地，后者使政府在社保和税收方面对加强征管"有心无力"、缺乏抓手，"无处下嘴"；而平台所在地的政府部门对加强征管则缺乏内生动力。面对这些新经济业态，国家迫切需要通过建设跨地区、跨区域的社保和税收征管框架来予以解决。

可以说，当前我国财政面临的困难形势，既有宏观经济运行压力的"经济因素"，也有现行财税体制滞后于经济发展的"体制因素"，需要我国尽快加以解决。

（三）财政安全运行理念风险

《论语》中说："取乎其上，得乎其中；取乎其中，得乎其下；取乎其下，则无所得矣。"实际上，在财政赤字目标的确定上尤其如此。政府坚守3%的赤字率，不仅具有理论意义，而且具有现实意义。一方面，不少人将财政资金看作“外生变量”，取之不尽、用之不竭。但实际上，财政资金来自经济、又反作用于经济。财政是防范系统性风险的最后一道屏障，一旦失守，后果不堪设想；另一方面，考虑到我国未纳入财政赤字的抗疫特别国债、专项债以及全口径四本预算当中的各种隐性财政赤字，我国的实际赤字率其实更高。这是我国财政安全运行的理念挑战，如影随形，挥之不去。近些年来，其升级版更是表现为“现代货币理论”（MMT）、“财政赤字货币化”，不断挑战着财政安全的底线。

（四）财政潜在外部约束风险

1. 生态文明建设要求建立绿色税收体系

（1）成品油消费税税源在生态文明建设下面临转型挑战

近年来，我国生态文明建设取得了突破性进展。与此同时，消费税也面临转型压力。我国现行消费税中，成品油税目贡献了大约40%的税收收入，但是成品油税目无疑属于“夕阳”税目。日本、英国、挪威、荷兰、法国、以色列、西班牙等国先后宣布计划禁售燃油车，以减少温室气体排放。此外，国家卫生健康委发布的《中国居民营养与慢性病状况报告（2020年）》指出，我国过半成年居民超重或肥胖。在这种情况下，我国需要推动消费税从“污染抑制型”向“健康生活方式促进型”转变。

人们很容易认为“健康生活方式促进型”的消费税过于理想化了。因为，虽然成品油等税源会造成环境污染，但却是“税收奶牛”、税源丰厚，而“糖税”等税基似乎很难与之相提并论。对此，需要有一个正确的认识：

一是成品油等税源看似“税多利厚”，但是，其造成的直接环境污染和间接气候变化等负面影响“后患无穷”，2030年前碳达峰行动方案更是使成品油等税源的退出显得日益迫切。

二是成品油等税源成了一种“税源诅咒”。相关炼化企业和地方政府抱着“金饭碗”，就不会再考虑经济转型、创新驱动和高质量发展之类的“难啃的硬骨头”了。

三是从我国贫油少气的资源禀赋来看，也不支持石油炼化企业大规模发展。

至于“健康生活方式促进型”的消费税看似财源有限，但是，考虑到人口老龄化背景下的社保、医保负担，其总体财政收益实际上是非常可观的。

（2）资源税等税源的挑战

资源税是我国地方财政中的重要收入来源。2019年，地方财政中的资源税收入为1768.52亿元，约占地方财政税收收入76980.13亿元的2.3%。近年来，资源税由从量计征转向从价计征的范围不断扩大，对巩固地方财政收入发挥了重要作用。2016年，财政部、国家税务总局发布的《关于全面推进资源税改革的通知》（财税〔2016〕53号）指出，要扩大资源税征收范围，赋予地方适当的税政管理权。而我国现行资源税的税目仍以矿产资源为主，未来税目面临向森林、滩涂、草场乃至光伏等可再生能源的转变问题。这一转变过程是否顺利，对地方财政收入的平稳具有十分重要的作用。

（3）环境保护税

开征环境保护税，弥补了排污费征收管理不规范的问题，提高了环境保护相关的税收征管的强制性和法定性。但环境保护税还是一个相对较小的税种，征收范围有限，其收入也难以弥补环境保护支出。由于应税污染物监测难度大，跨部门协作存在权责不清、协调不力的问题，因此，想要征管环境保护税，还需要完善税收法制、加强部门协调、明确排污系数和物料测量方法。

2. 人口老龄化增加财政“兜底”压力

人口老龄化是经济社会发展中长期缺乏活力的原因，是制约我国加快形成“双循环”新发展格局的影响因素。从数据上来看，截至 2014 年，我国 60 岁及以上的老年人口总数达 2.12 亿，占总人口比重达 15.5%；2019 年，我国 65 岁以上老年人口占总人口的比重更是超过 12.57%。我国已成为世界上老年人口总量最多的国家。为缓解人口老龄化问题，我国全面放开“二孩”政策。由表 3-1 可以看出，2016 年，我国人口出生率较上年有所提高，但是，在此后年份不断走低，迅速低于政策实施之前的 2015 年水平，表明全面放开“二孩”政策对改善人口生育状况的政策效果趋于消失。

表 3–1　2016 年我国全面放开“二孩”政策之后的人口增长变化

单位：‰

年份（年）	2015	2016	2017	2018	2019
人口出生率	12.07	12.95	12.95	10.94	10.48
人口死亡率	7.11	7.09	7.09	7.13	7.14
人口自然增长率	4.96	5.86	5.86	3.81	3.34

人口老龄化伴随着生育率逐渐走低，意味着老年人口抚养比的增大。此时，财政对养老的“兜底”功能愈发重要，但这也会给财政安全带来一系列的压力。

一是人口老龄化使得国家社会福利支出增加。

二是老年人储蓄意愿强，而高储蓄会减少消费，从而制约经济增长。

三是老年人口比重过大会使得人口老龄化，导致劳动生产率降低，这也会影响经济发展的质量和速度，从而使税收来源窄化。

此外，我国幅员辽阔，各地发展程度不同，东部医疗资源丰富、人口寿命较长的发达城市将面临更大的社保支出端的压力，而一些西部人口净流出的地区则面临社保缴费人口基数不足的问题，这导致社保负担地域不均衡。

为了应对人口老龄化，要尽快全面放开计划生育政策，最大限度地减缓人口老龄化进程。如果迟滞全面放开生育政策的时间窗口，那么未来即使放开生育政策，其效果也将非常不理想。为了改善人口出生状况、延缓人口老龄化的进程，我国可能需要付出更大的政策成本。另外，增加育儿投入，会为长期经济增长积累人力资本，与对老龄化的被动应付是不可同日而语的。

3. 突发公共事件增加短期财政压力

防范和化解突发公共事件风险，是财政义不容辞的责任。党的十九届五中全会中指出，要“加强财政资源统筹，增强国家重大战略任务财力保障”。从新冠肺炎疫情暴发以来，一系列税收优惠、财政资金支持等应急财税政策对冲了新冠肺炎疫情对企业居民的影响，为稳定经济社会秩序提供了有力支持。但是，突发公共事件缺乏风险分担机制，使得财政承担过多风险，在短期内对预算硬约束和地方财政收支平衡形成挑战。

二、强化财政预算资金绩效管理的意义与作用

加强财政预算资金的绩效管理不仅仅是为了适应新政府会计制度引入权责发生制的会计核算新模式，同时在更多方面也将起到十分突出的现实作用。要明确其意义与作用，首先就要明确财政预算资金存在的作用。财政资金是政府开展各项公共事务管理、投资公共设施建设以及保障当地经济发展及社会稳定的重要资金来源，只有财政资金充足且使用到位，才能够不断提升人民对政府的满意度、促进社会经济持续健康发展、化解财政风险以及推进服务型政府高速高效建设。但由于传统管理模式下对财政预算资金的管理工作更多地集中于预算执行结果而非执行质量，因此在一定程度上会影响到财政预算资金作用的真正发挥。而加强财政预算资金绩效管理正可以从多个方面帮助政府达成工作目标。

第一，加强对财政预算资金的绩效管理能够真正做到政府投资行为透明化，减少无谓的“政绩工程”，同时帮助政府更好更科学地安排财政预算，充分发挥财政资金使用价值，从而在更大范围内和更深层面上获得人民群众的支持，提升社会满意度。

第二，财政预算资金不仅用于社会公共基础设施建设，同时也是政府推动行业发展、推进产业转型的重要工具，而加强财政预算资金绩效管理，能够确保预算资金的使用更具方向性与针对性，发挥政府在以预算资金推进科技提升、引导产业转型的工作中的作用，从而在真正意义上达到财政预算资金促进社会经济健康发展的目的。

第三，在传统管理模式下由于对财政预算资金使用绩效的不重视，容易导致贪腐行为发生，这样不仅会影响到政府的社会形象与声誉，同时也将大大增加政府的财政压力与财政风险。加强财政预算资金的绩效管理能够实现预算资金更科学的分配，能够以效益与结果为导向，避免财政资金使用陷入投入大于产出的恶性循环之中，实现财政预算资金利用效率最大化，帮助政府进一步缓解财政压力，降低管理风险。

最后，积极建设和谐社会、加快服务型政府建设是我国政治体制改革的核心内容，将绩效管理切实应用于财政预算资金管理工作当中能够充分践行财政资金取之于民用之于民的根本原则，能够确保财政资金真正用到民生所需的地方，帮助政府部门不断树立绩效为先、服务为民的工作理念，持续推进和谐社会及服务型政府建设工作。

三、预算绩效管理中的财政监管

全面实施预算绩效管理是党中央、国务院做出的重大战略部署，对深化预算管理制度改革、推进国家治理体系和治理能力现代化具有重要意义。

（一）绩效管理起源于追求效率

绩效在管理范畴中是结果和目标导向的先进理念，不仅衡量过程，也包含了对实施主体的主观努力和实施效果的量化评定。以绩效为导引，实现管理流程的优化与再造，有利于节约生产成本，改进、提升效率，缓解政策实施压力，从而提升政策整体协调性和有效性，打造高质量发展机制基础。

我国古代就有朴素的绩效管理思想，从西周到秦汉，普遍采用“上计制度”，对财政管理和施政实绩进行考核。明朝万历年间张居正推行“考成法”，使行政效率得到有效提升。随着

全球市场经济的发展，西方国家政府职能和财政职能较早发生转变，预算管理制度配合政府“经济干预”政策，将关注点放在解决收支矛盾的突出问题上。其中，将企业管理“绩效”理念引入政府公共管理，特别是嵌入预算管理流程，解决了传统预算体制只关注投入、忽视资金浪费、机构臃肿、配置效率低下的问题。1907 年美国纽约市政研究局提供的“改进管理控制计划”的报告最早提出绩效预算理念，直到 20 世纪 30 年代美国田纳西流域管理局和美国农业部采纳绩效预算提高部门运作效率，才最早在预算管理中实践了绩效预算。20世纪80年代起，西方“新公共管理”理论兴起，奠定了绩效预算管理的理论基础，借用微观经济主体管理模式、原则和技术方法，推行目标和绩效管理，利用外部制约和市场力量实现公共服务效率化，努力转变为“讲求效果”的政府。英国于 1979 年在内阁组建“效率工作组”，此后对中央政府各部门工作效率开展评审，实施 300 多项计划，公职人员由 75 万减少至 47 万，节约政府开支 10 亿英磅，国内经济状况和行政效率得到大幅改善。美国 1993 年出台了《政府绩效与结果法案》，成立专门机构“国家绩效评估委员会”对政府部门业绩进行监督和评估，有效推动“新绩效预算”稳步发展，很快实现财政赤字向财政盈余转变。此后，澳大利亚、日本、法国等国家结合自身实际，纷纷推动政府绩效改革，也发展了绩效预算理论。可以说，绩效管理作为分项预算、项目预算、零基预算后新兴的管理模式，在提高财政资源配置效率和使用效益、改变资金分配固化格局、应对经济发展困难和挑战方面，逐渐成为政府预算改革的必然选择。

（二）我国绩效管理实践是由“末端”到“全链”

财政是国家治理的基础和重要支柱，全面实施预算绩效管理是建立现代财政制度的重要组成部分。党中央、国务院高度重视预算绩效管理改革的实施，党的十九大报告首次明确提出“全面实施绩效管理”的要求。这个过程也反映了我国的绩效管理历程，是从支出评价走向部门绩效管理、从部门绩效管理走向全面绩效管理的过程。

党的十九大之前，我国绩效管理发展过程大体分为两个阶段：第一阶段是 2003—2010 年，这个阶段是起步阶段，以项目支出的绩效评价为主，并且主要是事后评价；第二阶段是 2011—2017 年，这是一个提速和清源的阶段，2011 年财政部组织召开了全国预算绩效管理工作会议，首次提出全过程预算绩效管理理念，随后出台了《关于推进预算绩效管理的指导意见》对推进工作做出全面部署，政府预算绩效管理工作进入了一个新的发展时期。各级政府和财政部门按照《预算绩效管理工作规划（2012—2015 年）》的工作要求，积极推进预算绩效管理改革，各项工作取得积极进展。总体来看，全国各级预算绩效管理改革成绩是有目共睹的，绩效理念得到进一步强化，管理机制不断完善，全过程绩效管理体系逐渐形成，行政效率、公共服务质量和效益大幅度提升。

具体表现为：

一是机构制度互相支撑，管理体系初步形成。一方面，各级政府对加强政府绩效管理形成高度一致的认识，积极为预算绩效管理提供组织保障。中央部门开展绩效管理实践探索，成效初步显现；另一方面，顶层制度设计不断完善，财政部研究出台多项制度办法，预算绩效管理的“四梁八柱”基本确立，有效提升了预算绩效管理制度体系建设的权威性和操作性，为全面实施绩效管理奠定了扎实的制度基础。

二是目标导向，突出评价，全链条管理更加规范。绩效理念和方法贯穿预算管理闭环系统，从部门预算编制入手，建立健全绩效指标和标准体系，做到同步申报、同步审核、同步批复“三个同步”，将绩效管理关口前移，真正使绩效成为指导资源配置的重要因素。

三是既重结果也重过程，全过程监控不断加强。绩效管理重点关注结果效益，但结果导向的管理并不等于对过程不闻不问，听之任之。特别是我国绩效管理不完全等同于成熟市场经济国家的绩效预算，法律体系和问责制度尚需健全，预算管理相关制度建设仍有不足。因此，不能单纯搞“结果”的核查，必须做到一环套一环，加强实时监控，及时掌握绩效目标实现情况、项目实施进程和资金拨付进度，确保以目标导流程，以流程保结果，以结果考实绩。

四是项目为本，逐步拓展，常态化评价有效开展。考虑到我国行政体制改革进程及预算绩效管理实际情况，以项目支出评价为切入点，逐步向部门预算、政策评估等方面扩展，各级政府开展了多元化的绩效评价工作。预算绩效评价在广度和深度上逐年有所突破，为全面实施奠定了基础。

五是辅助决策，强化监督，运用结果积极拓展。各地在实践中形成了各具特色、形式多样的结果运用手段，有的向社会公开，接受社会监督，回应社会对热点难点问题的关切；有的向人大、政协等报告，为高层决策和立法修法提供参考依据；有的与预算管理衔接，将评价结果作为政策调整和资金分配的重要依据，建立了绩效激励机制等。

（三）全面实施绩效管理体系中的监管着力点

全面实施预算绩效管理是一项长期的系统性工程，也是财政为主动适应新时代社会主要矛盾变化，从供给侧提高财政资源配置效率，确保积极财政政策实行的有效手段。党的十九大以后，党政机构改革逐步向大口径、细分工转变，纪委监察部门以党的章程和其他党内法规为准绳重点监管“人”，解决“谁来干”的问题；审计部门依据宪法授权，侧重于审查“事”的合法合规性，判定“干没干”；而财政部门特别是各地专员办则以预算管理流程为依托，绩效评估机制为抓手，全方位、多维度反映财政资金使用绩效和政策实施效果，监管预算安排和政策是否体现和贯彻了党中央、国务院重大方针政策和决策部署，重点核定“效果”，评估“好不好”。从财政管理内部需求看，专员办作为派驻部门既满足上级管理向基层单位和资金终端延伸的需要，又会同地方政府更深入全面地反映地方预算绩效管理实际，从而解决绩效管理中的信息不对称问题。因此，全面实施预算绩效管理是专员办业务转型的重大契机，也对统筹运用各级财政管理资源聚力增效提出更高要求。

1. 以绩效理念贯穿监管链条

“思想是行动的先导”，想要推动全面实施绩效管理，首要的是弄懂弄通全面绩效管理的精神实质和丰富内涵，准确把握“全面”对管理主体、管理对象和管理理念的新要求。全面绩效管理是对我国绩效理念经验成果的继承和发扬，着眼点是全面，主要是对当下绩效管理中碎片化、不全面的东西进行摒弃，将绩效理念全面导入预算管理链条。

一是管理主体全包含，即“横向到边，涉及所有部门，纵向到底，覆盖各级政府”。中央、省、市、县、乡每一级政府，各级政府的组成部门，部门的下属单位，都要纳入绩效管理体系，在绩效约束下明确职责、确定活动、制定目标、实施评价，真正构建链条化、网格化的管理体系，不留死角，不留盲点。

二是转移支付全覆盖，无论是一般公共财政预算、政府性基金预算，还是社会保障基金预算、国有资本经营预算，都在全面绩效管理领域之内，无论是政府财政拨款资金，还是部门预算中的结余资金、自有收入、经营收入，都要纳入全面绩效管理范畴；无论是财政无偿拨款，还是政府性债务资金，都应进行绩效管理。还要根据资金特性、项目类别制定区别化的绩效管理办法，尽快实现财政性资金全覆盖。

三是财政收支全监控。收支是体现财政政策的重要载体，政府支出全部纳入绩效管理的同时，政府收入也不应例外。税收收入、非税收入等应客观反映其同经济的相关性和真实性，即征即退和先征后返等税式支出要同其他财政支出一样讲求绩效原则。以绩效为导向，硬化预算管理约束，必须推动各级各部门真正将绩效管理理念“内化于心、外化于形”，再结合政府职能转变和“放管服”改革，层层传导绩效管理责任和要求，争取各方达成共识，推动预算绩效向政府绩效转变，建设适应新时代发展的责任政府。同时，加强对国际先进经验的总结和借鉴，特别是结合不同地区的不同发展阶段，有针对性地吸取发展的经验和教训，提高各层级的绩效管理发展质量。

2. 以绩效导向完善监管机制

作为一种全新的预算管理理念，预算绩效管理的顶层设计显得非常重要。顶层设计不到位，改革就可能走弯路，甚至半途而废。党的十九大对新时代社会矛盾的重大论断，决定了全面绩效管理工作机制的时代性和创新性，决定了必须对“预算编制有目标、预算执行有监控、预算完成有评价、评价结果有反馈、反馈结果有应用”的“五有”绩效管理机制进行改进和完善。按照领域全覆盖、管理全过程、要求全方位的总体构想推动绩效管理，即从点到面转变，从软性要求向硬性约束转变，从自选动作向规定动作转变。规定动作必须要做，正如从“打铁还需自身硬”到“打铁必须自身硬”一样，硬化工作要求，完成从“有”到“要”，再到“必须”的转变，着力构建“预算编制必须要有目标、预算执行必须要监控、预算完成必须要评价、评价结果必须要应用、无效结果必须要问责”的全过程管理机制。

3. 以目标管理强化预算编制

绩效目标是绩效管理的龙头，是建设项目库、编制部门预算、实施绩效监控、开展绩效评价的基础依据和前提条件。没有绩效目标的绩效管理是无本之木，无水之源。全面实施绩效管理要正本清源，强化目标引领，实现绩效目标的全覆盖。无论是部门预算项目，还是转移支付项目，无论是重大政策还是重大改革，只要涉及使用财政性资金的都应编制绩效目标。

一是绩效目标制定要与中长期财政规划相结合。依据国家宏观调控政策、财政监管以及部门发展规划、经济社会发展规划，科学、合理地制定绩效目标。绩效目标体系要完整、全面、系统。

二是预算部门编报申请预算的项目必须编报绩效目标，并根据项目特点、政策要求和公众期盼，全面细化、客观化绩效目标，提高核心指标的主要产出和效果的量化评估。一级预算单位要加强对二级预算单位绩效目标的审核把关和归纳分析，重点对打捆项目的绩效目标进行归纳整理提高，不断提高绩效目标和质量。

三是财政部门要加强绩效目标审核。对一般性项目要注重引导，特别要加强重大改革、重大政策、重大项目的绩效目标审核，确保方向正、具备公共性、可考量，不断提高各层级绩效目标的质量和对整体目标的支撑度。推动绩效目标与政策确立、资金安排、项目管理相融合，明确绩效目标与政策确立、资金安排、项目管理“同步申报、同步审核、同步批复”，真正将“花钱”与“办事”有机结合，增强各级政府和部门的责任和效率意识。

4. 以动态评价加强执行监控

预算执行绩效监控是确保绩效目标实现的关键。规范的绩效预算是通过绩效目标、法律和责任书等来约束部门的，强调结果导向，而过程中部门是有充分自主权的。从项目支出绩效评价到预算支出绩效管理，到全过程预算绩效管理，再到新时代全面绩效管理，这些变化是同我国当前的理论、道路、制度、文化等相适应的。考虑到我国在绩效管理法律、权责发生制会计制度、现金流管控、从业人员队伍建设等方面尚需进一步加强，同实行严格绩效预算的要求还有一定差距。因此，我国绩效管理在强调结果导向的同时，还应加强对预算执行的监控。当前一些政府和部门绩效观念淡薄，软化预算约束，在资金管理和使用中不同程度存在挤占挪用，跑冒滴漏、虚报冒领现象，造成财政资金使用的低效甚至无效，只有全面建立精准、有效的事中运行监控模式，及时发现运行过程中存在的薄弱环节、不当操作、违规问题，才能及时纠正执行偏差，拨乱反正，沿着绩效目标确定的航线前行。

一是强化部门主体责任。按要求落实部门在预算编制、执行和绩效管理中的主体责任，根据绩效目标确定的时间、数量、质量等要素，完善绩效监控流程，精准反馈监控内容，调动部门积极性和主动性。

二是强化财政部门在线监控和实时处置责任。充分利用国库预算执行监控系统，对部门预算执行情况进行监控，从部分试点运行到全面推开，扩大覆盖面，实现全覆盖。根据各部门反馈和在线监控结果，综合分析项目实施情况，对发现偏离绩效目标的项目及时提醒、督促整改。重大问题要及时通报，违法违规的要及时处理，以儆效尤。

三是强化社会公众监督职能。主动向社会公众公开预算资金、预算项目、重大改革的进展情况，认真收集公众反映内容和舆情，扩大执行监控的广度深度。

四是加强信息化平台建设。利用“大数据”等技术，根据绩效目标和预算执行情况自动筛选执行异常数据，不断提高在线监控能力。

5. 以增项扩面提高评价质量

绩效评价是绩效管理的核心和关键，既是提升财政管理的内在需要，更是回应社会关切的有效抓手。没有绩效评价的绩效管理是不规范的，也是不完整的。同时，不真实、不客观的绩效评价既容易误导政策的制定、资金的安排，也不利于资金使用效率的提高。因此，客观、公正、真实的绩效评价，有助于检验预算编制的科学性、合理性，检验预算执行的规范性、有效性，检验公共产品和服务的质量和效果。全面绩效管理下绩效评价要增项扩面，满足各项预算管理需求。

（1）绩效自评常态化

绩效自评是部门对自身绩效目标完成情况的评价，目的主要是发挥部门主体责任，通过自我修正、完善绩效目标和效果，进行有效的自我调节，推动“自评是常态，不评是例外”，真正把自评作为预算管理的要件和基础。自评可以是部门自己组织专家、学者和业内人士进行评价，也可以是部门委托第三方机构评价。所有资金都纳入绩效自评范围，实现自评全覆盖，根据“谁使用资金、谁开展评价”原则，探索不同类型、不同规模的分类评价办法，有效降低绩效评价成本。

（2）绩效再评价规范化

再评价是对单位自评结果开展的一种评价，其目的是检验自评情况的真实性、客观性，修正不足，帮助提升自评能力和水平。现行的一些再评价有的流于形式，有的为评价而评价，选择一些碎、小、细的项目开展，有的项目资金刚下达就开展评价，既浪费人力财力，也不能真实全面地反映财政资金的使用绩效情况。全面绩效管理下的再评价应侧重于重大政策、重大改革、重大项目的执行，围绕落实好党的十九大报告对民生七个“有”列出来的任务，以及推动供给侧结构性改革等重大改革任务开展再评价，并实现全覆盖，为重大改革的推进、财政支出结构调整和财政政策制定提供参考依据。

（3）绩效配套专业化

无论是自评、再评价，还是第三方评价，要想实现评价结果的客观、公正、真实、可靠，离不开科学的绩效评价指标体系和专业评价人才。当前我国的绩效评价专家库和指标体系建设总体滞后，专业人才短缺，专家库建设的不够，遴选机制不健全，也没有相应退出机制，评好评坏一个样。指标体系设置粗糙，不精细、不精准，同实际工作衔接不紧密，权重安排也不合理，重设计的多，重实际的少，有的项目资金多年不使用，一分钱未花，绩效评价的成绩却能达到优良，这不能不说现行绩效评价指标设计存在缺陷。此外绩效指标设立的碎片化现象严重，关联度不够，存在重复建设，缺乏统一完整的可供各地借鉴的指标库、专家库。实施全面绩效管理应尽快完善相关制度，全面建立专家库、中介机构库、指标体系库，广泛吸收社会优质智力资源参与预算绩效评价，提高绩效评价的专业性、权威性、公正性和客观性。

6. 以结果应用强化绩效约束

绩效评价的结果应用既是绩效管理的出发点，也是落脚点。不仅是建立绩效与预算挂钩的激励约束机制的基础，更是增强政府公信力和执行力，造福于民、取信于民的重要保障。

一是扩大自评报告影响力，为内部监督提供基础。所有绩效自评报告应在单位内部公示、公开，自觉接受单位内部监督，并以自评发现问题为指导，改进本单位、本部门预算管理工作，确保问题件件有落实，整改实事有反馈，建立较为完善的自我监督、自我管理的机制，强化绩效管理的正向促进作用。

二是建立绩效评价报告运用反馈制度，所有自评、再评价报告要向同级政府、人大报告，同时各级财政部门将评价结果运用情况向社会公开，实现绩效管理与预算安排的有机结合。将绩效评价结果纳入地区和部门工作目标考核范畴，逐步将绩效管理指标纳入地方领导干部政绩考核体系，推动树立正确的政绩观。

三是完善绩效管理成果向社会公开制度，推动绩效评价结果与部门预算、政府预算一并向社会公开。除涉密和敏感信息外，各项绩效管理信息全面向社会公开，实现绩效目标、评价结果、运用结果同财政预决算一同公开，逐步细化公开内容和范围，主动接受公众监督，扩大绩效管理影响力和公信力。

四是进一步健全绩效问责处罚办法。目前财政违法、违纪处罚各项制度规章并未对绩效管理有关问题做出明确规定，各级政府应根据自身实际，针对绩效管理存在的问题探索制定处罚处分条例。同时，积极构建“大监督”格局，加强与审计、纪检等部门信息共享、协调联动，加大外部监督协同合作，进一步强化问责机制建设。对绩效评价中发现的问题，要分门别类地向有关部门反馈，属于制度方法的问题，督促其改进完善方法；属于管理不善或主观原因造成的资金无效或低效等问题，要求其加强管理，并依规追责问责。

第四章 新时期财政预算绩效管理的工作方法

第一节 制订工作计划

一、预算绩效管理的总体设计

推进预算绩效管理的发展与完善，最为重要的是要明确总体设计，分析其中难点所在，确立预算绩效管理改革的基本原则，从宏观上把握方向，从重点难点上寻求突破，做到整体协调推进和长远持续发展。

（一）总体设计

预算绩效管理是一项复杂的系统工程，它既是预算管理的重要内容，又超越了传统预算管理的方式。预算绩效管理是在借鉴国外经验和做法的基础上，采取的一种体现绩效管理要求的预算管理模式。它要求政府在现行政治体制和财政预算安排机制下加强绩效评价，并围绕绩效评价加强管理，使预算绩效管理贯穿预算编制、执行、监督全过程，以达到提高支出效率和资金使用效益的目的。

基于此，在推进预算绩效管理改革的总体设计上，必须将其放在预算发展的进程中加以审视、研究和考察，以完善、发展、改革为主线，区分近期和中长期的目标和任务，实现逐步推进和有层次递进，借此推动财政预算改革的发展。即在近期内，要以健全预算绩效管理体系为工作重点，落实财政部《预算绩效管理工作规划（2012—2015 年）》提出的工作任务，完善各项措施，夯实各环节内容，从而形成有中国特色的预算绩效管理体系，为下一步改革筑牢根基；从中长期来讲，要明确绩效预算改革的方向，创新管理机制，转变预算模式，推进相关配套改革，实现从预算绩效管理向绩效预算的发展，建立我国绩效预算的制度框架，促进公共财政体系的建设与完善。

（二）难点分析

在明确推进预算绩效管理的总体设计后，要进一步分析预算绩效管理面临的难点，做到有的放矢，实现重点突破。从整体上看，预算绩效管理面临宏观政治体制、中观制度设计、微观技术管理等不同层面的难题与困境。其中，政治体制是制约预算绩效管理的外部大环境，应从理顺体制方向、转变政府治理导向、加强行政管理等方面着手予以突破；制度设计是影响预算绩效管理的中间纽带，应从顶层机制设计、健全规章制度、规范管理办法方面进行构建完善；技术管理是实施预算绩效管理的内部关键点，应结合预算绩效管理的具体内容和工作要求来逐步破解和推进。

由于政治体制和制度设计属于体制机制范畴，二者需要立足于改革大环境、大格局进行统筹考虑，从更广范围、更系统角度进行全面论述。因此，本部分内容将忽略对政治体制和制度设计的分析与讨论，而将分析的重点放在技术管理层面上。具体来说，技术管理上的难点问题，主要集中在绩效目标确定、指标体系建设、评价标准度量和评价结果应用等四个方面。

1. 绩效目标确定“难”

绩效目标是预算绩效管理中的一项核心要素。当前，在目标选定上，绩效目标不能充分体现政府工作任务的要求。由于政府工作计划下达较晚，部门职责和定位不够明确，致使绩效目标选定困难。在具体目标的制定上，由于部门情况千差万别，在缺少实践经验和基础数据支撑的情况下，一些政府活动在实际工作中难以分解落实，具体细化的指标较难确定，且在客观反映实施效果方面存在一定的技术困难，直接影响到绩效目标的准确性。

2. 绩效指标体系建设“难”

由于政府活动的范围是市场失灵的领域，政府支出覆盖范围十分广泛，这些都决定了绩效指标体系的复杂性。同时，我国幅员辽阔，各地经济社会发展极不均衡，地区间、行业间差异很大，不同年度间的差异也很大，导致建设全国统一的标准体系难度较大。如果由各省分别建立标准体系，各省内部也同样存在上述差异化的问题。

3. 绩效评价标准度量“难”

就绩效而言，一方面它是一种客观存在，另一方面它又是一种主观判断。相对于私人支出而言；公共支出的绩效更不容易测量。大部分政府产出都是无形的、间接的，而不是有形的、可量化的产品，加之很多政策往往要在执行多年之后才能看出结果，因此难以确定统一的绩效衡量标准，限制了后续绩效评价的有效进行。

4. 评价结果应用“难”

预算绩效管理工作在我国才刚起步，存在着管理信息系统不完善、数据造假、评价材料丢失或不完整、评价主体水平参差不齐等多种客观情况。绩效评价的制度建设滞后，相关操作细则缺失以及绩效评价指标、标准、方法等的不完善也不可避免地使绩效评价受到人为因素影响。这些都使得绩效评价难以准确、客观反映出绩效评价结果的科学性、合理性、公正性，因而也就难以“理直气壮”地应用。同时，一项支出从投入到产出再到效益发挥，需要一个较长的过程，评价结果却难以全面反映实际绩效情况，无法做到及时应用，加之一些预算安排（如用于民生的支出等）具有刚性、预算安排的激励性机制还没有有效建立等原因，也使得评价结果不能得到较好应用，很难影响到预算安排。

二、基本原则

在总体设计的统领和分析预算绩效管理难点的基础上，我国应立足基本国情，借鉴国际经验，正确处理好政府与市场的关系，按照建设服务型政府和完善公共财政体系的总体目标，根据建立以“提高效率”为核心内容的现代财政制度的基本要求，全面认识财政预算管理发展的客观规律，统筹规划，不断健全预算绩效管理体系；循序渐进，深入推动预算绩效管理向纵深发展；由近及远，明确绩效预算改革方向；创新体制机制，实现预算管理模式的进一步转变；逐步建立和形成适应我国财政预算体制的绩效预算制度，促使政府支出效率的提高和绩效的实现，切实提高公共产品和服务的质量。在推进预算绩效管理发展与改革中，注意把握以下基本原则：

（一）统筹规划，立足发展

这条原则明确了推进的思路。推进预算绩效管理要加强顶层规划与设计，使政府充分认识到预算管理的内在规律和财政预算发展的阶段特征，合理借鉴国际经验，系统总结工作进展、成效与问题，立足当前现状和长远发展路线，从宏观上谋篇布局，构建整体改革框架，推动预算绩效管理发展。

（二）循序渐进，夯实基础

这条原则指出了发展的路径。完善预算绩效管理进是一个渐进的过程，同样，完全实现以绩效预算为主的预算管理也是一个渐进的过程。国外的实践经验表明，任何一个国家的绩效预算都经历了循序渐进的发展与改革路径。当前，我国预算绩效管理的推进正是沿着这一发展路径进行的，其表现为整个改革过程的一部分，因为只有预算绩效管理经过充分的发展，巩固理念、完善体系、形成机制后，才能为下一阶段绩效预算的提出奠定坚实的基础。

（三）远近结合，注重衔接

这条原则提出了完善的措施。通过近年来各方面的努力，我国初步建立了预算绩效管理体系，该体系是根据现行预算管理实际，借鉴国外理念，在受制于绩效预算的外在政治体制、机制等约束条件下所提出的一种融合式的预算管理模式，可将之定位于实施绩效预算前的一个过渡阶段。随着预算绩效管理体系的不断健全与完善，我国将逐渐走向绩效预算改革的方向，并最终实现预算管理模式的根本性转变。近期健全预算绩效管理体系的重点工作与完善措施，正是为了中长期的绩效预算改革打基础、做准备，而中长期的预算绩效改革则需要以预算绩效管理为“支点”、建“据点”，因此，近期措施和中长期改革是有机衔接的整体。

（四）创新机制，推动改革

这条原则强化了改革的动力。无论当前的预算绩效管理还是下一步的绩效预算改革，都要以机制创新为着眼点，以改革推动预算管理的创新。特别是从中长期来看，绩效预算改革更需要进一步突破体制上的束缚，以更大的机制创新突破旧的框架，进而弥补预算绩效管理尚未能解决的机制短板，形成有效的改革支点，推动绩效预算改革的实施。

三、以健全预算绩效管理体系为重点

从财政部明确提出建立全过程预算绩效管理体系的要求以来，经过近几年的探路与探索、推广与推进，预算绩效管理已逐渐为社会所接受，并在实践中得到了进一步发展，成为当前乃至今后一个时期的重要内容和努力方向。近期，要结合预算绩效管理中反映出来的问题，及时总结经验，进一步健全预算绩效管理体系，加强各环节建设，逐步形成稳定成熟的预算管理模式，夯实未来绩效预算改革的基础。

（一）健全“一个机制”框架

所谓“一个机制”框架，就是以预算管理为基础，以绩效管理为导向，实现预算管理与绩效管理的相互融合，进而形成预算绩效管理框架，将预算绩效管理覆盖所有财政性资金，贯穿预算管理的各个环节，建立“预算编制有目标、预算执行有监控、预算完成有评价、评价结果有反馈、反馈结果有应用”的全过程预算绩效管理机制，实现预算绩效管理与预算编制、执行、监督的有机结合。“一个机制”是预算绩效管理的核心内容，属于预算绩效管理的“发动机”，要确保其动力可以传导到预算管理的各个方面，实现预算绩效管理全覆盖。预算绩效管理的机制框架如图 4-1 所示。

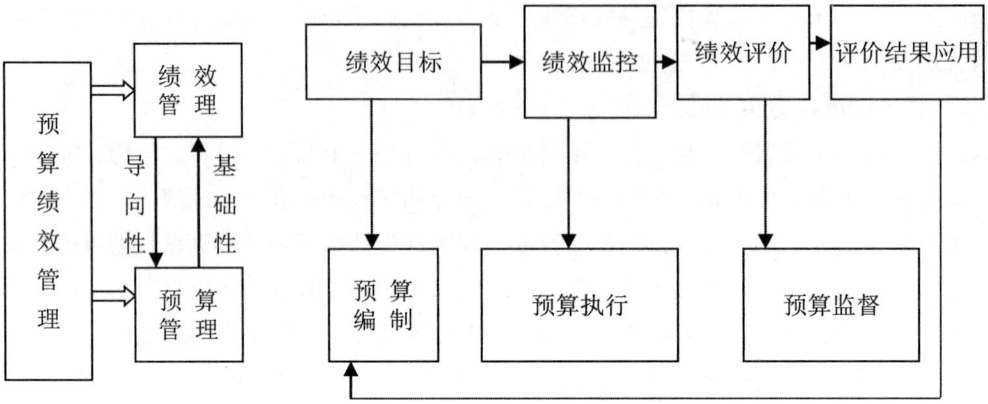

图 4-1　预算绩效管理的机制框架图

在此机制下，要进一步完善相关措施，应重点抓好几个关键：

一是要树立绩效理念，“用钱要问效”，切实转变无绩效目标的事后评价、为评价而评价等不规范做法，强化绩效评价手段的作用，促使预算部门从“要钱难”向“花钱难”转变。

二是要明确绩效目标。预算部门在申请预算时要提出明确的绩效目标，说明预期的产出和提供公共产品的数量，并围绕绩效目标在预算执行中对绩效目标预期实现程度及绩效运行情况实施监控。预算完成后加强对绩效目标实现效果的评价，逐渐以绩效目标作为管理的起点，形成“要钱报目标”的预算方式。

三是要加强结果导向，以评价结果应用为根本，强化评价结果的“指挥棒”作用，促进下年度预算安排的优化，使财政资源真正流向支出有效率的部门和有绩效的领域，并加强对无绩效或绩效表现差的部门的预算控制和问责，做到“无效要负责”。

四是明确各方在预算绩效管理中的权责关系，特别是财政部门和预算单位之间的权责关系，使财政部门对总体资源配置以及支出结构负责，部门对本部门的支出绩效负责，要与预算管理的职责分工相类似，建立统一组织、分级负责的预算绩效管理体制。

（二）加强“两个体系”建设

预算绩效管理制度体系和预算绩效评价体系是预算绩效管理的两个轮子。其中管理制度体系是前轮，负责“定方向”；绩效评价体系是后轮，负责“提速度”。要通过“两个体系”的建设，进一步完善制度体系和绩效评价体系。

1. 加强管理制度体系建设

（1）加强整体制度建设

按照预算绩效管理体系框架，从顶层制度设计上建立涵盖绩效目标、绩效监控、绩效评价、评价结果应用各环节的管理制度，并促进各环节与现行预算编制、执行、监督等制度的要求无缝“衔接”，形成系统完整、有效衔接、运行顺畅的制度体系，为预算绩效管理提供实施支撑。

（2）加强配套制度建设

围绕预算绩效管理内容要求，在配套制度建设上健全预算支出标准体系，加强对资产和国库现金的全面管理，完善预算决算报表反映内容，实现预算绩效管理的信息化，推进绩效信息公开，为预算绩效管理提供管理支撑。

（3）加强业务规程建设

立足于预算绩效管理工作流程，于操作制度细化上依据相关法律、法规及管理办法，制订系统、规范的预算绩效管理工作流程和操作细则，明确各相关机构和人员的职责，规范操作程序，明确质量控制要求，健全协调机制，建立分级分类、适用高效、便于操作的实施细则及业务规范，为预算绩效管理提供操作支撑。

2. 加强绩效评价体系建设

（1）强化绩效评价主体

进一步加强财政部门、预算部门的绩效评价主体地位，探索引入社会中介等第三方评价力量，形成多元化的评价主体格局，并以评价主体的多元化促进绩效评价的独立性、客观性发展。

（2）创新绩效评价方式

逐步建立自我评价与外部评价相结合、下级评价与上级再评价相结合、项目评价与整体支出评价相结合、定量评价与定性评价相结合的多种绩效评价方式，组建包含内外、上下、点面、量质等多维度的评价网络，确保绩效评价结果的权威性、公正性。

（3）完善绩效评价指标

绩效评价指标是反映财政支出绩效目标实现程度的判断标准，是衡量、监控和评价财政支出经济性、效率性和有效性的重要技术手段。要系统制订出能指导财政综合支出、部门整体支出、项目支出的绩效评价共性指标体系，就要加快研究针对不同类型支出的绩效评价个性指标体系，并按照“先易后难、简便有效”的原则，从指标内容、权重设置、评价标准等各个方面对其进行完善，逐步建立全面、完整、科学的绩效评价指标体系，实现绩效评价技术的规范化、标准化，推进绩效评价工作的开展和绩效评价质量的提升。

（三）完善“三个环节”内容

预算绩效管理表现为与预算各个环节的衔接，它是事前有目标、事中有监控、事后有评价的绩效管理，由此形成的预算绩效管理体系的主要框架，属于预算绩效管理的“躯干”。要促进绩效目标与绩效监控、绩效评价的前后贯穿和有机衔接，体现强有力的整体联动与躯干支撑。

1. 完善事前绩效目标管理的内容

绩效目标管理是全过程预算绩效管理的基础。要进一步强化绩效目标管理，提高绩效目标管理的广度和宽度，使之涵盖绝大部分项目支出，就要加大绩效目标管理力度和深度，实行编制部门整体绩效目标（战略目标），并适当将绩效目标向项目立项前延，逐步实现从绩效目标设立到绩效目标审核、批复的连贯管理，从而进一步规范编报内容，加强绩效目标审核作用，完善绩效目标批复程序。

2. 完善事中绩效监控管理的内容

绩效监控管理是全过程预算绩效管理的关键。要进一步实施绩效监控管理，扩大财政资金绩效跟踪监控范围，做好绩效信息的采集和分析工作，就要对绩效目标运行情况进行跟踪管理，实现与预算执行的衔接与对接，加强绩效监控的动态反馈，重点监控是否符合预算批复时确定的绩效目标，从而提高监控的针对性和目的性，积极构建绩效内控机制。

3. 完善事后绩效评价管理的内容

绩效评价管理是全过程预算绩效管理的中心。要进一步提升绩效评价管理，就要在绩效评价项目数量和资金覆盖面不断扩大的基础上，加强对重大民生支出等的重点评价，促进实现从项目支出评价到整体支出评价、重点领域评价和财政政策评价等内容的拓展，并加大绩效评价的深度，加强绩效管理的着力点和关键环节建设，注重财政支出的政策效应和结果导向，从而提高绩效评价的社会影响力。

（四）强化结果应用的“四个结合”，促进预算绩效管理深化

绩效评价结果应用是预算绩效管理体系的“总枢纽”，是承接绩效评价与绩效目标的联结点。评价结果应用既是上一个环节（绩效评价）的结束，同时又是下一个环节（绩效目标编报）的开始，其应用程度如何直接决定着预算绩效管理的开展成效，也影响着全过程预算绩效管理机制的有效形成。要加强绩效评价结果应用，促进“四个结合”，不断深化预算绩效管理。

1. 绩效评价结果与预算资金安排相结合

要加大绩效评价结果对下一年度预算的指导性作用，使其形成直接的影响，而不是仅仅停留在给预算安排提供参考的层面，要使之成为预算决策科学的主要依据，发挥结果导向的引导机制，防止绩效评价结果与预算编制等工作“两张皮”。对绩效评价结果不好的项目支出或同类型的支出，原则上在下一年度预算安排时应以绩效为依据进行调减，切实发挥绩效评价结果的应有作用。

2. 绩效评价结果与完善管理制度相结合

针对绩效评价发现的因管理制度不健全、不完善，导致项目实施、资金使用存在问题的情况，有关部门要认真分析研究，提出改进意见和建议，及时反馈被评价部门和单位，督促他们健全完善相关管理制度，规范预算资金程序和使用方式，以此提高资金使用效率和预算管理水平，还可以促进行政管理能力的提升。

3. 绩效评价结果与通报、报告和公开相结合

一方面，要加强对绩效评价结果的审核与分析，向被评价部门和单位进行通报，使其知道“结果”；另一方面，要将绩效评价结果向政府、人大等部门进行报告，为政府决策和人大监督提供参考依据，使其承担“后果”。同时，要在逐步推进部门内部公开的基础上，扩大向社会公开的范围，特别是一些社会关注度高、影响力大的民生项目和重点项目绩效情况，应依法将其向社会公开，以便部门接受社会和公众监督，不断提高财政透明度。

4. 绩效评价结果与责任追究相结合

要充分运用绩效评价结果来实施奖惩和问责，体现奖优罚劣，明确财政资金使用主体的责任，逐步建立绩效问责制度。本着“谁用钱、谁负责”的原则，对在预算编制和执行过程中由

于故意或过失导致预算绩效管理未达到相关要求，以致财政资金配置和执行绩效未能达到预期目标或规定标准的部门（单位）及其责任人员，进行绩效问责，并将问责机制纳入政府绩效考核的“篮子”统一考虑。

（五）夯实基础保障的“五项工作”

基础工作是全过程预算绩效管理的“基石”，深入推进预算绩效管理必须有相应的基础措施予以保障，扎下强有力的“根须”。应重点做好以下“五项工作”，促进配套保障。

1. 加强对预算绩效管理工作的组织领导

推动中央部门和地方财政成立预算绩效管理工作领导小组，形成有效的协调领导机制，进一步建立财政部门统一组织指导、预算部门具体实施、专业机构支持配合、社会各界广泛参与的领导工作机制和监督制约机制，为预算绩效管理提供组织保障。

2. 加大对预算绩效管理理念及理论的研究、宣传和培训力度

积极开展对预算绩效管理理论的研究，借助和依托大专院校、科研机构、各类财政研究会等学术团体，如财政绩效管理专业研究委员会，对预算绩效管理进行系统性阐述与研究，形成好的意见和建议，为预算绩效管理提供理论上的支持；通过多种方式宣传预算绩效管理的进展与成效，大力倡导预算绩效管理理念，主动引导舆论，培养绩效管理文化，扩大预算绩效管理的社会影响，为预算绩效管理提供舆论上的支持；同时，加强预算绩效管理内容的培训和推广，做好对各地区各部门预算绩效管理人员，甚至是第三方中介机构的相关知识和技能的普及工作，培养一批从事预算绩效管理的专业人员队伍，增强预算绩效管理工作人员的业务素质，为预算绩效管理提供人才保障。

3. 推进预算绩效管理信息系统建设

在现有的预算管理系统的基础上，按照藤上结瓜的思路，加快预算绩效管理信息系统的研发，实现预算绩效管理信息与预算编制、执行、决算信息的在信息系统上的联结，建立预算绩效管理数据交换平台，强化对预算绩效信息的整合，加强指标库、标准库、专家库的建设，逐步实现预算绩效信息化管理和绩效数据资源的共享，增强绩效信息数据对比分析能力，为预算绩效管理提供技术保障。

4. 引导第三方力量更多地参与到预算绩效管理中

积极培育专家学者、社会中介机构等第三方力量，使之成为预算绩效管理的重要补充与外部助力，充分发挥专家的“外脑”作用，强化中介机构的独立性地位，逐渐加大第三方评价的比重，为预算绩效管理提供智力保障。

5. 发挥多方积极性，形成推进预算绩效管理的合力

充分调动社会各界的积极性，发挥人大、纪检监察、审计等部门的作用，积极接受外部监督，加强社会公众参与，将公众满意度作为绩效评价的重要指标，提高评价结果的认可度，发挥社会合力，形成共同推进的力量，为预算绩效管理提供外部保障。

四、以推动绩效预算改革为方向

预算绩效管理体系及其内容是随着改革深化而不断发展和完善的，从长远方向看，应认识

到其发展过程的阶段性，以及现实定位的历史性和局限性，明确当前的预算绩效管理最终将会被未来的绩效预算所代替，为此，要在逐步健全预算绩效管理体系的基础上，以推动绩效预算改革为方向，未雨绸缪，积极做好各项准备工作。

（一）奠定绩效预算制度基础

在预算管理改革逐步推进和完善预算绩效管理的基础上，要进一步深化预算改革，推动建立转向绩效预算方向的制度框架，为下一步实施绩效预算创造条件，铺就未来改革的“奠基石”。

一是继续深化部门预算、国库集中收付、政府采购、“收支两条线”等预算管理改革。进一步完善科学规范的预算管理制度，健全政府预算体系，将政府收入全部纳入预算管理，促进资产管理与预算管理的有机结合，实现对政府资源和国库资金的有效管理与控制，改变政府部门“逐利”动机带来的职能异化现象，使部门预算变成名副其实的综合预算，强化部门预算编制及其执行主体地位，强化其预算资源的统筹责任和绩效责任，为下一步增强部门自主权建立规范的控制体系。

二是逐步引入政府会计权责发生制。目前，我国公共预算实行收付实现制会计制度，该制度是和投入控制型预算管理相适应的会计原则，它以现金的实际收付作为确认预算事项的标准，有利于反映预算资金的流向，但是不能准确、完整地归集和计量政府行政成本。而在未来的绩效预算改革中，政府各职能部门要在拥有更多财政资源控制权的同时，对与产出和结果有关联的所有支出费用负责，而不仅仅是对收付实现制下的现金费用负责。因此，需要逐步引入以权责发生制为基础的政府会计，并建立政府财务状况报告制度，使得公共预算能够全面反映政府在一定时期内提供的公共产品和服务所耗费的总资源成本及单位成本，激励管理者很好地控制产出成本，揭示政府（部门）财务状况和支出绩效的全貌，从而为绩效预算改革建立起较好的会计核算制度。

三是研究探索中期预算框架。中期预算管理是绩效预算的一项重要制度保障，要对其进行研究探索就要以绩效目标为依据，滚动编制政府中期预算，增强预算的连续性和前瞻性，逐步建立体现政府战略规划的中期预算制度，实现中期预算周期与政府（部门）战略规划周期的吻合，使政府战略规划成为绩效预算的起点和载体，提升财政资源在一个中期预算周期内的有效产出。

四是进一步推进预算公开。要继续提高预算透明度，就需要在绩效目标的确定、预算资源的分配、预算资金的使用等各阶段都向立法机关、管理机构及社会公众公开，从而加强对预算绩效的报告和监督，更好地促进政府支出绩效的实现。

（二）推动绩效机制转变

要在巩固预算绩效管理成效、健全预算绩效管理体系的基础上，进一步推动绩效机制的转变，实现预算绩效管理模式向完全的绩效预算模式的递进式发展。即由原来绩效管理和预算管理“融合”转向实现绩效与预算的“结合”，加强资源分配与绩效的联系；由在预算管理中“嵌入”式的绩效管理转向实现绩效对预算管理的“主导”式管理，强化绩效对预算的影响；全过程的预算绩效管理要逐渐由“先配置资源，再看绩效”，转为“先看绩效，再配置资源”；由以部门预算为主的管理转向对政府支出绩效和部门产出的管理，实现预算绩效与政府职能的衔接。在这些转变过程中，推动形成适应绩效预算的机制，主要核心内容如下：

1. 推动绩效重心的转移

由原来以事后绩效评价结果来指导下年预算安排，逐步向事前围绕绩效目标安排预算的方式转移。在现行预算绩效管理模式下，预算绩效是一种事后的参考，并且对预算的调整和影响是一种渐进优化的路线；而在绩效预算模式下，预算绩效是一种事前的控制，对预算资源配置直接进行结构性调整。

2. 实现绩效责任的转移

由原来财政部门主要对“分钱”合理与否的绩效负责，转向部门主要对“花钱”好坏的绩效负责，即部门在申请预算时要提出绩效目标，明确产出责任，财政部门按其绩效产出配置财政资源，如果部门未能实现既定资源安排下的产出，则要承担相应的责任，也就是所谓的绩效问责机制。

3. 促进绩效自主权的转移

现行的预算绩效管理体系虽然引入了结果导向的理念，但根本上仍是着眼于投入控制；而绩效预算则是一种产出控制模式，为实现相应的产出，就需要逐步赋予部门更多的自主权，包括人事管理权和资金管理权等，放松对其严格的预算控制和过多的行政干预，以保证其顺利完成产出目标，创造应有的绩效。

（三）完善公共产品和服务提供方式

实施绩效预算的主要目的是提高政府部门提供公共产品和服务的产出，OECD 等国家的经验表明，在公共部门引入市场竞争机制，有助于完善公共产品和服务的提供方式，改善预算绩效。绩效合同、购买公共服务等都是非常有效的方法。

“引入竞争是绩效管理的延伸”。要在合理划分政府与市场边界，明确政府公共职能的基础上，引入有利于提高支出绩效的竞争机制和市场化导向，完善政府部门提供公共产品和服务的方式，并不仅仅将政府部门限定于生产方和唯一的供应商。实际上，在绩效预算模式下，政府往往通过与部门签订绩效合同，明确部门提供公共产品和服务的数量与质量。部门可以自主选择其实现产出的方式，如通过竞争承包、招标等方式让私人部门来完成，从而降低政府部门的公共支出成本，提高资金使用效率，确保实现既定的产出绩效。

（四）形成内外一体格局

从国际上绩效预算的发展起源看，很大程度上是源于政府绩效管理的需要，体现为政府绩效改革的产物，这是因为预算是政府职能的反映，政府的绩效必然通过政府支出来实现，并为预算绩效提供稳定的政治支持。同时，政府绩效管理与预算绩效管理都建立在以公共部门为单元的载体上，有着共同的预算基础，核心目标都是提高政府行为绩效，以结果为导向，二者相互继承、相互促进。因此，在我国推动绩效预算改革，必须以政府绩效管理为依托，与行政体制改革同步，避免形成“木桶效应”，围绕建设“服务型”政府，清晰界定政府职能，推动政府绩效改革的有序开展，形成内外一体、协调推进的格局。

1. 将绩效预算的理念引入政府绩效改革

绩效预算重视产出、以结果为导向的理念，与政府提供优质、高效服务的本质是一致的，都是促进政府部门履职，致力于提供更多更好的公共产品和服务。要将绩效预算的理念作为政府绩效改革的引领，推动政府施政理念和行政方式的转变，转向为民“办实事”“办好事”，促进公共产品和服务的优质、高效提供，花好纳税人的钱，实现依法理财、科学理财、高效理财，强化政府的产出责任，建设高效、透明、有责任的政府。

2. 以绩效预算的内容丰富政府绩效管理的手段

绩效预算是资源优化配置的体现，强调绩效目标与政府战略规划的衔接，是政府决策的管理基础，政府要以绩效为核心，实现绩效预算与完善政府决策的结合；绩效预算是提高支出效率的手段，注重公共支出的成本—效益分析，是降低行政成本的措施保障，政府要以产出为抓手，实现绩效预算与提高政府效率的结合；绩效预算是权责明确的体系，要求在绩效合同下实现预期的承诺，是建立问责机制的制度根本，要以结果为导向，实现绩效预算与改善政府产出与效果的结合。作为政府行政行为的最直接体现，绩效预算内容及其制度的建立健全，必将丰富政府绩效管理的手段和方法，促进政府绩效目标的实现。

3. 用政府绩效的要求推动绩效预算深入实施

政府绩效包括预算绩效，预算绩效是政府绩效的重要组成部分和核心内容，是政府追求更高责任和效率的体现。政府绩效的改革可以为绩效预算的实施提供较好的外围环境和政治上的支持，特别是在绩效理念的推行、行政管理制度的变革等方面为绩效预算改革扫清障碍，创造适宜的外部条件。推进政府绩效，推动公共职能的实现，就要有相应的预算制度做支撑，以最优资源配置为驱动，进一步优化预算支出结构，保证公共产品和服务提供的数量与质量，实现政府治理的目的，促进政府行政效率提高，而这些正是绩效预算所要承担的重任。

第二节　加强人员培训

针对实际工作中人员对预算绩效管理业务不熟悉、知识储备不够的情况，政府有针对性地开展培训班，以专带普、以老带新、以新代旧，逐步完善。

一、绩效评价人才能力的框架构建

绩效评价人才能力框架构建包含职业道德能力、专业胜任能力和综合能力。

二、新时期全面建设高质量财政对专业化人才的要求

（一）财政人才的概念及特点

财政人才就是从事财政研究和财政管理工作的人才。具体讲，就是具有坚定的理想信念、良好的道德品质和较强的全局观念，有一定的财经知识和财政管理技能，在财政部门通过收支活动筹集资金、提供经费和资金使用过程中，为实现公共物品和服务的有效供给而进行创造性管理并做出一定贡献的，素质较高、能力较强的财政工作人员。专业化财政人才与一般性人才相比，具有更加鲜明的特点。

1. 专业性

即在财政事业改革与发展过程中，财政人才依托于财政部门，凭借特有的专业技能和业务经验，发挥其他人才无法比拟的重要作用。

2. 系统性

即通过系统的学习、培训和实践，掌握一定的财经知识和财政管理经验、技能，具有丰富的财政知识。

3. 能动性

即具有主动意识，清楚财政活动的目的，能有效地对财政活动做出理性选择。

（二）专业化财政人才的特质

结合工作实际，专业化财政人才作为全面建设高质量财政的智力支撑因素，还需要具备以下特质：

1. 职业道德能力

职业道德是绩效评价工作人员从事绩效评价的基础。在绩效评价工作过程中，应始终坚持职业道德。

（1）独立性

独立性要求绩效评价工作人员在工作的过程中做到不偏不倚、实事求是，不受其他因素影响，从而保证绩效评价工作的客观公正。独立性包括在业务承接和评价过程中保持独立性。在承接业务时，工作人员不得与被评价单位存在隶属关系和其他利益关系，如亲属关系或在被评价单位中任职关键岗位等。在业务执行的过程中，评价结果会对被评价单位影响重大。例如，事后评价、绩效评价的结果会影响领导班子的工作业绩考核，同时它们也会作为下一年项目预算的依据。第三方评价结果和被评价单位的自评结果往往会有所差距，被评价单位可能会试图去影响第三方评价结果，因此绩效评价保持独立性就显得尤为重要。

（2）职业怀疑精神

在绩效评价的过程中，要保持职业怀疑精神，以事实为依据，对于获得的证据加以辨别。要求绩效评价人员务必实地考察，参加访谈调查，获得可靠证据。获得的直接证据的可靠性要大于间接证据，书面证据可靠性要大于口头证据。

（3）保守秘密

在评价过程中会涉及很多政府行政的秘密，这就要求第三方机构能够按照项目分别建立和保管档案，未经委托者授权，不得对外泄露。

2. 专业胜任能力

从事绩效评价工作的人员需要有较强的专业胜任能力。具体来说可以分为政府会计专业能力和其他相关专业能力。

（1）政府会计专业能力

新的政府会计制度中明确了核算系统中预算会计和财务会计的双重功能。而在预算会计中，执行的会计基础是收付实现制，财务会计的基础是权责发生制。这就要求绩效评价人员在评价项目时，了解其业务实质，掌握会计处理，核实收支金额，从而判断部门、单位及项目预算收支情况是否达成了绩效目标。

（2）公共财政专业能力

预算绩效管理包含了各级政府收支预算、部门和单位收支预算、政策和项目预算。绩效评价是预算绩效管理的重要环节，评价的目的是提高财政资源的配置效率和效益。作为评价工作人员，需要懂得国家的预算法、财政制度和行政规定，并且能够做到与时俱进。

（3）项目管理能力

项目管理就是中介机构综合运用各种知识、技能，完成绩效评价工作。绩效评价的过程长，涉及的人员和部门多，因此需要项目主要参与人员对评价项目有良好的管理。管理过程从初步洽谈接受委托开始，包含签订委托书、组建评价小组、设计评价方案、实施评价、初步报告反馈、出具评价报告和评价结果应用。在以上过程中涉及时间、人员、成本、质量和风险管理等内容。

（4）绩效评价专业能力

预算绩效管理评价的整个过程涉及项目政策、编制预算、执行预算、完成预算和评价结果。绩效评价人员需要根据设立的绩效管理目标，收集和分析各种数据，设定不同的考核指标以及各个指标的权重，从定量和定性的角度去评价项目是否达到产出目标、效果目标和影响力目标。以上都是评价人员需要掌握的评价专业能力。

（5）评估造价能力

在预算绩效评价过程中，特别是对于项目支出的绩效评价，会涉及对项目投资金额的确认，这就要求评价人员具备懂得和运用资产评估与工程造价的能力，能够确认投入资产的金额，完成项目所涉及资金投入的正确性。在某些项目中，资产评估报告和工程造价报告是形成最终绩效评价报告的重要依据，虽然这些报告包含独立的第三方工作，但是绩效评价工作人员也应当履行对该报告的复核职责。

（6）访谈调查能力

访谈调查是指通过对绩效评价的相关利益方进行实地访谈、问卷调查等，获得绩效评价的项目信息。通过实地访谈或问卷调查能够准确了解财政资金的收支情况和绩效的完成情况。其中问卷调查是一种标准化、适合大规模调查的方法。微信小程序、问卷星等移动终端的广泛运用，使得问卷调查变得快捷。实地调查所获得的证据更加可靠，但是要注意时间和成本的把控。

（7）绩效评价报告能力

绩效评价报告是第三方的工作成果，报告使用方众多，对报告的要求也比较高。例如，上海市预算绩效管理实施办法中明确要求绩效评价报告应当依据充分、真实完整、数据准确、分析透彻、逻辑清晰、客观公正。这就要求报告的撰写者能够在撰写报告时根据事实，精炼组织语言，前后有清晰的逻辑，突出重点。

3. 综合能力

绩效评价工作除了需要具备专业胜任能力，还需要具备综合能力，才能按照要求完成委托方的工作。具体需要掌握以下能力：

（1）良好的沟通能力

在绩效评价、方案设计、执行、形成结论、报告撰写过程中，涉及诸多利益方，如财政绩效评价部门、被评价单位、项目的执行方、收益方等。只有具备了良好的沟通能力，才能够顺利与各方沟通反馈，获得真实完整的信息。

（2）判断能力

绩效评价人员需要对所收集到的书面证据、口头证据进行综合整理，对照绩效评价目标，判断其合理合规性和执行情况。

（3）逻辑思维能力

评价人员需要对收集的信息进行归纳、分析、总结、对比和概括整理，从而形成合理的评价结论。

（4）信息系统的运用能力

绩效评价人员要能够充分利用被评价单位提供的内网信息，综合外网的信息和平台的数据进行分析对比，从而客观了解资料的真实性和合理性。其核心就是绩效评价人员需要熟悉信息系统，熟练运用各种信息数据平台。

（5）大数据处理能力

随着大数据、互联网和移动终端的运用，数据的采集变得更加及时，数据来源变得多样和可靠。绩效评价人员要能够设计搭建数据采集模型，通过合理渠道获得数据，利用计算机的软件分析后得出合理的结论。

（6）抗压能力

绩效评价工作的结果会影响部门、部门负责人、下一年度的预算等，因此，当绩效评价的结果与被评价单位的预期有出入时，被评价单位会向评价人员施压以改变评价结果。中介机构的评价人员要能够顶住压力，坚持独立性和客观公正性，完成评价工作。

三、打造专业化财政人才队伍的策略

（一）总体目标

新时代专业化财政人才队伍建设，应以新时代中国特色社会主义思想为统领，牢固树立“人才是第一资源”的观念，坚持以人为本、以才兴财，以改革创新为动力，围绕全面激发专业化财政人才队伍活力这一关键，通过加强人才队伍建设，组建一支“信念坚定、为民服务、勤政务实、敢于担当、清正廉洁”的专业化财政人才队伍，为全面建设高质量财政系统提供智力支撑。具体包括：队伍规模不断壮大、人员素质普遍提高、人才结构明显优化、建设机制逐步健全、队伍活力显著增强。

（二）工作原则

1. 坚持党管人才

要切实发挥党组领导的核心作用，完善人事部门牵头抓总职能，健全科学的决策机制、协调机制和督促落实机制。围绕用好、用活人才，创新管理体制，用事业凝聚人才，用实践造就人才。

2. 坚持以人为本

要提升人的地位，发挥人的作用，保护人的利益，把充分调动、激发人的潜能和实现人的全面发展作为财政人才队伍建设的着力点，认真研究人才成长规律和能力生成规律，发挥广大财政干部的首创精神和主人翁作用，努力做到人岗适配。

3. 坚持服务大局

要紧紧围绕全面建设高质量财政大局，大力推进财政人才队伍建设，切实加强财政人才专业能力、专业精神、专业作风建设，更好地服务财政中心工作，促进经济社会科学发展。

4. 坚持与时俱进

要正确处理继承与创新的关系，善于用改革的办法破解难题，不断提高指导财政人才队伍建设的本领。解放思想，改革创新，使财政人才队伍建设更好地体现时代性，把握规律性，富有创造性。

5. 坚持因地制宜

既要坚持统筹兼顾、协调发展，又要善于围绕财政发展大局，充分结合实际来开展财政人才队伍建设工作，努力形成既有鲜明财政行业特征，又具有自身特色的财政人才队伍建设新局面。

（三）具体举措

1．构建专业化财政人才能力标准框架体系

构建能力标准框架是专业化财政人才队伍建设的基础性工作。要结合国际上的能力本位模型，明确以提高专业化能力建设为核心的目标导向，通过构建专业化人才能力标准框架体系，明确不同类别、不同层级、不同岗位的财政人才能力标准和具体要求，为有针对性地选用、培养人才提供根本依据。

首先，明确财政人才专业能力标准建设的目标和要求。

其次，确定财政人才能力分级分类原则。根据财政业务特点和工作实际，将人才专业能力划分为通用能力和专项业务能力两类，并按岗位职务层级进行细分。

再次，制定专业人才岗位能力标准。针对不同层次和职位干部履行岗位职责的专业能力要求，制定人才专业能力标准，做好职位分析等基础性工作。

最后，设计开发岗位专业能力素质模型。通过对比某一职位的优秀绩效表现者和普通绩效表现者所展现的专业能力标准之间的差异，确定该职位的关键专业能力标准组合，设计岗位专业能力素质模型，为有针对性地开展专业能力培养工作提供基础性保障。

2．坚持引入和交流，锻炼优秀人才

以提高能力素质、优化结构为目标，引进高素质复合型人才。按照建立现代化财政制度和能力标准的框架体系要求，财政部门应根据党和国家机构改革后最新编制配备人员，坚持凡进必考的原则，积极协调组织、编制和人社部门，从职位条件、专业能力需求等方面进行深入研究，设计出科学有效选调优秀干部的方案，再通过公务员联考、公开遴选、公开招聘等方式，选调素质高、能力强的人才。同时，要注重选拔年轻人才，适当保留经验丰富、年富力强的干部，发挥各年龄段人才的积极性，形成合理的比例和梯次结构。此外，要综合考虑岗位上各干部的成长需求和培养需要，有计划地进行多岗位锻炼。采取上下互派挂职、驻村帮扶、国有企业挂职等多种方式，进一步加大财政人才交流力度，全方位拓宽人才成长渠道。各级财政要有计划地选派优秀年轻人才到基层挂职锻炼，充实加强基层财政工作力量。同时，要积极创造实践锻炼条件，对综合素质好、工作业绩突出的基层优秀财政人才，采取跟班学习、结对子等形式，将他们安排到财政重点工作一线接受锤炼、提升全面建设高质量财政的实践能力。

3．做好专业化财政人才精准化培养

根据专业化财政人才能力标准框架，开展分层次教育培训是提高财政人才专业化水平精准化的最佳途径。

首先，搞好财政复合型人才和专家型人才的培养。围绕全面建设高质量财政的目标，实施财政领军式人才的培养，统筹国内外教育培训资源，不断拓宽培养渠道，丰富和创新培养方式，进一步提高培养工作的针对性和有效性。在全省财政系统中努力培养出一支 200 ~ 300 名政治素质过硬、业务能力精湛、能够担当重任的具备“宏观经济管理、现代财政制度建设、行政财务管理”能力的复合型人才和专家型人才。

其次，搞好财政业务管理型人才培养。在深入研究新时代高质量财政对人才提出的专业化要求的基础上，各级财政部门要准确把握组织需要和岗位需求，并充分考虑人才的知识结构、成才目标和专业爱好，坚持“培养与使用相结合”的原则，加强对业务管理型人才的培养，重点研究业务管理型人才的专业管理能力，制定培训大纲，明确专项业务培训和岗位培训的目标、内容和方式，发展培训、锻炼、交流、自学等多种形式的培养模式，全面提升业务管理型人才的能力与素质。

最后，搞好专业技术人才培养。立足以用为本，在全省财政系统里以提高专业水平和创新能力为核心，以财经领域中的高层次人才和紧缺人才为重点，打造一支高素质的专业技术人才队伍。加大财政、会计、财经法律、资产评估等研究领域以及财政信息化建设、财政宣传等方面的专业人才的培养开发力度，开展岗位练兵和专项业务比赛活动，在经济、财政、会计等领域培养造就一批高级专业技术人才。

4．创新财政人才综合考核评价体系

各级财政要结合财政工作实际，全面运用综合评价和年度分类考核模式，建立目标引导、过程控制、持续改进、整体提升的管理机制，对单位及其工作人员在政策执行、岗位履职、目标完成等方面进行系统管理，内容涵盖财政工作各个方面和环节，既包括基本职责，落实省委、省政府重点工作，创新工作，党风廉政建设，也包括个人德勤部分。在年度考核评先、评优过程中，只有全年综合考评总分在不同类别中排名靠前的单位才能够作为评选先进单位对象。优秀等级人选应为同职级人员综合考评成绩排名较好的人员，记功人员必须在年度考核优秀等级人选中产生。通过这种综合考核评价模式，切实解决了“干与不干、干多干少、干好干坏一个样”的问题，使年度考核和记功评价更加合理、公开、公平。通过不断改革创新财政人才综合考核评价体系，引导各层次人才发扬成绩、改进不足，更好地忠于职守、担当奉献。

5．完善财政人才选拔任用长效机制

不拘一格选人用人是激发财政人才内在动力的前提。结合贯彻落实中共中央办公厅《关于进一步激励广大干部新时代新担当新作为的意见》精神，积极稳妥、健康有序地推进干部选拔任用制度改革，突出信念过硬、政治过硬、责任过硬、能力过硬、作风过硬等内容，大力选拔敢于负责、勇于担当、善于作为、实绩突出的人才，鼓励广大人才想干事、能干事、会干事、干成事。还要探索改进选拔方法，进一步创新公开选拔优秀人才的办法，增强考试、考察的科学性，全面准确地掌握骨干人才的德才表现和工作业绩，提高选人、用人公信度。建立适合财政部门的干部综合量化提名办法，加大考核考察、评价结果的运用，将近 3 年干部综合考核评价情况与会议推荐和个别谈话推荐得票情况进行综合量化计分，以此体现选用财政人才的正确导向，形成有利于各类优秀人才脱颖而出、富有生机与活力的选人用人机制，有效激发人才的工作热情和队伍的生机活力。

6. 发挥财政人才先进典型引领示范作用

善于抓典型，让典型引路和发挥示范作用，历来是我们党重要的工作方法。按照推动高质量财政建设的要求，不断加大全省财政系统的精神文明建设工作力度，时刻紧抓先进典型培树工作不放松，在推出“全国财政系统先进集体”饶阳县留楚乡财政所、“用青春和生命谱写为民理财之歌”的大城县财政局国库科原副科长李红英等先进典型后，继续采取“发现→挖掘→宣传”链式结构培树先进典型的新模式，密切关注全面建设高质量财政过程中出现的人才队伍先进典型，深入县乡财政进行实地调研，走访典型的领导、同事和服务对象，真切感受财政典型的闪光点，掌握第一手资料和素材，撰写真实客观、亲切鲜活的典型事迹，让广大干部职工看得到、学得来，真正触及思想灵魂、点燃工作激情。用“身边的事教育身边的人”，以新时代财政人才队伍中的模范典型感召人、凝聚人、引领人，为全面建设高质量财政注入不竭动力。

四、提升预算绩效管理的技术保障

预算绩效管理是一项复杂的系统工程，应从多方面完善配套基础作为有力保障。全面实施预算绩效管理，不仅要从实施机制上下功夫，还需要完善的技术保障做强力支撑，建议从以下三个方面考虑。

（一）加大绩效分析专业人才的培养

对绩效分析专业人才的培养，应强人才化绩效理念，使其做到熟悉政策、掌握方法，增强他们推进改革的自觉性和主动性。绩效分析专业人才应该包括两部分，一部分是政府内部绩效分析人员，一部分是政府外部绩效分析人员。政府内部绩效分析人员，应从政府会计核算部门人员中选择。

1. 节约人力

充分利用财务会计核算和预算会计的基本信息，并应用于部门和单位的预算管理，将预算投入与成果产出进行对比，以准确测量绩效目标的完成程度。这种人力资源的整合表面上看似增加了会计核算人员的工作量，但是随着会计信息系统的技术支持力度加大，可以将节约出来的人力转向对预算资金使用绩效的分析。

2. 专业性强

会计从业人员一般符合专业胜任能力的要求，并取得相应的专业技术证书。财政部门对人员管理和培训比较严格、规范，每年会计从业人员必须参加继续教育。会计专技人员对绩效指标和绩效方法的理解和掌握更加容易。今后的证书考试和教育培训可以考虑加入绩效管理的内容，使之成为必备知识。编写和印发学习手册，例如预算绩效管理环节操作手册或项目评价案例汇编等，组织各层次的管理培训，系统学习绩效管理理念和方法，熟练掌握软件系统的操作和填报，并纳入继续教育内容，支持政府内部预算绩效管理工作的开展。

政府外部绩效分析人员，主要是指第三方。第三方，不仅包括会计、评估等营利性中介机构，还包括科研院所、高校以及专家等。中国财政部下辖的部属事业单位中，存在会计协会、评估协会等多家全国性的非营利性社会组织，通过制定行业协会章程，依法对中介机构组织及其人员进行自律性管理。例如，对从业人员进行继续教育、资格和职称等系列考核，约束执业行为，教育引导从业人员严格遵守评估工作纪律，保持较高的职业素养水平，同时还接受财政部的业务指导和监督管理。

目前，中国注册会计师协会已经开始注重培养公共注册会计师，以应对政府部门和单位越来越多的对中介机构参与预算绩效管理的需求。而科研院所、高校等是新兴的第三方评估机构，与营利性的中介机构不同，它们更多承担的是一种政治任务，受托或自行承担各类政府部门或项目绩效评估的工作量也日益增多，但没有被纳入到任何组织的管理，评估人员的业务水平参差不齐，专业胜任能力受到质疑。因此，应该建立全国性的社会组织，进行统一管理，做好绩效管理人员的培训和管理。想要更好地发挥组织的独立性，建议社会组织隶属于立法机关，即人大财经委，以此建立从国家到地方的领导组织体系。立法机关代表人民，体现人民委托监督权力的实行，更能体现立法机构的监督职能。组织的职能主要包括对评估的评价、评价的人员资质培训和认定、组织的管理、监督和评价过程中违法违规责任的追究等。这样一来，就可以建立隶属于人大的管理组织，加快培养政府外部绩效专业人才。

（二）建立智能绩效信息分析技术平台

在大数据时代背景下，国家治理体系和治理能力的现代化与信息化是密不可分的，尤其是信息化，使得国家治理多元化共同参与成为了现实。政府预算绩效管理与现代化信息技术辅助相结合，政府信息数据的开放和共享助推绩效管理工作，通过向公众和利益相关者展示绩效目标完成和运行情况，保证绩效信息反馈的客观性、安全性和及时性。例如，河北省开发了预算信息管理系统，搭建网络化、一体化、高效化电子业务平台，涵盖预算基础资料、预算项目库、预算编审、指标管理、预算执行、绩效评价等预算管理的全过程。财政部门、预算部门和单位在同一套系统下的业务协同处理，实现预算项目按照绩效预算管理要求编报和审核，实现人员信息的共享共用和部门预算的网上编审，并与现有指标管理系统进行对接。

建立人工智能绩效信息技术分析平台，一方面，可以在现有的财政管理信息系统中嵌入绩效管理模块，使绩效管理与预算编制、预算执行、预算监督进行融合，将绩效指标和绩效方法导入绩效管理模块，进而开发人工智能绩效评价系统，将相关方法固化到系统中，即使不懂绩效方法的部门单位人员也可以操作，进行绩效分析，减少人工绩效分析的工作量，提高工作效率。另一方面，创建新的绩效信息技术分析平台，包括政务信息公开平台、绩效数据监控平台、公众网络评审平台和绩效评审信息公开平台，除了保密事项外，向社会开放政府财政数据，便于绩效数据采集、公众评审、数据统计分析，将绩效评审结果全部公开，及时将意见反馈给部门和单位；数据上传和采集信息全程由系统控制设置，避免了人为干扰因素；不受空间和时间的限制，宣传到位，使数据采集对象了解绩效评价的重要性，敢于参与评价。做好保密措施，对受访对象的问卷和个人基本信息严格保密；以数据平台为基础，各级财政部门建立动态的绩效评审数据库，并及时更新各预算部门、单位和项目开展的评审相关信息。通过技术分析平台，精确掌握整体支出的绩效表现以及国家政策、项目和预算执行情况，便于开展横向和纵向绩效信息的比较，为决策提供信息支持。

（三）开发绩效信息资源对接系统

政府会计信息为绩效评价提供可靠的数据支持，政府绩效评价在很大程度上取决于政府会计信息的准确提供。将政府会计及其综合财务报告信息与预算绩效管理系统对接，开发信息资源共享系统，可以为形成完整的预算绩效分析提供数据源，提高绩效与预算的结合程度。

政府会计信息本身也是一种绩效信息，预算绩效管理离不开政府会计信息的支持。发达国家政府会计制度的改革一直伴随着绩效预算改革，逐步建立了权责发生制的财务报告体系。但是到目前为止，我国仍未将政府会计信息系统与绩效预算相对接，政府会计对绩效预算发挥的作用十分有限。

随着中国行政事业单位开始统一执行政府会计制度准则，政府会计信息口径一致，可尝试先从某一绩效环节开始，探索开发财务核算信息与绩效信息对接系统，向预算绩效管理提供资产、负债、成本等量化信息，共享数据，便于专业技术人员进行绩效分析。将政府会计信息系统和预算管理信息系统对接，进行信息共享，一方面，在政府会计信息生产过程中以绩效需求为导向，有针对性地进行会计系统的完善。另一方面，在预算绩效管理系统中引入政府会计信息数据，明确投入和产出的关系，便于财务绩效指标的考量和把握部门单位整体支出的绩效水平。

第三节　进行动态管理

有关部门应认真填写各部门的绩效管理表，并且根据之前制订的计划认真执行，梳理计划目标、分析实施步骤，对于落实的过程紧密监管，及时调整，对于财政项目进度、绩效目标进行动态跟踪，并及时分析，遇到计划外情况要第一时间介入处理，及时把握进度细节、开支情况，确保绩效目标顺利实现。

一、绩效目标的编审

绩效目标编制是目标管理流程的首要环节，绩效目标的内容决定了财政预算绩效管理的方向和标准，这要求其编制要有明确的编制依据和原则，以从源头上保证管理活动的科学性。

（一）绩效目标编制的依据、原则和编报内容

1. 目标编制的依据

预算绩效目标管理，直接目的在于强化问责、规范资金使用、完善预算绩效管理，而其根本宗旨在于通过严格的目标控制，有效发挥预算的约束作用，从经济、政治、社会等方面来提高国家治理水平，维护公共利益。因此，预算绩效目标编制的依据首先就是国家经济和社会发展的战略、规划，进一步细化到结合各部门职能制定的战略、规划，最后，参考历史执行情况、绩效评价结果和对应年度收支预测来进行编制。需要指出的是，所有战略、规划的制定及编制行为都必须在国家法律法规的约束下方可执行。

2. 目标编制的原则

预算绩效目标的确定是绩效目标管理的首要前提，也是目标审批的依据、追踪和结果评价环节的标准，所以预算绩效目标的确定必须遵循具体的、可衡量的、可实现的、相关的和有时限的五项原则，即 SMART 原则。SMART 原则是现代目标管理理论所提出的权威性准则，该原则重点突出了目标的可衡量性及有效性，我国财政部 2015 年印发的《中央部门预算绩效目标管理办法》中也提出了指向明确、具体细化、合理可行、相应匹配这四项要求，但其与权威标准尚有差距，因此，我国目前关于目标制定在量化、细化、规范性等方面的困境正是今后不断完善发展的关键所在。

3. 目标编制的内容

根据预算绩效目标的定义，绩效目标是一定时期内对预算资金产出及效果的预期，且预算绩效目标管理的最终目的是实现公众利益，因此，其编制内容可以概括为三个方面：一是部门或项目的预期产出。需要说明的是，这里的“产出”并不仅仅局限于数量的呈现，还注重质量的把关；二是预期效果。现代预算管理中的绩效评价所强调的“结果导向”更偏向于对“效果”的追求，涉及经济、政治、社会等多方面的效益以及可持续性影响；三是社会公众的满意度。政府作为代理人，应当以社会公众的利益为导向，方能体现预算绩效目标管理的宗旨。

4. 目标编制及上报所需材料

预算绩效目标管理与预算绩效管理同属一个预算过程，且目标管理贯穿于预算管理和绩效管理全过程。因此，绩效目标的编制并非独立而成，也不是粗略的文字性描述，而是依附于预算资金的决策与安排的过程来实现，这就需要提供相应的材料和数据来论证其合理性。因为绩效目标其实也是预算资金安排的佐证材料之一，所以这些材料不仅是绩效目标编制的依据，也是预算资金分配的参照标准。并且，根据我国各地试点情况来看，各职能部门还应结合各自部门职能提供目标自评考核指标。因此，该环节相关依据和内容都要上报财政部门，所需材料大致如下：

（1）上年度项目完成情况

包括下拨财政资金执行详情、部门自评与财政部门的评价情况。历史数据是衡量项目设置合理性、目标科学性、资金执行效率的重要信息，不仅有利于监督部门行为和资金的使用动向，还为下一年度或周期的预算资金配置和目标的制定起到指导作用。

（2）目标实施的计划方案及其可行性论证报告

方案内容包括计划实现的具体程序和活动内容，为后续工作的有序进行提供指导。可行性报告则为方案制定的必要性和可行性进行分析和论证，以证其科学性。

（3）资金预算方案

目标完成的各项活动需要资金支持，但是资金来源及列支需要严格、详细的预算明细，并且合理有据，力求资金使用效率最大化。

（4）考核绩效目标完成程度的自评绩效指标体系

绩效评价工作并非独属财政部门、预算部门、审计部门，或者依靠第三方介入，各职能部门相较其他部门来说更具信息优势，对于部门战略目标和项目执行情况更为了解，因此，部门通过自评来加强内控是绩效评价不可或缺的重要部分，也是绩效评价提质增效的一项举措，主管部门需要从数量、质量、效益等方面将绩效目标细化、量化，建立自评绩效指标体系。

（5）财政预算绩效目标申报表

申报表的内容其实就是将上述项目进行列示，申请部门在申报预算资金时，需要将项目的基本信息（名称、立项、时间安排等）、项目预算、绩效目标、绩效指标等一并上报。当然，各地实践存在差异，有的省份或地区将所有信息编进一个申报表中，有的则更为详细，将预算绩效目标、计划方案可行性论证或自评指标作为预算申报的佐证材料单独列出。虽然内容特色各异、有详有略，但是预算绩效目标申报内容大致相同。

（二）绩效目标编审流程

因为预算绩效目标管理寓于预算管理过程，相应地，其编审程序也与预算编审同步。我国部门预算编审遵循“二上二下”的管理流程，则预算绩效目标审批包括以下四个阶段：

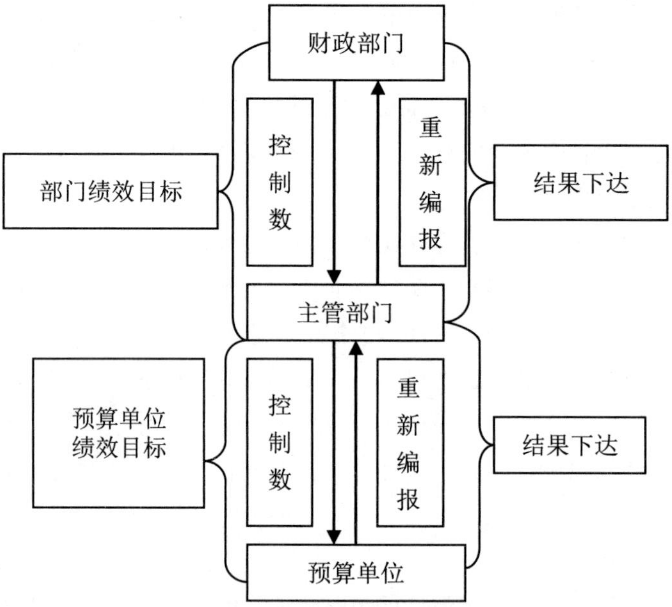

图 4–2　预算绩效审批流程图

1. 预算绩效目标编审“一上”阶段

首先，由项目或资金申报预算单位，根据实际需要，严格遵守财政部门对绩效目标编制的规定来进行内容编报，包括绩效目标、目标实现方案及其可行性、必要性论证、所需投入资金、绩效目标考评指标（含标准和权重）等相关材料上报上级主管部门。再由主管部门收集和审核绩效目标信息资料，编制本部门绩效目标及资金要求之后，向本级财政部门申报。

2. 预算绩效目标编审“一下”阶段

该阶段可以理解为审核反馈阶段。财政部门在收到各主管部门上报的绩效目标和预算的相关材料后，由绩效管理评价处和归口业务处对其进行审核并商议。专门处室在对项目合理性、必要性以及预算建议资金数进行审核，并根据需要调整和确认后，向各部门下达控制数。

3. 预算绩效目标编审“二上”阶段

在接到下达的控制数后，各主管部门据此调整本部门的绩效目标和预算安排，重新编报。在重新上报过程中，财政部门与主管部门就绩效目标编制、落实方案和预算资金的科学性、合理性不断进行沟通反馈，以上报最终材料。

4. 预算绩效目标编审“二下”阶段

此阶段为目标决策通过和结果下达阶段。若本级人民代表大会对“二上”的材料审核通过，则由财政部门将审核结果下达至各申报部门，进一步下达给预算单位，至此，预算绩效目标编审结束，进入下一环节，即绩效跟踪环节。

二、绩效目标的绩效跟踪

绩效跟踪在绩效目标管理中起督导作用，是预期目标实现的关键保证。经过事前审批后，预算管理就进入预算执行阶段，而预算绩效管理会进入绩效跟踪阶段。绩效跟踪的跟踪对象是“绩效”，而绩效的衡量要遵循事前目标而定，应始终以目标为导向对预算执行情况进行考察。因此，预算绩效跟踪便可定义为在预算执行过程中，以既定绩效目标为标准，通过采集和核查执行过程中的动态数据，并采用绩效评价的方式对项目资金、绩效目标与其实现程度进行动态监管的管理和控制行为。目的在于通过动态监控项目进展、预算资金的执行进度和目标完成情况，以起到督促作用，保证资金使用效率，提高管理水平。

（一）绩效跟踪的主要内容

1. 绩效跟踪的对象

了解绩效跟踪首先要明确跟踪对象。根据绩效管理的实施目的，绩效跟踪对象应涵盖所有动用财政资金的项目，但是，考虑到数据的收集成本、地区差异性以及技术条件等因素的限制，实现项目全覆盖显然不切合实际。因此，绩效跟踪对象的选择应突出重点、把握难点、关注热点，具体来说，就是优先选取以下三种项目：一是预算资金占比大、增长速度快、对社会有较大影响的重点项目；二是实施难度大，长时间未解决问题的“难啃”项目；三是受社会广泛关注、民众反应强烈或者关乎民生大计，并应由政府重点解决的热点项目。

2. 绩效跟踪的内容

从我国目前的实践情况来看，对绩效跟踪的内容，在以下几方面达成共识：

一是监督、检查项目的预算执行进度和目标完成情况，综合分析公共产品和服务阶段性地在成本、数量、质量等方面的目标完成情况，以及实施后产生的社会效益、经济效益、生态效益等阶段性成果或潜在效益。

二是资金和项目的管理情况。除了监控项目运行的成效外，项目运行过程管理和资金管理也不容忽视。资金管理主要涉及用款计划的时效性、拨款效率和安全性等，项目管理则包括项目从政府采购到项目验收整个运作流程的合理性、规范性、高效性和预算资金的财务管理情况。

三是多种方式审核。根据既定绩效目标，由部门内部开展自评或由财政部门及其委托的第三方组织机构对项目，包括部门的自评工作进行审查，以分析报送材料的真实性、准确性。

（二）绩效跟踪的基本方式与基本流程

1. 绩效跟踪的基本方式

我国长期以来一直重视事后最终评价并取得显著成果，但是由于绩效管理正处于初步发展阶段，绩效评价工作仍然不完善，尤其是绩效跟踪环节的绩效评价仍处于试点阶段，实际践行的城市数量较总体相差甚远，再考虑如前提到的成本、技术等方面的限制。所以，试点城市普遍选取部分项目进行试点，并且采用二分法这一绩效跟踪方式，即一般性的财政预算项目交由主管部门和预算单位进行自评，然后向财政部门上交自评结果和相关材料。此时，财政部门仅仅负责检查和不定期抽查，以此来规范预算绩效管理工作，而重大项目则需通过一定标准筛选其中一部分，由财政部门直接开展绩效跟踪。但是由于对工作人员专业性要求较高，部分政府以委托第三方（绩效评价机构或专家）的方式来开展工作。

2. 绩效跟踪的流程

因为绩效跟踪的基本方式不同，所以绩效跟踪的流程也有差异，即可区分为预算单位自行监控和财政部门重点监控两种情况。需要指出的是，绩效跟踪流程的实施是在完成绩效监控三个环节的基础上展开的，即已收集绩效运行数据信息、分析数据和形成监控报告三个环节。

（1）一般项目绩效跟踪流程

一般项目的绩效跟踪主要采用预算单位自评的方式，其责任主体为各主管部门的预算单位。

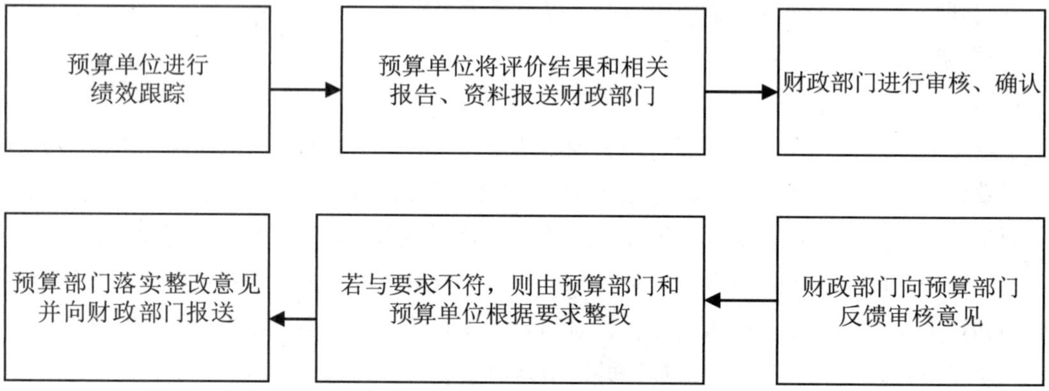

图 4–3　一般项目绩效跟踪流程图

（2）重大项目绩效跟踪流程

重大项目因规模较大、影响广泛，且多为关乎民生大计的项目，是绩效跟踪的主要内容，也符合绩效监控突出重点的要求。而职能部门或预算单位的内部监督易受政治因素影响，效果有限，此时，外部监督就显得尤为重要。因此，重大项目的绩效跟踪主要由财政部门或第三方组织机构负责实施。

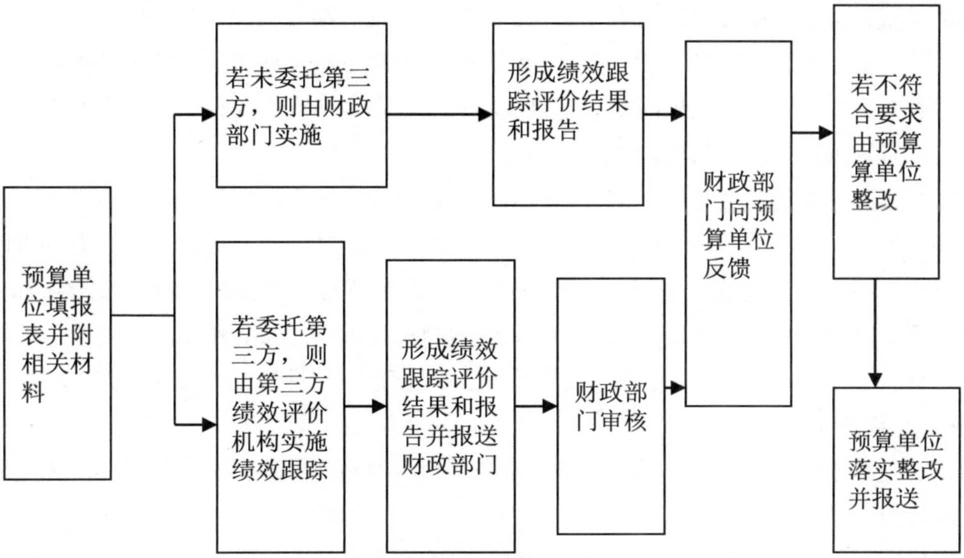

图 4–4　重大项目跟踪流程图

三、绩效目标的最终问效

最终问效是财政预算绩效目标管理的事后评价及应用。决算作为预算管理的最后环节，也对应着预算绩效目标管理继目标编审和绩效跟踪后的最后一环——最终问效。财政预算绩效目标编审与预算绩效管理是以“结果为导向”，那么，最终问效即可理解为对这一“结果”的验收。而社会公众往往最为关注的就是预算执行结束后所达到的效果，因此，这一环节对于预算管理、预算绩效目标管理及预算绩效管理来说都起着重要作用。综合问效是预算绩效目标管理的最后环节，包含绩效评价和评价结果的应用，所以此处将事后绩效评价称为财政支出绩效评价，而问效则涉及绩效评价结果的应用。

四、目标管理与预算绩效管理其他各环节协同性的体现

（一）目标编制技术的协同性

目标编审原则的协同性也可看作目标编制技术的协同性体现。根据目标设置理论，目标的编制和审核应遵从 SMART 原则。其具体性和可衡量性原则，要求绩效目标设置最大限度细化、量化且标准清晰，目的在于为后续绩效管理工作奠定基础，一是作为管理依据，便于绩效评价指标的进一步细化；二是作为一种激励，牵引相关人员按预设的目标实现路径开展活动，并在绩效跟踪和评价过程提供参照依据，增强预算绩效管理系统各环节之间的协调性、连贯性，发挥协同导向作用。其相关性原则要求目标与部门职能应一致，这样可以体现目标与部门的关联协同，防止部门职能错位及项目责任划分不清。

（二）管理过程的协同性

1. 目标管理与其他环节间的协同性

从目标管理与绩效评价的协同性来看，绩效目标是绩效评价的基础，是评价指标细化及评判的依据和标准；从目标管理与结果应用的协同性来看，目标编制结果上报需要提供项目上年

度完成情况报告，以历史数据作为重要参考，这有利于预算绩效管理打破评价结果与预算安排割裂的困局，对于中长期项目来说，更是为中期财政规划下资金配置效率的提升提供可能。该项规定意在实现目标与评价结果的回应，以及项目能在预算年度间或预算周期间的无缝衔接。

2. 目标管理内部各阶段的协同性

目标管理是围绕目标展开的一系列管理活动，以目标为导向确保目标一步步实施，并最终取得预期效果。目标编制是目标管理的前提和首要环节，而绩效跟踪可以理解为上一阶段的延伸，由于财政预算执行过程较为复杂，不确定因素繁多，就需要在这一过程中开展动态监控，以起到保驾护航的作用，因此绩效跟踪在财政绩效目标管理中起督导作用，是目标实现的根本保证。目标管理的最终问效，对应预算决算阶段，则是对整个目标管理活动的总结及成果验收。

（三）组织行为的协同性

组织行为是指组织的个体、群体或组织本身从组织的角度出发，对内源性或外源性的刺激所做出的反应。根据组织要素不同，组织行为可分为管理主体发出的管理行为和管理客体（具体工作实施者）发出的业务行为，前者的作用是影响和协调他人的行为，后者则是对实现目标有直接影响的行为。在预算绩效管理组织体系中，两种角色是相对的，从不同层级来说，上级部门是管理主体，下级部门则是业务主体，从部门内部来说，预算单位承担着管理主体的角色，其他单位是执行主体。不论是管理行为还是业务行为都是围绕目标展开的。需要说明的是，与之前讨论的主体定位不同，组织系统又分为外部组织和内部组织，此处组织行为的协同性可以从组织内部的视角加以分析，聚焦财政部门、职能部门和预算单位这三个主要管理主体，组织外部力量的协同性则在下一环节着重描述。绩效目标与预算一同上报并批复，目标编审流程与预算编审同步，不仅是上级部门对项目申报单位的工作要求，还体现了预算管理和目标管理的联动，此协同性有利于提高预算资金到位的及时性和使用效率。而在“二上二下”的管理流程和项目跟踪流程中，上下级部门间职责明晰、流程顺畅，则更多地偏向于纵向组织间的管理与协作关系。

五、从预算绩效、绩效预算到政府治理绩效

近年来，我国财政收入高速增长并发生了趋势性转变，且由于结构性矛盾凸显，呈现出收支规模失衡、收支结构错位、体制改革动力不足、财政支出绩效导向不明确等问题。改善预算组织与安排，优化预算结构，提升财政支出的绩效，需要逐步实现从预算绩效向绩效预算的转变，并推动政府治理绩效的提升。这是一个复杂而系统的改革过程，是需要在渐进化改革进程中加以推进并依据实际需求不断摸索与创新的。

（一）预算绩效、绩效预算与政府治理绩效

在实践中，通常把预算绩效与绩效预算混淆使用，虽然二者都有提高公共支出经济性、效率性与效益性的要求，但实际上预算绩效很大程度上体现的是管理的过程，而绩效预算更加侧重于管理的结果。政府治理绩效则是在新公共管理影响下公共管理由管理效能向治理水平转变的结果。从推进预算绩效管理改革入手，实现结果导向的预算管理模式转变为绩效预算模式，推动政府治理绩效的提升，有助于促进国家治理能力与治理体系的现代化。

1. 政府治理绩效和预算绩效

政府治理是指通过一定的制度设计，利用网络协同手段和监督问责机制约束政府的行为，避免政府处于垄断地位，实现公民、政府和多元社会组织对民生领域等部分公共事务和活动的共制，并实现社会稳定目标的政治过程。政府治理绩效是指政府施政的效果，是政府所有行为的最终体现。要实现政府治理绩效的提升需要推进四个方面的改革：一是现代财政体系的构建和完善；二是政府人力资源管理和激励体系的构建；三是政府有效问责机制的建立；四是有效的绩效评价系统。其中政府绩效评价是一个有效的绩效反馈系统，不但可以完善政府的决策与管理，而且可以促进政府问责，改进政府激励。我国要推动政府治理绩效的改革就需要预算监管通过政府职能的转型，实现政府治理能力的提升，使政府的公正性与绩效管理理念进一步契合，增加公民对政府治理的认可度，提高公众对政府执政的支持程度，进而实现政府的执政目标。

预算绩效是指如何更好地应用公共财政资金，以提高使用的效果，并以预算为对象开展的，为实现绩效目标，对实施过程进行监控并以合理应用绩效评价结果为手段的一种管理模式。预算绩效是政府治理绩效的重要组成部分，是影响政府治理绩效的关键领域。预算绩效管理还是实现政府治理绩效的重要环节，并能有效提升政府的治理能力。

2. 绩效预算与预算绩效管理的联系与区别

绩效预算是政府通过制定有关事业的发展规划，再依据政府的具体职能和施政方针制定的实施方案，采取更为科学的成本效益分析来编制预算的一种方法，这是一种追求财政管理效率，具有有效性，并贯穿于整个预算过程的一套预算管理系统。在技术进步的条件下，用于维持政府日常运转的经常性支出（即部门预算中的基本支出）可以通过测算并以规定定额标准的形式改进效率，但在支出规模更为庞大、涉及领域更为复杂的专项支出（即部门预算中的项目支出）方面，这种定额标准的管理难以得到有效执行。

预算绩效与绩效预算，在具体运用过程中都是提高财政支出管理效率的方式，它们在具体评价方法和管理理念上有共同点，在发展路径上又有交叉。两者虽然都以提高财政支出的经济性、效率性和效益性为目的，但也存在着一定的差异：一方面，绩效预算以实施结果为导向，预算绩效管理以绩效目标为导向；另一方面，绩效预算侧重于源头的管理（预算编制环节），是预算管理方式的一种彻底变革。政府通过打造一整套“事前有目标、事中有监控、事后有评价、结果有应用”的预算绩效管理全过程链条，逐步增加了绩效管理考虑的因素在整个预算管理中所占的比重，这就能在一定程度上体现绩效预算的基本要求和规范，属于我国绩效预算管理的初步实践。

（二）现实中的阻碍与路径选择

作为发展中的大国，我国在实现由预算绩效向绩效预算过渡的过程中还面临着财政收入难以准确预测、财政支出资金到位不及时等问题，导致无法实现特定目标或效果。一方面，业务主管部门或机构专业能力不足，在财政支出目标设定、结果评估等方面还不能达到专业化、科学化和客观化的要求，也难以据此进行相关决策和资源配置的调整；另一方面，非正规的制度也导致出现了合约无法被全面保障、规章无法被全面履行等现实难题。

1. 缺乏专门的法律法规支撑相关改革的推进

从一些国家的经验做法看，有法可依是绩效预算得以推广实施的重要保障，如美国国会通过的《政府绩效与结果法案》，上升到法律高度后，提高了改革的严肃性和各政府部门的重视程度。

2. 绩效管理理论尚未真正融入部门

在预算管理工作之中，一些部门未建立预算绩效管理相关内控制度并严格按照规定的制度执行，存在被动应付的情况。预算绩效管理改革由财政部门发起，财政部门平时主要对口各部门的财务处室。但预算绩效管理改革工作又涉及各个部门业务处室和单位，仅靠财务处室很难将此项工作落实到位。一些部门将绩效管理简单地交由财务处室管理，是导致绩效管理不到位的主要原因之一。因此，应由部门主要负责人牵头，建立绩效管理协调机制。

3. 绩效目标编制以及绩效评价的质量有待提高

一是绩效目标编制不尽合理。有的部门项目支出绩效目标的编报缺少调查研究和事前论证，导致编制的绩效目标不具体、不明确、针对性不强，为后续管理和评价带来困难。

二是绩效自评过于简单，评价方法不尽科学，评价指标不够科学规范。一些项目没有进行客观定量的评价，内容类似于工作总结，反映出有些部门在预算绩效管理方面认识还不到位，绩效管理专业性有待提高。

三是绩效评价的质量亟待提高。在实际财政支出绩效评价工作中，无论是评价指标的设置还是评价标准的设定都存在一定的随意性。主要是因为市场上缺乏专业的中介机构，承担绩效评价任务的第三方评价机构多为从事财务管理的中介机构或从事企业管理咨询的咨询机构，市场中介或咨询机构对评价业务的了解及熟悉度不够，对财政管理的要求及财政政策缺乏全面的把握，在一定程度上阻碍了绩效评价工作的高质量开展。

4. 相关的技术规范还有待建立

预算绩效管理的核心内容包括绩效评价个性化指标的设立和标准的确定。这两个方面都需要针对具体项目进行专业化的研究，同时还需要有关部门在实践中不断摸索，积累历史数据。建立绩效评价个性指标库和标准库需要一个长期的过程。

5. 对预算绩效管理的功能作用认识不到位

目前各相关方对预算绩效管理作用的认识和利用还不充分，主要局限于财政财务管理方面，预算绩效管理的具体功能没有得到充分的发挥和利用。一般来说，预算绩效管理至少具有以下功能作用：

（1）人大和社会监督的有效工具

人大和社会通过绩效目标和评价结果可以比较清晰、科学地监督政府工作的绩效实现情况。

（2）政府管理的工具

各个部门按照全过程绩效管理的要求来开展相关项目，可以推进部门不断提高工作效能，提升工作质量。

（3）宣传的工具

预算绩效管理是政府部门向社会宣传政府绩效的一个窗口。

（4）公共管理决策的工具

通过绩效目标设定、监控和结果评价，提高公共管理的决策水平。

（5）政府考核的工具

预算绩效管理是政府绩效管理的重要组成部分，它可以通过一定的科学方法构建完善的指标体系，再通过绩效评价以及评价结果的反馈对改善部门绩效提供有益经验。评价结果具有一定的客观性和规范性，为党委政府加强对部门年度绩效考核提供了充分的依据。

科学的财政预算管理体制需要依据政府执政目的，也就是治理绩效的目标来决定财政资金分配，不是政府在现行财政预算管理体制下，能够做哪些事，而是将绩效预算贯穿整个政府预算管理，这需要经历很长的过程。由于美国等发达国家在全面实施绩效预算方面，已经有一些先进经验，例如规范的体制环境和健全的法律环境、管理部门和职能部门一定的自主权、被广泛认可的绩效文化氛围、权责发生制会计体系等一系列强有力的约束条件，而我国目前的制度建设还不能达到可以实施绩效预算的严格环境要求，在这种情况下走预算绩效管理逐步向绩效预算推进的发展道路是符合我国财政管理和国情需要的理想选择。在当前财政经济状况不乐观，财政收入下降而支出刚性不减的宏观背景下，提高财政资金使用效益有非常现实的需求。从预算绩效管理对财政项目支出开展绩效评价入手，跨越预算编制将绩效目标、指标、评价标准和方法有机结合，为实施绩效预算积累经验并夯实基础，这也为我国推进绩效预算，进一步实现政府治理绩效创造了条件。

（三）从预算绩效、绩效预算到政府治理绩效的基础条件

1. 构建完善的政策与制度条件

绩效预算对各级政府而言意味着更多的约束。没有强制性要求，仅靠自愿式的约束推进改革是很困难的，只有具备高层次的政策或法律要求，才能更好地推动预算绩效管理向绩效预算过渡。

首先，应制定专门的法律法规。在相关法律法规中，应对预算绩效管理的内容范围、工作要求、目标任务和责任分工等作出明确规定；强化预算绩效管理的结果运用，将预算绩效纳入政府目标考核和领导干部的任期考核，或者作为考核的重要参考依据；从法律高度来规范推进预算绩效管理改革，使预算绩效管理工作有法可依、有章可循，为全过程预算绩效管理顺利开展提供坚实的法律基础和有力的法律保障。

其次，应对部门的预算绩效管理工作进行规范。按照权责对等的原则，各个使用财政资金的预算部门在绩效管理方面应承担主体责任。预算部门应切实转变认识，不断强化绩效理念，明确主管领导，确立牵头机构，建立相应的组织协调机构，将财务和业务结合起来，并把业务方面作为绩效管理的核心，做好绩效目标管理、绩效运行监控管理、绩效评价管理、评价结果应用及信息公开等工作。针对有些部门认识不到位的情况，最好的做法是各级政府对所属部门都明确提出硬性要求，建立预算绩效内控机制，以强化主体责任，有效管理预算资金，加大审计、监察部门的监督检查力度，加大财政部门的培训指导力度。

2. 问责约束机制和信息公开条件

政府问责机制是调节政府行为的关键环节，也是国家治理体系的重要组成部分。绩效预算在调节政府行为方面具有节约成本、简化操作、增进反馈等优点。将绩效预算作为政府问责机制，这样与我国的政府治理模式更加匹配，也更为有效。绩效预算的应用，有助于规范政府行为，促进政府治理制度化、规范化、程序化，也有助于推进国家治理体系和治理能力现代化。要实现绩效预算，政府部门应对编制预算时定下的绩效目标有所承诺。如果没有问责约束，任何承诺都可能变成一纸空文。因此应明确绩效问责的方式方法和绩效公开的具体要求，从考验政府执行能力的角度加强考核问责。预算绩效管理改革的核心理念是花钱必问效，无效必问责，如果不对部门花钱的绩效情况进行实质性的问责，这个导向作用就难以发挥，各个部门也不会真正重视起来。考核和问责是推进改革的重要手段，还涉及部门相关业务的开展，以政府为主体出台相关问责办法是目前推进预算绩效管理工作比较好的地方成功经验，不仅上级部门要加大对下级部门的绩效管理考核，本级政府也要加大对所属部门的考核问责，使得绩效管理工作真正落到实处。

（四）构建合理的绩效评价指标体系

绩效预算要有一套科学、有公信力且符合实际的绩效评价指标体系，才能对财政支出的绩效作出客观、公正的评价，并反馈到预算编制中。绩效评价的难点主要表现为信息采集难，评估过程兼顾难，一些项目投入滞后且成效评估难，量化难，公众监督难等。因此，应从以下几个方面构建和完善我国部门预算项目支出绩效评价体系：

1. 明确绩效评估实施主体

推进部门预算项目支出绩效评估要确定实施评估的主要机构和负责人，并明确评估主体的权限，将任务、目标与战略明确细化。建议加强部门之间的协同合作，形成部门之间相互监督绩效评估执行情况的全过程监督体系，部门之间相互配合和制约。相关评估机构需要自上而下统领性地实施项目支出绩效评估。

2. 合理区分不同的项目类型

项目类型区分越细致，评估标准、配套方法及结果运用就能够更加准确。针对不同部门和行业划分标准，国际上和一些国际组织已经达成了一致意见，这些好的做法可以兼顾经济效益和社会效益，为我国对不同项目内容进行分类管理提供绩效评估的借鉴经验。

3. 通过科学分析建立绩效评价标准体系

绩效评价标准体系的建设需要按照指标的逻辑分类和财政部门相关指引的要求确定一级指标，按照工作性质分类确定二级指标，按照具体的绩效考核要点确定三级指标，按照工作性质和具体要求确定四级指标。同时对指标进行跟踪，将数据来源、采集、积分、评估和责任等考虑到整个体系中。根据计分方式要依据考核要点的侧重点进行不同的选择，比如专项综合积分法、基础加减法。

4. 运用大数据技术降低信息搜寻成本

应利用大数据技术实现数据收集智能化，理顺数据采集渠道，并利用信息技术和移动互联终端自动、实时采集数据。有效的数据收集和管理分析能够更好地支撑绩效预算管理的实施，并且降低信息搜寻成本，让信息为绩效目标实现提供保障。

5. 注重绩效评价结果的运用

首先，注重绩效评价结果的实时公开。

其次，建立对负责人的绩效问责机制。只有真正做到对负责人的绩效问责，才能保证我国财政支出绩效评价结果被合理有效运用。

最后，评价结果应与奖励机制挂钩，形成专项约束机制。通过科学设置指标体系，针对项目的一般性预算支出，建立长期的项目追踪评价机制，加强对项目投入的长期社会效益和经济效益考察，实现绩效评价结果与奖惩机制关联，确保绩效评价行之有效，督促相关机构改革，实现资金使用科学化，做到凡投入必问效。通过将财政投入与绩效挂钩，可以用项目利益相关方的预期和满意度回应财政项目投入的合理性与科学性。

6. 建立以第三方评价为主的机制

应该以第三方评价为主，行业自评与专家评价为辅，实现评价主体多元化。建立项目绩效第三方评价为主的机制，实现管、办、评分离，推动项目绩效评价的公正性、公平性和科学性；行业自评与专家评价因无法有效摆脱利益关联，具有天然的局限性，进而导致评价的社会公信力不足。而第三方评价具有开放性特征，且与社会联系紧密，方便接受社会监督。但在评价模式逐步改革的过程中，要注意第三方机构是否具有相关评价资质，确保其评价指标体系的科学性和评价过程的规范性。

（五）数据和信息条件

对政府行为绩效的衡量，一直是预算绩效评价的难点，原因一方面是目前部分社会效益难以量化，另一方面是政府行为的影响需要较长时间才能显现。只有广泛而可靠的数据来源，以及大数据的挖掘和分析方法，才有可能解决如何准确客观衡量政府绩效的问题，进而运用绩效信息提高决策科学性。在决策过程中，如果将以前年度的绩效评价结果作为依据，绩效信息的流向实现循证决策，可以提高决策的科学性，从而迈出走向绩效预算的关键一步。要实现绩效预算管理，需要数据和信息化支撑，在当前互联网＋大力发展和推进的过程中，基于信息网络技术支撑的政府管理体系，是有效实施绩效预算的关键。

第五章 新时期财政预算绩效管理的现状

第一节 缺乏先进的财政预算绩效管理理念

经过十年来财政预算绩效管理工作的开展，相关预算单位对预算绩效的理念有了一定的了解，一些预算单位也制定了有关预算绩效管理的规章制度。但长期以来形成的“重安排，轻监督；重争取，轻管理；重使用，轻绩效”的思想短期内难以改变，以结果为导向的绩效管理理念尚未完全深入人心，财政预算绩效管理理念还未深入到每个行政事业单位人员的工作中。绩效目标申报一般由单位财务部门的人员牵头，由于这类人员通常不熟悉具体业务工作，但却需要负责具体业务工作的科室申报绩效目标，而这部分人缺乏绩效管理和财政资金支出的概念。

一、法律制度体系不完善

健全的预算绩效管理法律制度体系是全面实施预算绩效管理法治化的前提和基础，其主要包括横向和纵向两个层面，横向层面指的是法律法规内容应当涵盖各个方面，纵向层面指的是具有由高到低效力位阶的法律法规。在我国全面实施预算绩效管理的目标下，横向的法律制度体系应当包括“全过程”“全覆盖”的具体法律法规，纵向的预算绩效管理法律制度体系则应当从上位法到下位法来形成完备的规范体系。然而，不管从横向层面还是纵向层面来看，我国当前的预算绩效管理法律体系尚不完善。

（一）横向法律制度体系不完善

1．缺乏对事前和事中的绩效管理的重视

要建立“全过程”的预算绩效管理体系，不仅要将绩效理念融入预算编制、执行、决算以及监督的全过程，还要形成事前、事中、事后的绩效管理闭环系统。具体而言，预算绩效管理的“全过程”应当是“事前绩效评估——预算编制中的绩效目标管理——预算执行的绩效监控——决算后绩效评价——绩效结果应用”。而《预算法》作为当前开展预算绩效管理的法律基础，只有将绩效理念融入预算管理的全过程才能实现对预算绩效管理的有效指引。新《预算法》虽然开始在预算管理过程中融入预算绩效理念，但是仍缺少了对事前绩效评估和事中绩效目标运行监控的具体规定。财政部出台的部门规章同样也存在这个问题，导致在预算绩效管理实践中忽视对事前和事中的绩效防控，这样不利于从源头防控财政资源配置的低效，也不利于及时调整预算执行过程中出现的绩效结果偏差，更不利于纠正问题，同时它对预算绩效管理制度的运行效果也存在影响。

2．缺乏对除“一般公共预算”外其他三本预算的重视

《预算法》中对“一般公共预算”的规定比较详细，对其他三本预算的规定较为粗略。在《意

见》提出要建立"全覆盖"的预算绩效管理体系前，政府性基金预算、社会保险基金预算和国有资本经营预算这三本预算并未被纳入绩效管理范围中，所以现有的预算绩效管理法律制度基本适用于一般公共预算。由于其他三本预算与一般公共预算存在差异，例如在侧重点上，一般公共预算强调财政的公平性，政府性基金预算与国有资本经营预算更侧重强调财政的效率，社会保险基金预算则侧重强调财政的稳定性。仅从预算的侧重点来看，四本预算的绩效评价指标设定都有所不同，所以仅以现有法律制度规范其他三本预算可能会导致预算绩效管理效果不佳。

3．绩效评价的相关法律制度不完善

绩效评价结果是贯穿预算绩效管理工作全过程的关键部分。绩效评价的成效决定预算绩效管理的成败，绩效评价法律体系的建设应当得到足够的重视。但从内容上来说，我国预算绩效评价的相关法律制度有待完善。

（1）外部主体绩效评价缺乏制度保障

新《预算法》仅要求各级政府和预算部门或单位进行绩效评价，《财政支出绩效评价管理暂行办法》（以下简称《暂行办法》）也只把各级财政部门和预算部门列为绩效评价主体。但是仅实施自评难以保证评价结果的客观性和准确性，因此实践中开始重视外部的绩效评价，尤其是第三方的独立评价。不过目前第三方的独立评价只能依据当地政府制定的规范性文件，评价的制度依据与评价目的存在逻辑上的冲突，第三方评价工作容易受到牵制，从而导致其独立性受到影响。缺乏制度保障阻碍了外部绩效评价主体参与绩效评价工作，不利于实现对预算部门的监督，改革中必然要丰富外部评价主体并为其提供相应的制度保障。

（2）绩效评价指标设定程序不规范

关于预算绩效评价指标与标准的设定内容，更多地要依靠经济学和财政学的技术性分析手段，法学难以对指标内容的设定提供具体的帮助。但是有关部门可以从法学角度分析设定绩效评价指标的程序，判断指标是否满足科学性和民主性。根据《暂行办法》的规定，财政部门负责统一制定共性评价指标，财政部门会同预算部门制定个性评价指标。预算部门原本在个性指标制定的专业性上就优于财政部门，所以财政部门在个性指标制定的过程中难以起到实质把关的作用，而且财政部门可能会基于对本级政府政绩的考虑进而对指标有所选择，最后就会导致预算部门设定的个性指标仅对其自身有利，不能反映真实的预算绩效情况。这样制定出来的评价指标不能满足科学性和民主性的要求，也就难以发挥绩效评价的作用。

（3）绩效评价结果的应用缺乏约束力指引

在绩效评价结果的应用方面，新《预算法》规定了预算编制要参考与其相关的支出绩效评价结果，《暂行办法》也确认了绩效评价结果要作为年度预算改进预算管理和安排以后的重要依据，但是并没有明确规定绩效评价结果如何与预算安排进行有机结合。在缺乏约束力指引和绩效理念的情况下，预算部门仍然更习惯于按照上一年的预算执行情况来确定当年的预算数额，没有参考支出绩效评价结果进行相应调整。

（二）纵向法律制度体系不完善

1.《预算法》的可操作性低，缺乏实施细则

尽管新《预算法》对于预算绩效管理进行了规定，但是这些规定更倾向于规范指导性和原

则性，可操作性比较低，难以为具体操作提供明确的指引。所以，要落实《预算法》的相关规定，需要《预算法实施条例》在《预算法》的基础上对其原则、规范和要求等条款进一步具体细化，使新《预算法》的条款更具备可操作性。但是我国现行有效的《预算法实施条例》是在1995年颁布的，内容已经跟不上新《预算法》的变化。

其实，国务院于新《预算法》开始实施的年份曾经发布《预算法实施条例（修订草案征求意见稿）》，但因为条例的内容过于部门化而饱受争议，之后政府迟迟未出台正式的修正案。《预算法》已经实施四年有余，却因为缺乏实施细则而难以落实，这不利于《预算法》的目标实现，也不利于全面实施预算绩效管理法治化。

2. 中央层面缺少预算绩效管理综合性规范

综合性规范是系统性推进预算绩效管理的重要依据。目前，个别地方政府出台了地方性的综合规范，例如广州市制定了《广州市预算绩效管理办法》，黑龙江省制定了《黑龙江省省级财政支出预算绩效管理办法（试行）》，但是在中央层面缺少了针对预算绩效管理的综合性规范。财政部作为负责预算绩效管理工作总体规划和顶层制度设计的中央部门，在过去的探索中一直处于"补丁式"制定部门规章的状态中，这使得改革过程中没有一个主心骨，无法系统化推动预算绩效管理。

二、预算绩效管理效果不理想

法律体系的建立虽然是法治化的前提和基础，但是最终仍然需要充分落实法律制度才能得到理想的结果。然而我国在落实现有预算绩效管理法律制度中取得的效果并不理想，主要体现在两个方面：

（一）预算绩效管理推进不平衡

建成"全方位的"的预算绩效管理体系是《意见》的重要目标之一。但从预算绩效管理工作的推进进程来看，我国离实现"全方位"预算绩效管理还有一定距离。当前主要呈现出两种情况：一是地区间进展不平衡，东部地区改革力度较大，其次是部分中部地区，其他地区进展缓慢，经济发达的地区相较于经济不发达地区也更为积极；二是地方预算绩效管理呈现出"上热下冷"的局面，省级政府层面态度比较积极，工作推动较为有力，但是市县层面的改革动力就明显不足，工作相对薄弱，尤其是经济不够发达的市县依然存在着"重分配、轻绩效"的情况，认为预算绩效管理是财政部门的事情，出现财政部门热、预算单位冷的不均衡现象，导致预算绩效管理难以落地和取得实效。

（二）绩效评价结果运用不充分

从实施预算绩效管理的目的来看，绩效评价不仅是为了总结和反映前一个周期预算产出结果的情况，更是为了给后一个周期的预算决策提供基础和依据。但是我国的预算决策仍然以政治性考虑为主导地位，未将绩效评价结果运用到预算决策中，而是仅仅将结果作为参考。虽然这与多方面原因有关，但是绩效评价结果未能得到充分运用就会让绩效管理偏离其原有的定位。

三、监督主体难以发挥应有的作用

预算管理中，形成政府、人大和公民三方共同治理才能保证预算管理的实现效果，满足社会的公共需求。但是新《预算法》中过分强调政府的预算管理和调控功能，设定了太多授权性的条款，基本将预算的编制权都给了政府，导致政府的预算主体地位过高。相较之下，人大的预算主体地位基础就很薄弱。《预算法》缺乏对预算审批权的细化，实践中也没有针对人大预算审批权制定有力的程序规则，人大在预算审批中也没有对具体项目否决的权力，所以长期以来，政府预算和决算的草案总是一字不变地被人大代表举手表决通过，人大难以起到对政府预算管理权的监督作用。而公民的预算主体地位更是被严重忽视了，公民在现有制度体系下，仅有向基层人大反馈意见、对违法预算行为的检举和控告的权利以及对有限公开的预算信息的知情权，公民基本没有预算管理的实质参与权。不平衡的权力配置格局不利于预算绩效管理的开展，如果不提高人大与公民的预算主体地位，政府的预算绩效管理活动将无法得到有效的监督和规制，更难以满足社会的真正需求。另外，审计部门是政府内部关键的监督机关，但是因为审计部门的人力、财力、物力都受到本级政府的限制，绩效评价又与政府部门的利益挂钩，在这种情况下审计部门实施的审计监督难以保证独立性，进而减弱了审计对政府预算绩效管理的监督作用。

四、配套机制不健全

（一）各地对预算绩效管理的重视程度不一

由于预算绩效管理是一项新生事物，各地在思想观念和认识水平上存在不同的差距，且重视程度不一，导致工作推进不平衡的局面依然存在。

从横向看，不同地区间进展不平衡。部分预算绩效管理工作开展较早的省份对所有部门、所有财政资金都开展了预算绩效管理试点，实现了试点范围全覆盖，预算绩效管理向纵深推进。但还有部分地区预算绩效管理起点不高，各项工作进展缓慢，有些省份只对一些部门和部分资金开展试点，还有少部分省份的试点范围、资金规模都很小。

从纵向看，中央、地方间进展不平衡。在中央层面上，中央部门的预算绩效管理工作经过逐年推进，其力度和范围均不断扩大，预算绩效管理试点工作比较全面。在地方层面上，省级部门的工作整体开展较快、较好，绝大多数省都开展了试点工作，覆盖部门广，试点项目较多，但在市、县层面则相对落后，各部门对预算绩效管理的认识还不到位，工作尚未取得实质性进展，仅有近 2/1 的市级和近 3/1 的县级财政部门开展了预算绩效管理试点工作。

（二）全过程预算绩效管理体系不完善

经过近几年的探索和实践，我国初步构建了以“五有”为目标的预算绩效管理体系，实现了从绩效目标管理到评价结果各应用环节的贯通。但从整体上看，覆盖所有财政性资金，贯穿预算编制、执行、监督全过程的预算绩效管理体系仍不完善，各环节衔接不够紧密，有关内容及做法离全过程的预算绩效管理还有一定的差距，主要表现在：

1. 绩效目标环节方面

一是绩效目标管理不够规范，工作要求不尽统一，在目标申报、审核方面还没有建立完善的工作机制；

二是绩效目标设定不清，绩效目标和部门职能、政府工作任务结合得不够紧密，无法全面反映部门履行职能的情况，不能充分体现事业发展的要求，使绩效目标出现偏差；

三是绩效目标制定较粗，难以量化和细化，很难科学衡量产出的社会效益和长远效益，在客观反映实施效果方面存在一定的技术困难，影响到绩效目标的准确性；

四是绩效目标约束力不强，在实际工作中仅停留在统计多少项目和资金申报了绩效目标上，缺少科学的审核把关，也没有真正落实到绩效监控和绩效评价中去；

五是在实际工作中绩效目标资金比重低；

六是绩效目标覆盖不全面。目前主要是对部分项目支出进行绩效目标编报，还未扩展到部门整体支出、上级对下级的转移支付等方面。

2. 绩效监控环节方面

一是绩效运行监控不到位，大多数还停留在工作政策要求层面，对执行中的监控未有实质性措施；

二是监控的内容不明确，仍局限于执行进度和日常监督中；

三是监控的方法不完备，疏于进行基本信息的收集和分析，缺少对绩效目标的对照监控手段，对绩效实现的趋势关注不够。

3. 绩效评价环节方面

一是事后的绩效评价还占有较大比重。对事前、事中评价缺乏，评价主要停留在项目验收考核的形式上，绩效评价与预算管理“两张皮”现象严重，大多是为了评价而评价，为了结果应用而评价；

二是绩效评价试点项目不规范，在项目选择上还存在较大的随意性，选择的试点项目金额较少，与部门核心职能关联度较小，重点不突出；

三是绩效评价的内容有待拓宽，目前内容多以项目评价为主，对部门整体支出评价的试点刚提出，对财政政策、财政支出结构等重点领域评价尚未触及；

四是绩效评价体系有待健全，评价方法单一，缺乏有效的技术手段和控制措施，科学合理的评价指标需要充实完善，统一的评价标准没有建立，评价可比性不强，多元化的评价主体格局尚未形成，第三方评价等外部力量的介入程度不高；

五是绩效评价的质量有待提高，缺少有效的绩效信息收集系统，再评价手段没有充分应用，评价结果在反映资金绩效方面不够科学，绩效评价的权威性、公正性、准确性需要增强。

4. 绩效评价结果应用环节方面

绩效评价结果应用难以对资金使用部门和单位形成实质性约束，应用方式普遍单一，具体结合机制和方法尚未建立，评价结果应用缺乏硬性要求，不能形成与下年预算安排紧密结合的制度安排，绩效问责和向社会公开等工作远未到位，评价结果得不到有效应用。评价结果应用是和绩效评价环节紧密相连的，出现评价结果不能有效应用的主要原因是绩效评价质量不高，导致部门对评价结果“不能用”“不敢用”。此外，由于绩效评价一般属于事后性的，致使绩效情况与预算管理对接不紧，评价结果的应用有一定的局限性；一些项目从投入到产出，再到效益发挥，时间跨度过长，评价结果也无法做到及时应用。

（三）预算绩效管理的制度不健全

制度建设是预算绩效管理的根基，从当前预算绩效管理的制度建设情况看，还存在定位偏低、体系不健全、重点不突出等问题，影响了预算绩效管理的长远发展。

1. 整体制度缺少规划性、系统性

在整体制度规划上，目前开展预算绩效管理工作的主要依据是财政部出台的制度和各地财政部门发布的规范性文件等。由于预算绩效管理工作一开始是在摸着石头过河，缺少较系统全面的顶层统筹，加之各地工作进展程度不同，致使出台的许多制度属于“打补丁”，前后系统性不强，连续性较差，再加上其中更多的是指导性意见，停留在大方向大政策上，致使规范性的制度多，操作性的办法少，相关管理办法不完善，配套措施不具体，尚未形成统一、完整的制度体系。

2. 具体办法需要加强操作性、指导性

在具体办法上，配合全过程预算绩效管理各环节的具体工作机制、规程、操作指南、实施细则等，仅做出了原则性、一般性规定，不能适应具体工作开展的需要，对地方和部门缺乏系统有效的指导。需要随着预算绩效管理的深入推进而形成一系列的规章办法，并逐渐加以完善，以适应实际工作需要，突出操作重点，推进预算绩效管理工作持续稳定开展。

（四）预算绩效管理基础工作相对滞后

预算绩效管理是一项复杂的系统工程，需要从多方面完善配套基础，形成有力保障。总体来看，预算绩效管理的基础工作仍不完善，对预算绩效管理的保障支撑不够，主要表现为五个“不到位”：

1. 机构人员队伍建设不到位

预算绩效管理工作量大面宽、专业性强，需要一支高素质的专业队伍。目前，部分省（区、市）级财政部门虽已设立专门机构，但在职责上有待调整和完善；有的虽在相关处室赋予预算绩效管理职能，但人员普遍不足；市、县级财政部门从事预算绩效管理的人员则相对更少，工作人员素质也有待进一步提升，缺乏懂管理、懂业务、懂操作的复合型人员，人员专业素质跟不上发展需要，直接影响绩效管理工作的开展。而且，不仅在财政部门，预算部门和参与评价的第三方等人员力量薄弱，在基层部门显得更为突出。

2. 宣传培训力度不足

近年来，财政部和各省在宣传培训上做了许多工作，但在培训和宣传工作的多样化、持续性等方面仍不到位；在舆论引导、营造氛围、树立观念、强化意识等方面，需要进一步加大工作力度；在推动全社会形成绩效管理共识上，还需要广泛宣传，以牢固树立绩效理念，形成有利于预算绩效管理的良好社会环境和公众意识。

3. 信息系统研发不到位

信息系统是预算绩效管理的工作基础和技术保障。目前，全国只有海南、广东等极少数的省份研发了单独的预算绩效管理信息系统，另有部分省份在预算编制系统中增加了绩效管理模块或添加了绩效审核功能。在信息系统建设上，尚未有成型的模式，因此对预算绩效管理提供的信息技术支撑不足。同时，绩效评价标准库、指标库、资料库建设滞后，共建共享的数据库尚未形成，要处理成千上万的项目和更为庞大的绩效目标、评价指标、评价标准等基础信息，没有完善的信息系统，将严重制约评价质量的提升和预算绩效管理的深入发展。

4. 绩效评价指标体系建设不到位

在绩效评价指标体系的建设上，我国仍处于各地区各部门自行探索、自我完善的局面。由于角度不同、模式不一，尚没有成熟的、统一的绩效评价指标体系。在绩效评价指标设置上，普遍呈平面化和单一性的特征，定性指标偏多，定量指标偏少，缺乏一套建立在科学数据分析基础上的系统评价指标，难以反映绩效评价结果的科学性和有效性，不利于对不同项目、不同部门间的绩效进行比较衡量。

5. 第三方力量培育不到位

社会中介、专家学者等第三方力量参与预算绩效评价，是西方国家在绩效预算中的有益做法。目前，我国预算绩效管理第三方力量的发展还处在萌芽期，能独立承担相关工作的专业中介机构少，绩效评价专家库、人才库建设滞后，对绩效评价工作的支持不够，影响了预算绩效管理工作的客观性和公信度。

（五）现行预算管理方式存在制约

预算绩效管理强调绩效理念和结果导向，是对预算资源配置效率的管理，是预算管理的有机组成部分。但在现行预算管理方式下，尚存在不适应预算绩效管理的地方。

1. 绩效管理与预算管理相对脱节

近年来预算管理改革建立了包括部门预算、国库集中收付、政府采购等在内的制度框架，但这些基本上属于对预算支出生产过程的管理改革，而没有从产出结果方面实现对预算资源的配置改革。在现行预算管理框架下，虽然提出了绩效管理体系的内容，但更多是将其等同于预算支出的一般过程管理，作为预算管理的额外工作甚至额外负担来对待，没有更好地发挥预算绩效管理对预算资源的优化以及预算安排的促进作用。预算绩效管理与预算编制、执行、监督的融合度还不够，与政府采购、后续资产管理方面的衔接有待进一步加强，局部还存在评审与资金安排、评价与财政管理不对称的现象，预算绩效管理离“有效管用”还存在差距。特别是其中的绩效评价还仅停留在发现问题、提出完善建议、改进内部管理上，并没有真正实现与预算安排挂钩。

2. 预算制度安排不够完善

在目前的财政资金安排机制下，财政部门承担了相当一部分的部门预算编制权，年初代编预算占有相当比重。同时，除了正常的经各级人代会审定的年初预算之外，还存在着大量的预算追加，使得预算部门在事先难以科学编制绩效目标，事中无法据此开展绩效监控，事后也影响绩效评价的有效开展。一些预算支出属于政治分配因素，具有刚性、强制性，绩效评价与否和评价结果好坏优劣，均不能影响到其预算安排，预算绩效管理作用无法发挥。加之支出项目库的约束力有限，一些项目论证不充分，项目建成后迟迟未考核验收，也阻碍和制约了预算绩效管理的开展。此外，资产与预算结合的制度没有建立，部门使用公共资源来源不同、资产占有不均衡，投向和管理要求各异，使得预算投入和提供的公共产品成本缺少可比性，在使用价值上无法比较，预算绩效无法衡量。

3. 有关管理基础不相适应

一方面，科学的预算支出标准体系没有建立，如项目支出标准缺失，导致绩效评价没有依据，项目之间无法横向比较，预算绩效管理无从下手；另一方面，预算绩效管理的基础信息不充分，缺少完整的绩效信息数据。

4. 预算执行授权还不充分

我国现行的预算执行主要强调控制功能，按照预算明细和支出科目进行明细控制，对结余结转控制过死，更注重合规性的外部约束和控制，是典型的遵从性预算文化，从而使得预算灵活性不够，对于预算管理的风险也不能很好地应对，导致部门预算自主性不高，直接影响预算执行的效果和预算管理绩效。

（六）相关配套改革措施不到位

依托相关的配套改革，以实现预算绩效管理的整体突围和长远发展。但是，目前一些配套改革尚没有启动，预算绩效管理的进一步改革受到发展性的制约。

1. 权责发生制改革没有全面实施

现行政府会计的核算基础是收付实现制，目前仅对中央预算的部分事项采用了权责发生制核算。从适应预算绩效管理的角度看，收付实现制与权责发生制相比存在明显不足，不能完全归集和计量政府使用的财政资源，无法准确核算和全面反映政府在一个时期内提供公共产品和服务所花费的成本，从而不能有效分析政府资金的运用情况及其效果，使预算绩效管理缺少成本评价的基础和准确的会计信息。

2. 政府财务报告制度和绩效报告制度没有启动

目前，我国尚没有推行全面的政府财务报告制度，无法反映政府资产负债的全貌，对政府的资源缺少系统的报告，难以全面、准确衡量预算绩效情况。同时，与部门相应的绩效报告制度也没有得到较好实施，基本上没有向各级人大进行报告，预算绩效管理的外在监督难以到位。

3. 中期预算框架没有建立

中期预算强调规划与预算的联系，其作用在于提供一个更好地使政策制定与预算编制执行相联系的有效机制，有利于将财政资源放在更长的时间跨度内来衡量，实现支出与产出的匹配，科学地测量和评价绩效，也为长期绩效目标的制定提供一个稳定的预算框架，为政府战略规划与预算绩效管理有机结合奠定较好的管理基础。目前，我国政府发展规划制定与预算编制相脱节，主要是规划发布和预算管理的时间周期、架构运作不同，实施单位和内容不同。规划通常由项目或行业分类构成，预算则以组织单位和支出项目构成。规划关注发展的机会，预算关注政策实施的成本，在确定政府规划目标时常忽略了政府可用财力及其资金匹配能力，人为加剧了预算资源有限性与公共产品需求无限性的矛盾。这些差异与偏离都需要通过中期预算这一工具来实现二者的整合，奠定预算绩效管理的战略基础。纵观实施绩效预算的国家，大都建立了中期预算框架。

4. 与预算紧密结合的激励机制改革任重道远

预算绩效管理是一种管理责任控制方式，国外的绩效预算在放弃投入的严格控制后逐渐转向产出和结果控制，均要求以契约的方式明确机构的目标、产出以及结果，明晰责任关系。因此，为促进管理责任的实现，提高资金效率，必须提高各层面参与的广度和深度，建立有效的激励性约束机制，充分调动部门开展预算绩效管理工作的积极性，在预算安排中给予各级财政和预算主管部门一定的、与预算绩效挂钩的自主权，以有效推进工作。

5. 缺少强有力的绩效问责环境

实施绩效管理的关键是绩效问责，将“花钱办事”的绩效评价结果与各部门和单位的管理责任、年度预算完成情况紧密结合起来，还要与管理者的政绩考核联系起来。但由于我国政绩考核长期以来片面单一，许多地方不顾财力，贪大求全，“面子工程”“政绩工程”现象严重，政府部门只管“干事”“花钱”，不关心“干好事”，更不关心“花好钱”，造成浪费严重，支出效率低下，如果没有严格的考评和问责机制，预算绩效管理就很难取得实效。

6. 财政预算公开改革步伐还需加快

提高财政透明度是实行绩效预算管理的客观需要，也是加强评价结果应用、推进评价结果公开的重要载体。西方国家普遍公开了绩效信息，如在 OECD 的 24 个国家中，只要有一个国家向公众提供了关于绩效结果的信息，各部委专门的或者政府部门广泛的绩效报告中都会提交这些信息。近年来，我国虽然在财政预算公开方面迈出了重要一步，但总体上财政透明度还比较低，使预算绩效管理仅限于完善管理和内部通报的形式，没有对评价结果产生深远影响。特别是我国一些部门和单位往往只注重财政资金的取得而忽视其使用效果，在财政资金分配上又常常受主观因素的影响和制约，造成支出结构和规模不科学、不合理，导致出现重复建设、浪费低效等现象，这些问题的存在都与预算缺乏公开性有一定程度的关系。

第二节　缺乏完善的财政预算绩效管理基础工作

一、缺乏专业的预算绩效管理人才

新时期财政预算绩效管理中，一方面，由于预算单位的预算绩效管理人员所具备的专业素质水平比较低，大部分预算单位的预算绩效管理工作主要都是由财务人员来进行的，这些人专业技能水平不够，不能确保预算绩效管理工作科学规范地进行，这也就导致预算绩效的管理不够科学，最终的绩效也就不是特别显著；另一方面，部分县级政府的财政部门缺乏专业的人才，不具备专业的预算绩效管理技能，与此同时也没有较为成功的经验值得借鉴，再加上自身的预算绩效管理工作起步较晚，所以，财政预算绩效管理工作只能是一边进行，一边学习和积累，从而导致预算绩效管理工作多数只是停留在表面，很难深入进行下去。

（一）培训效果不佳

1. 财政人员素质良莠不齐

近年来，随着财政信息化进程的加快，以及财政体制改革的不断深化，对财政人员的专业知识、通用知识、法律知识等都相应提出了更新更高的要求。

财政人员的素质不高主要表现在以下几个方面：首先是缺乏职业道德修养。良好的职业道德修养是一名财政人员合格与否的先决条件。因为财政工作每天都是与以“万元”为单位计算的巨额资金接触，所以财政人员要想干好本职工作，就必须遵守财政人员职业道德。在财政人员队伍中，有的年轻财政人员，自身素质十分优秀，却在“一念之间”，禁不住各种外在因素的诱惑，断送了自己的大好前程；还有的老财政工作者，兢兢业业干了几十年，也是在“一念之间”晚节不保，犯了难以挽回的错误甚至是罪行。

其次是业务技能和理论素养不扎实。部分财政人员对政治理论不够重视，财政专业知识不够丰富，财政知识不及时更新，特别是财政相关的法律法规陈旧或者不熟悉，平时学习又抓得不紧，没有进行定期的系统学习和培训，导致平时的工作效率低。

最后是财政人员的服务意识淡薄、公仆意识缺乏。随着公共服务型政府的推行，一些财政人员的服务意识却没有增强。特别是一些基层财政人员，由于缺乏有效监管和服务意识，在工作中怕吃苦、怕受累，对能办好的事情久拖不办，对该管的事情相互推诿、扯皮。还有一些财政人员工作作风浮躁，事业心、责任心不强，工作不扎实、不主动。更有甚者，在履行公共服务职能时，不是从公共利益、人民群众的切身需要出发，积极配合，搞好协调服务，而是只注重部门利益、个人利益，不顾公共利益、人民群众的利益受损。

以上三点都是目前财政人员队伍管理过程中比较突出的人员素质问题，也是当前财政人员服务意识和公仆意识淡薄、职业道德修养下滑、业务技能和理论素养不扎实的集中体现。

2. 培训内容脱节

近年来，随着国家财政预算体制改革步伐的加快，财政工作更多地侧重于民生问题，并逐步走上依法理财的轨道，原有的财政预算编制办法、国库收付制度、专项资金的管理措施等不断完善和修订，如国库集中支付制度改革，政府收支分类改革，部门预算改革，非税收入管理制度改革，行政事业单位、国有资产管理等，这些改革措施和管理办法的出台与实施，对各级财政部门业务人员的素质都提出了更高的要求。

同时财政干部对培训学习有强烈的需求，使得学习培训的内容也凸显出广泛性。

为了保证各项改革制度的顺利实施，各级财政部门往往由相关业务科室以短期业务培训的形式传达有关改革精神和具体操作办法，或者是部门老同志以“传帮带”的形式传授新人业务技能，这种形式很难从根本上满足财政主要业务岗位对从业人员的基本素质要求。

目前，财政系统的培训工作主要以短期培训为主，存在以下三点问题：

第一，短期培训的内容不具体，培训计划不连贯。一项新的政策或者措施公布实施后，财政系统都会组织财政人员参加内容明确的短期培训班。然而，因为部分基层财政人员并非财经专业毕业，财政理论基础较差，所以很难在很短时间内准确地领会一些新的改革措施的基本精神，更谈不上听懂这些针对性强的培训内容了。

第二，短期培训的组织形式缺乏灵活性和规范性。当前，财政管理部门负责组织财政人员的业务知识培训，财政人员也可以通过网上会计继续教育内容来了解新的财政制度和法律等。财政管理部门有时会委托大专院校或者社会上的财会培训机构对财政人员进行短期培训，财政系统内部也会聘用领导或者业务骨干为培训讲师。继续教育或者大专院校培训通常都会聘请财会行业专家来授课，但是很难得知被聘请的专家是否具备教师资格，有无教学经验，他们往往习惯于照本宣科，难以调动学员的学习热情，更谈不上保证学习效果了。这些短期培训往往把最新文件作为学习资料，鲜有专门的教材或讲义，很难满足财政人员培训后再复习理解或者后期查阅等。培训时间一般选择在相关业务的淡季，也不安排考试，只考勤不发证书，难以引起财政人员对培训重要性的认识。

第三，短期培训过程重形式、轻实效。财政部门相关业务科室组织的业务知识培训有一部分在当年部门的工作计划中安排，也有一部分是随着新制度、新办法的出台而由上级部门安排的硬性培训任务。

（二）人员配置与流动机制亟需优化

1. 岗位分工不明确或身兼数职

近年来，基层财政对城乡建设和百姓服务的协调作用逐步增强，甚至承担着推进城乡综合改革的任务。同时，会计核算业务也大量增加，造成工作难度增大。仅一个乡镇财政所就会存在八九个账户（如：街道基本户、农村税费改革转移支付补助资金专户、征地动迁资金专户、国债专户、基本建设专户、党费专户、工会专户、电下乡专户）一个人记账的现象，人员缺乏，岗位分工不明确、财政干部兼职较多。

2. 晋升任用机会少，岗位流动性差

财政系统内部存在着诸多流动性问题，如财政人员很难在各岗位进行轮岗交流，岗位间的流动性较差。例如在一些地区财政系统内部，一个人在同一个职位一般要任职四五年，在同一个岗位待上十年以上的人也比比皆是。大量的财政人员常年沉淀在工作岗位第一线，晋升机会有限，势必造成晋升机会少等问题。从利益角度来说，一些财政资金的分配权在某些重要的科室和岗位，那么大部分人很难同意被调走。从工作分工的角度来说，在财政机关的基建中心、信息中心等部门任职的公务员大多是土木建筑、计算机信息技术等工科专业的毕业生，经济管理类的部门人员很难调入这些工科部门。如此就形成了管理部门人浮于事，而专业技能强的部门门可罗雀。因此，系统内部就很难调动财政人员的工作积极性。

（三）绩效考核和监督管理不健全

1. 绩效考核方法不灵活

我国政府管理工作还未全面实行绩效考核制度，整体上缺乏统一的制度机制，专业部门也没有针对性的模式，所以我国的绩效考核还在探索时期，因此现在实行绩效考核，会遭遇无法可依、无章可循的尴尬。

首先，财政工作人员思想不统一，对绩效评估容易形成抵触心理，从而对绩效评估造成阻碍。无论将绩效考核工作看成“走过场”，还是对其期望过高，都难免有失偏颇，不利于绩效考核工作的顺利进行。

其次，财政系统自身内部制度不完善，会增加绩效考核工作成本。财政局作为政府的一个职能部门，因各地区不同的社会经济发展情况，在制度完善方面也是参差不齐。除此之外，财政人员管理制度不健全、财政工作随意性大等问题在某些财政系统内部屡见不鲜。此种情形一方面加大了绩效信息收集的难度，增加了考核成本，另一方面需要相关的工作协调才能做好本职工作，加大了协调成本。

最后，由于中国现行财政体制是财政运作过程与政策制定过程相分离，一定程度上会造成资源配置的无效率，这是绩效考核自身无法解决的。如果在政策制定过程和财政运作过程步伐一致的情况下，资源配置的效益就可能达到最大化。如果政策制定过程完全不受财政运作过程的约束，那么决策者在政策制定时就可以完全不考虑政策成本。反之，如果财政运作过程不受政策制定过程的约束，“稀缺的财政资源或许就不能被配置到那些社会最需要的方向上去。”

2. 监督管理不到位

在监督管理问题的表现为：上级对下级的监督不到位，同时，目前难以实现同级间的相互监督。在实际执行中，有清晰的制度但没有统一的执行标准，导致执行弹性过大，有安排无监督，对自己松、对别人严的监督方式。这势必直接影响监督制度，影响到制度对每位公务员的监督效果。

3. 各级财政部门的考核自成体系、分散独立、封闭运行。

（1）系统性不强

目前，各级财政部门的年度考核工作均自行组织实施，财政局的考核工作只限定在局属人员内部，其他区直属单位的财政部门或者乡镇财政所的考核工作都是归在各所属单位一起进行的。财政局、财政部门、乡镇财政所之间的考核工作缺乏一个沟通和联系的渠道，财政局作为财政部门的指导单位也不能提供相当的考核参考意见，彼此独立且分散。然而，财政工作的系统性要求高，且财政业务指标的考核严格，很多区级财政目标任务如财政收入完成率、支出预算执行率等核心指标的完成与否，关键看乡镇街道财政部门完成情况的好坏。因此出现了业务管理的系统性强，业务考核的系统性弱的鲜明对比。

（2）专业性不强

财政部门的职能具有很强的专业性，需要财政干部职工具有较强的专业素养和能力，但是目前对财政干部的公务员年度考核，仅仅通过述职测评选票等方式进行，方法过于简单，没有结合财政部门的专业特性开展有针对性的考核。长此以往，将会在财政系统形成“专业无用、关系至上”的错误导向，并严重伤害财政人员的工作积极性。

（3）公开性不强

一方面是缺少必要的外部监督，外部服务对象的评价、预算单位的评价、项目单的评价、社会公众的评价都未能与财政干部职工的考核联系起来。另一方面是缺少必要的信息公开，年度考核结果的产生，往往先要在单位的领导层会议上研究决定，然后再履行公示等程序。考核的方法、程序等过程信息未能公开，造成财政干部职工对考核的公平、公正产生怀疑，对考核结果的认同度不高。

4. 考核结果缺乏有效应用

（1）考核结果的反馈没有实际作用

目前考核结果的反馈形式集中表现为两个方面，即考核结果公示和年度考核表本人签字确认。组织和领导对员工在工作中出现的问题作出的提点，以及整改提高的建议和要求都未在反馈机制中落实。

（2）考核结果的应用范围比较窄

考核结果主要用于为年度考核称职及以上人员办理工资正常晋升，为年度考核优秀人员发放年度考核奖金和证书，考核结果未能成为干部选拔任用、职务升降的重要依据。考核与员工的切身利益和发展不能挂钩，无法形成有效的激励。

（四）财政人员缺乏职业生涯规划

职业生涯规划理论是公共部门人力资源管理中比较热门的理论，和传统观的人事管理有一定不同。但是目前在一些地区的财政机关系统中，并没有形成完整的财政人员职业生涯管理理论可以用于公务员的发展。虽然我国在20世纪90年代就开始进行公务员制度试点和推广工作，并颁布了多部法规来进行完善，然而，这些大多数是以人事制度进行完善和改革，没有把公务员自身也当作一种人力资源进行开发。目前在一些新区财政人员队伍中推行的职位分析、职业定位、培训、交流、考核、晋职等，大部分只是借鉴了人力资源管理中的理论，并没有形成自己系统化的、完整的理论。因此，重视自身发展的公务员从企业职业生涯管理理论中获得了职业生涯管理的方法，而政府系统对职业生涯管理理论的研究和学习相对落后。

1. 财政人员缺乏职业生涯发展目标

财政人员的职业目标不够明确，且难以将个人职业目标与组织目标有效结合。在实际工作中，大部分财政人员都能将财会考级目标和职位目标具体化，譬如在财会领域目标上取得相关等级证书，在职位目标上打算在一定年数内达到某个职位级别，但是很少有人把绩效目标和职业目标细化科学地结合起来。这充分说明，公务员对其岗位及整个组织的绩效目标认识不够充分，也未能将公共财政发展与个人职业发展有效地结合起来。由此可以看出，在财政人员职业发展与公共财政发展的目标不一致的情况下，很难达到组织与个人双赢的局面。

2. 财政系统缺乏职业发展方面的咨询和指导

职业生涯管理有助于在财政系统内部推广职业生涯培训指导，更有助于消除组织和个人的对立冲突，进而形成双赢的局面。同时，有职业生涯规划的财政人员也缺乏具体细致的实施步骤，这就导致职业规划流于形式。进一步完善职业规划培训计划有助于职业生涯发展，如果财政人员只有职业目标而没有与之匹配的职业生涯计划，职业目标就如同空中楼阁一样缺乏基础，这样组织和个人都很难实现目标。

二、预算绩效管理系统的建设比较落后

目前，县级财政预算绩效管理系统的建设还比较落后，预算绩效管理系统的信息化建设还不够完善，没有形成完整的共享数据库，也没有构建相应的平台来促进预算绩效管理工作的交流和沟通，这些都是新时期县级政府财政预算绩效管理工作急需解决的问题。不断完善财政预算绩效管理的系统建设工作，才能够在一定程度上提高县级财政预算绩效管理的工作效率，确保预算绩效管理工作的规范性，进一步推动县级政府工作效率的提升。

（一）预算绩效信息利用的主要模式

1. 目标管理型

最近几年来，华南、华东、华北、西南的各政府部门在部门预算绩效管理方面，采取一个

共同举措，即将其政府资金的绩效评价端口向前移动。此处以四川省为例具体说明。

在预算绩效管理的实践中，四川省政府不断完善其财政资金的申报、审核等过程。针对特定项目，四川省政府对其项目内容进一步细化，确认财政资金能够真正落到实处。四川省政府还在部门内部完善其绩效评价体系，具体内容包括：等待批示的、项目资金大于或等于一百万人民币的项目，均需将其绩效目标尽可能细致罗列，填表申报。填表时，需明确该项目的性质与阶段绩效目标。项目性质分为民生保障类项目、基础设施类项目、行政运行类项目以及产业发展类项目四个大类。阶段绩效目标包括长远规划绩效目标、年度绩效目标以及具体的绩效目标等。四川省财政厅将根据上述某一项目绩效目标的填报情况，确定是否批示项目设立以及在项目开展后投入资金的多少。需特别注意的是，该表单的填报质量也会成为有关该项目预算绩效评价的一个考量方面。

2. 结果导向型

预算绩效评价的一个重要目标是为政府组织未来的预算安排提供参考信息。政府部门需借助预算绩效评价结果，合理分配其未来预算资源，从而制定出符合实情的预算方案。

3. 竞争激励型

作为私营单位中经常采用的管理机制，绩效管理通过将竞争机制、奖惩机制引入政府等公共组织，提高部门内员工的责任心，帮助实现部门内部资金的有效监管，从而确保政府部门内的资金安全。

4. 信息公开型

目前，上海闵行区区政府通过将其部门内部的绩效信息公开这一举措，创立了政府机构与普通百姓共同参与的新型政府理财模式。上海市闵行区区政府的预算绩效管理以其科学、透明、先进的方式，成功推进其绩效管理的改革进程。其改革内容包括：

第一，在制定预算方案时，闵行区人民代表大会针对其辖区范围内的项目进行定期讨论研究，结合人大代表、政府工作人员以及有关领域的专家意见，制成项目预算方案的初稿。随后，闵行区人大通过网络平台，将这份预算方案公开向民众发布，以期获得来自民间的宝贵建议。

第二，在有关项目的预算绩效评价方面，闵行区政府邀请相关人士进行讨论研究，得出一份绩效评价初稿。值得注意的是，这些人士主要为相关领域的专家学者、政府部门的有关工作人员以及人大代表等。随后，闵行区人大再次通过网络平台，将这份绩效评价初稿发布，邀请社会公众参与讨论，并定期将其意见汇总，交由专家学者、人大代表进行修正改进。如今，上海市闵行区区政府内所有项目资金超过或等于 500 万人民币的项目都已通过网络、报纸、电视等渠道向公众告知，其中有超过 2000 万人民币的项目已收集到诸多有效的预算绩效信息。

5. 系统管理型

作为一种新型的预算管理办法，预算绩效管理以其科学性、先进性、有效性区别于传统的管理办法，从而被各级政府部门广泛采纳。需特别注意的是，完善绩效管理系统有赖于系统内部精密的运行机制、丰富的信息储备以及先进的现代化水平。后者主要表现为通过现代信息科学技术，将预算管理系统与绩效管理系统有机结合，从而实现有关两种信息直观的跟踪比较数据。目前，浙江省财政厅、广东省财政厅以及上海市财政厅均已开始尝试采用这种先进的比照办法。现以上海市财政局为例，具体分析该方法的主要内容和积极意义。

上海市财政局有关预算绩效管理的系统建设内容包括连接预算管理系统和绩效评价系统的数据信息，并参照各信息库的数据信息，对预算管理进行实时的绩效评价。其主要信息库有三个：

（1）专家评审库

该信息库中的信息来自各行各业的有关预算项目研究的专家团。根据专家的参与情况、活跃程度、信息价值，定期对信息库进行更新、升级。

（2）中介机构信息库

该信息库的信息主要来源于相关行业的咨询人员、资产评估机构以及各级会计师事务所，需要依据各机构的参与情况、活跃程度、信息价值，定期对信息库进行更新、升级。此外，该信息库的设立给予各机构充分的自主性，机构可按规定选择进入信息库内提供信息或者自行退出等。

（3）评价指标信息库

该信息库的信息主要为有关绩效评价的理论信息，包括评价模型、评价算法以及具体的数据评价指标。政府人员可根据该信息库中的信息成分对其预算管理数据或绩效评价数据进行研究分析，提前测算绩效评价结果，从而增加有关项目在申报时的通过概率。

（二）预算绩效信息利用的效果

1. 绩效意识得到强化

以结果为导向的预算绩效管理机制既注重预算资金的投入，更强调其产出及结果。通过预算绩效评价，将预算绩效信息公示，接受公众的监督，可以提升预算单位的责任意识，也只有将预算绩效信息及时反馈给预算单位，并切切实实落实到项目的资源分配上，才能激起预算单位对预算绩效的关注，进而产生积极的影响，增强预算单位的绩效意识。随着对预算绩效信息的利用的加深，这种理念在实践中也逐步推开。如今“注重绩效，追求绩效”的现象正兴起，过去“跑步前进”的现象逐渐得到改善，“花钱必问效，无效必问责”的理念初步确立。

2. 全过程预算绩效管理机制初步形成

在全过程预算绩效管理中，预算绩效信息的反馈与利用始终贯穿着“事前编制预算—事中监控预算—事后评价预算”这条逻辑主线。在事前预算编制环节，预算绩效信息作为设置预算绩效目标以及分配预算资金的依据；在事中预算监控环节，可以根据预算绩效信息来控制预算进度的执行；在事后评价环节，预算管理会将预算绩效信息作为参考。评价结束后，由第三方机构对预算评价结果的运用进行再次评价，部门则接受监督，使得反馈结果切切实实落到实处，促进全过程预算绩效管理的良性循环。

3. 预算资金得到节约

预算绩效评价报告是预算绩效信息的载体之一，其包含绩效评价的结果、对存在问题的分析以及针对该问题的对策建议。预算绩效信息可用来处理预算绩效评价中发现的不足，并作为下一年度的借鉴经验，以增强预算管理能力，促进资源的整合、决策的科学性，优化预算结构，减少资金浪费，节约资源。就近几年全国各地的执行状况而言，自从实行了绩效预算，预算资金整体使用效益会伴随着各地区项目资金使用效益的提高而提高，这对严峻的收支矛盾起到了一定的缓解作用。

4. 政府公众形象得到改善

在政府信息平台、媒体等媒介逐步公开预算部门的预算绩效信息，各利益相关者可进行下载浏览，这种方式满足了各利益相关者对预算资金使用状况了解的愿望，使得社会公众等利益相关者的监督权得以发挥。在公众的监督下，各政府部门贪污受贿、损失浪费的状态得到改善，推动了党风廉政建设和政风法制建设，提高了政府的公信力与影响力，改善了政府的形象。

（三）预算绩效信息利用中存在的问题

1. 缺乏预算绩效信息利用的规范性规定

截至目前，我国并没有针对预算绩效评价专门立法，如何利用预算绩效信息更是缺乏专门的法律规范，相关的法律法规没有出台，预算绩效信息利用的规范性因此缺失。实践中，大部分地区摸着石头过河，预算绩效信息利用的随意性较大。

2. 预算绩效信息利用流于形式

目前来看，我国大部分地区或者部门利用预算绩效信息进行工作的意识仍然不强，重视度依然不够。预算绩效信息的利用形式化、走过场的现象严重。由于我国的政府预算绩效评价还处于不成熟阶段，评价质量不高，导致相关利益者对预算绩效信息不信任，很多预算单位即使进行了预算绩效评价，产生了大量的预算绩效信息，也很少利用这些信息，多半是一评了之，随后束之高阁。有些先进单位已开始了对预算绩效信息的利用，但由于项目绩效显现时间较长、部分财政支出具有刚性等，使得预算信息的利用仍然浅显，比如政府只是停留在用预算信息来反映情况、查找问题等层面，很少甚至没有将其与全过程预算结合，预算绩效评价的作用得不到发挥。并且目前我国的监督机制不健全，监督不完善，预算单位并不会自觉地根据预算绩效信息去改进绩效，最后只是因为要评价而评价，预算绩效评价因此失去其意义。

3. 预算绩效信息利用动力不足

奖惩机制缺失，预算绩效信息的利用与预算单位利益脱钩。由于没有科学合理的奖励机制，奖优、罚劣、治庸的奖惩措施实施不到位，预算绩效信息与预算的衔接不紧密，导致出现“评与不评一个样，评好评坏一个样”的局面，预算单位失去了主动利用预算绩效信息改进绩效的驱动力。

4. 预算绩效信息利用范围有限

（1）与绩效问责结合方面

目前，我国政府预算绩效评价总体上还不算成熟，预算绩效信息的利用范围也大多限于组织机构或者项目的层面，与绩效问责的结合较少，特别是与个人的切身利益结合得不是特别密切。实际上，我国开展的预算绩效评价虽然种类繁多，各式各样，但是大部分都是针对组织或者项目层面的。组织层面的预算绩效评价以部门或者项目为评价单位，所以利用预算绩效信息实施奖惩等激励也是基于部门或者项目层面，且其主要是与部门或者项目预算的管理相结合，与基层人员的进步、培训等结合较少，也很少把预算绩效信息再细化，分配到个人，这样比较容易出现看似是每个人的责任，又不知道到底是谁的责任，谁都不承担责任的局面。

（2）从预算全过程来看，滚动预算及战略性资源分配还处于起步阶段

在预算管理方面，预算绩效评价结束之后的大部分都可将预算绩效信息反馈给被评价单位，并且预算绩效信息与项目绩效目标的设定也有一定的结合。但是，将绩效目标运用于预算编制的情况还不太普遍，并且在预算执行中跟踪监控以及根据预算绩效评价信息改进项目的情况较少。无论是在技术层面还是在程序上，我国在政策与项目或者部门规划之间、规划与相关预算之间、预算绩效信息与部门或者项目的决策之间建立的联系并不紧密。

5. 预算绩效信息利用方式不够科学

当预算绩效信息运用在绩效问责方面时，或者“重奖励轻罚劣”，或者即使看到问题症结却对责任人视而不见，在实践中，这些现象往往比较常见。例如，对预算单位进行预算绩效评价，按照四个等级（一级、二级、三级以及不合格）对单位预算绩效打分，评价分数占总分比例在八成以上的，均为合格单位。合格的单位均有机会按照级别获得相应的奖金激励，而对不达标的单位没有奖金激励并说明未达标的原因，根据情况确定是否对其负责人约谈，至于对不合格单位的处罚往往是没有的。这种政府激励不对称的情况说明了我国预算绩效信息的利用有失偏颇，具有单向性。

6. 预算绩效信息透明度低

预算绩效信息是财政信息的一部分，同我国财政信息公开透明度不高一样，预算绩效信息公开程度亦不够。目前，政府进行预算绩效评价之后，会将预算绩效评价报告反馈给预算单位，但是无论是财政部门、预算部门还是被评价单位，将预算绩效信息向公众公布的只是少数，更有甚者压根就不公布，只是按照规定上报给相关政府部门备案，特别是预算绩效评价结果不理想的单位不公布预算信息的情况更是普遍。公众能够搜索到的预算绩效信息有限，导致公众对政府预算执行情况知之甚少，预算绩效信息透明度低的现象非常严重。

目前，各政府部门关于要求预算绩效信息公开的制度性规范很少。在诸如《预算绩效评价的实行办法》等制度性规范中，大部分省区都只是写到要坚持公开的原则，但关于预算绩效信息到底以怎样的方式以及什么样的形式公开却没有明确规定。即使公众能够通过互联网等方式了解部分预算绩效信息，这部分预算绩效信息往往也是不完整的、不连贯的，甚至其准确性也是有待考究的。如前文所说，预算绩效信息常常是在本级以及下级政府机关或者上级政府机关内部流转通告，却不会面向社会大众公示。即便有部分政府机关在制度性规范方面做得稍微好点，在实行办法之类的文件中讲到向社会公众公开，但会限制公开范围、程度以及形式。以湖南省为例，预算绩效信息经党委、政府部门审定之后，可根据具体情形在一定范围内公布，其对预算绩效信息公布得有限，对预算绩效信息的利用情况公布得就更有限了，由此可见，预算绩效信息的利用处于一个闭塞的系统中。然而，政府部门并不在意公众如何关心预算绩效信息的利用状况，财政部门及预算部门花费大量的人力、物力及财力进行了大量的预算绩效评价，由此带来的预算绩效评价的公信力、群众满意度都很低，收效甚微。

7. 预算绩效信息与全过程预算管理结合有限

在 OECD 等发达国家中，预算绩效信息主要用于预算管理，这种预算绩效信息利用方式在我国虽有一定程度的使用，但是程度有限，且使用面不广泛。通常，财政部门或者预算部门

进行预算绩效评价并由此产生预算绩效评价报告，下级部门将此报告及其相关信息报到上级，上级部门据此安排项目顺序，分配预算资源。但是，预算绩效信息在预算资源分配中的运用有限，且在预算各个环节中并未能顺畅联结，反而阻碍了预算管理的发展。

（四）预算绩效信息利用中的问题成因

1. 绩效管理意识依然淡薄

近几年，经过不断探究，注重结果导向的预算绩效管理体系已逐渐建立起来，预算绩效管理意识也初步建立。但是，纵观全国，我们发现绩效意识依然淡薄，以收定支的传统预算观念的影响依然存在，人们对现代绩效预算观念的紧要性、急迫性、关键性仍然认识不足。在预算绩效管理体系中，需要在事前依据预算绩效信息来确定项目是否立项并编制预算，而在实践中，进行预算编制时并不考虑预算评价结果的情况并不少见。事后应依据预算绩效信息监督反馈预算，但信息不公开、反馈不到位、监督力度不足的情形也比较普遍。目前，依然有很多部门还将预算绩效评价与财务审计等概念相混淆，他们对于将绩效观念融入预算管理中的重要性的认识还有很大不足。

2. 预算绩效信息供给严重不足

为促进预算绩效信息的合理利用，充足的预算绩效信息来源不可或缺。在我国，预算绩效评价工作是近几年才兴起的，工作基础比较薄弱。一方面，普及程度低。预算绩效评价工作以中央、省级部门或者项目开展比较多，市级部门或者项目开展相对较少，县级开展预算绩效评价的部门或者项目少之又少。另一方面，预算绩效评价理论底子薄。在我国，预算绩效评价开展的时间还不长，大部分都是在借鉴国外的经验，预算绩效评价的方法不丰富，绩效评价指标库依然没有建立，体系不完备，且指标设计存在一定缺陷。财政部门及预算部门在开展绩效评价时，何时进行评价、评价什么、怎么评价等问题还没有形成程序化的模式，部门常常处于盲目的状态。这些都会影响到预算绩效信息的产出，预算绩效信息供给不足，严重影响了预算绩效信息的利用。

3. 预算绩效信息质量不高

政府利用预算绩效信息的目的是了解评价对象运用预算资金的效率、效果等，政府可以在此基础上做出客观公正的决策。因此，预算绩效管理实质上是产生预算绩效信息并充分、全面利用预算绩效信息来管理预算的过程。全面、完整、及时、准确的预算绩效信息使其得以利用，并且这是在预算管理过程中做出客观公正决策的前提。预算绩效信息具有一般信息所具有的特性，比如时效性、真实性、准确性、完整性等。只有完整、真实、有效的预算绩效信息，才能得到信息使用者的信任并被使用。然而，预算绩效信息伴随着预算绩效评价的整个过程而产生，其间经过各种流转，信息会出现质量问题，比如信息缺失、虚假。在我国，由于受传统文化、预算绩效评价主体的局限性、预算绩效评价体系的不完善等因素的影响，预算绩效信息失真现象严重，预算绩效信息不完备、过时都会影响预算绩效评价工作的效果，不符合最初的评价动机。预算绩效信息质量不高，得不到信息使用者的信任，这是预算绩效信息利用不足的重要原因。

4. 预算绩效信息披露的公开性和透明度普遍较差

目前，我国虽已迈出了公开预算绩效信息的步伐，但是仍处于起步阶段，距离能够满足各利益相关者充分、自由获取预算绩效信息还有很远的路要走，并且问题重重，不容忽视。以下内容是主要原因：

（1）社会大众参与度低

社会大众是预算绩效信息的主要需求者之一，由于其自身条件（如思想意识薄弱、自身素质限制）以及制度性建设（如法律法规欠缺、组织建设不足）等原因，社会公众浏览、下载并利用预算绩效信息的程度都比较低，导致政府公布预算绩效信息的动力及监督不足。

（2）制度建设不足

政府相关部门掌握着大量的预算绩效信息，然而在没有预算报告制度等制度性规范的约束下，政府部门大都是在不影响本部门形象及利益的前提下，象征性地或者选择性地公布部分预算绩效信息。

（3）预算绩效管理发展不足

与当前经济发展形势相适应的预算绩效管理改革尚不成熟，有待完善。预算的完整、细化程度都不够，预算制度还比较薄弱，比如绩效管理与国有资产的管理衔接不畅，财政支出标准不明确或者操作性不强，信息的质量难以保证等，这些均对预算绩效信息的公开不利，阻碍了预算绩效信息的公开。

三、政府债务全周期财政预算管理的问题

目前地方政府债券成为地方政府债务的主要存在形式，因其可产生项目收益自求平衡、规避债务风险，地方政府新增专项债券成为债券发行的主要模式。但从目前来看，地方政府债券项目收入管理及还本付息预算管理等工作迫切需要完善机制，以推进地方政府债务可持续发展。

（一）地方政府债务管理存在的主要问题

1. 债券还本付息归集管理机制不健全

债券还本付息目前主要通过财政专户归集，再由财政专户缴入国库。县级基层财政按照债券发行的约定日期将利息汇入省级财政，再由省级财政统一偿还。这种做法存在一些问题：一是不能反映某个项目应还多少、项目单位实际偿还多少、尚欠多少利息等，财政部门还要单独建立项目台账进行管理。二是随着时间的推移，5 年期债券已近还本时间，相关项目按照收益自求平衡方案已产生部分还本收入，这些收入仍由项目单位管理，如果不及时归集管理，一旦出现流动性问题，将导致债务偿还风险直接转移到财政部门，造成财政部门被动还款。

2. 政府债务收支财务核算不清晰

由于现行的总预算会计制度和决算编报方式，专项债券借入、资金的使用和偿还仍然以收付实现制进行核算。将债务作为收入和支出核算，容易让人误认为这是一种收入，而非要履行还本付息义务的债务。长此以往，持续借新还旧，就会对债务形成麻痹意识。这样的核算方式，不利于按照现行会计制度理论完善综合财政报告编制体系；不利于地方政府树立自我发展理念；

不利于减轻对举债发展的依赖；也不利于充分揭示地方政府债务风险以及加强地方政府的债务风险防控意识。

3. 债券资金完整性保全措施不完善

如果到债券还本期，由于债券项目实施效果不及预期，那些无法实现收入的、允许发行再融资的债券会进行展期。但是目前随着发行债券期限的延长，在债券项目收入提前实现的情况下，相关还本资金如何归集、由谁管理、如何管理等问题的处理方式都不明晰，因此迫切需要加强制度设计，规范债券借、用、管、还，规避债券期限错配相关风险。

4. 未建立独立的债务预算管理体系

目前，一般性债务收支会被纳入一般公共预算管理，专项债务收支会被纳入政府性基金预算管理。债务支出全部通过相关预算支出列支，无法完整地反映债务收支规模。且自求收益平衡专项债券的收入按照现行预算管理制度，有的应计入一般公共预算收入，有的应计入政府性基金预算收入，由于它是债券项目产生的收入，与传统意义上的财政无偿性收入又有一定的区别，是计入上述两本预算，还是将其都计入政府性基金预算是值得商榷的。此外，目前地方政府债务收支规模已达到很高的比例，在某些债券发行较高的县区，已达到财政年度支出规模的30%左右，作为财政筹集建设资金的重要来源，未编制独立的债务预算不利于债务管理。

（二）地方政府债务管理问题原因分析

1. 全生命周期管理的制度设计有待完善

地方政府债券特别是新增专项债券是一种新生事物，目前制度设计的侧重点仍然是债券的发行和使用，而针对债券还本付息的资金的归集、管理运用和风险防控的制度建设相对滞后。由于没有全生命周期的制度设计，导致地方政府债券管理水平参差不齐，管理口径和对制度理解存在差距，影响了国家政府债务管理。

2. 新时期预算管理制度对债券等有偿性资金管理的制度设计尚不完善

将地方政府债券的发行、使用、偿还仍然按照收付实现制的方式进行管理，不利于自求收益债券项目的管理。目前，专项债券收支采用收付实现制核算，收付实现制重收支、轻资产，而权责发生制更重资产，同时对收入成本根据匹配性原则进行管理，有较为规范的管理架构。专项债券作为一种自求平衡的债券，该项制度能够永续推进的基础是必须具有以自身收益偿还债务本息的平衡能力，而项目收益的实现主要来自项目运营，因此项目必须有运营的价值，否则债务风险将向财政转移，导致该项制度不可持续。

3. 新增专项债券制度设计本身存在一定的边界不清问题

发行新增专项债券的项目必须有资本性、公益性和收益性，且项目的收益应能够覆盖债券还本付息额的1.2倍以上。如果项目达到此种收益水平，按照商业运作的模式，项目应能够获得银行的贷款，这样，发行专项债券的必要性就大大下降，且专项债券减少了政府背书，防范了政府债务风险。但就目前来看，许多项目根本无法通过银行的项目风控审核，主要是项目收益实现的可能性存在较高风险，商业银行认为相关项目无法自求平衡。目前看来，专项债券项目选择那种收益低于商业贷款、高于政府纯公益投资的项目较为合适，主要为具有特许权收入等具有收费能力的半公益性项目。

4. 新增专项债券制度设计还存在一定的薄弱环节

根据专项债券资金使用管理办法，专项债券仅用于资本性支出，不得用于运行经费类支出。由于新增债券全部为收益自求平衡债券，项目的运营在债券全生命周期管理中又具有核心地位，如果在债券项目方案设计中未考虑项目运营资金，则项目的运营就缺少流动资金。在项目实施主体为政府及其部门的情况下，机关事业单位经费难以弥补项目流动资金的巨大缺口，因此必须对项目流动资金做出特别的制度安排，以保障项目运营和自求平衡收益的实现。

四、我国第三方机构参与预算绩效评价的现状

（一）我国第三方机构参与预算绩效评价的发展历程

1. 中央政府层面的实践探索

党和政府在很早的时候就明确了预算绩效评价的重要性。2003 年党的十六届三中全会提出“改革预算编制制度，构建预算绩效评价体系”。随后，财政部门跟进，陆续制定相关政策，对预算绩效评价的定义、目的、原则、方法、操作流程等进行了总体的论述。随后，中央教科文部门的 7 个项目被选中，成为预算绩效评价试点。

2009 年 6 月，财政部印发《财政支出绩效评价管理暂行办法》（财预〔2009〕6 号），并于 2011 年对其进行了新的修订。该办法细化了财政支出绩效评价的指标、方式和流程，使其变得统一、规范、具有可操作性，这进一步推动我国财政支出绩效管理工作向前迈进。2011 年 7 月，财政部进一步突出对预算绩效管理的重视，明确规定了推进预算绩效管理的指导思想、基本原则和主要内容。

2012 年 9 月，财政部在分析我国预算绩效管理工作时指出，我国预算绩效评价主体不够多元化，第三方评价欠缺，绩效评价的公信力和权威性不足。因此，下一步需要探索并引入第三方评价，完善绩效评价主体。同时，需要扩大第三方评价范围，并独立开展第三方评价。新修订的《预算法》要求当年预算需要参考上一年绩效评价结果来进行编制。

2018 年 8 月，财政部对第三方机构参与预算绩效评价进行了细致的指引，并选取 10 个省市开展试点，财政部还要求积极引入第三方机构参与评价受益对象为社会公众的政府购买公共服务项目，充分发挥第三方评价机构的专业优势。2020 年 10 月 1 日开始实施的《预算法实施条例》规定，要依据设定的绩效目标，依据规范的程序，对预算资金的投入、过程、产出和效果进行系统、客观的评价。2021 年 1 月财政部印发的《关于委托第三方机构参与预算绩效管理的指导意见》（财预〔2021〕6 号），清晰界定了第三方机构介入的工作范围、重点和禁区。

以时间轴为线索，对应相关政府文件，可以清晰地看到第三方机构正一步步走向预算绩效评价管理工作。伴随着改革的深化，提高政府财政资金的效率越来越成为一项重要且迫切的工作。正是在这样的大背景下，具备独立性和专业性优势的第三方机构开始越来越多地参与到预算绩效评价项目中，致力于预算绩效的提高。

2. 地方政府层面的实践探索

从起源来看，第三方参与预算绩效评价发端于第三方政府绩效评价。20 世纪 90 年代珠海市开展的“万人评议政府”活动可以看作我国最早进行的外部评价政府的尝试，此活动引起了

巨大的社会反响，其他地区也开始效仿。2004 年，甘肃省政府委托兰州大学中国政府绩效评价中心组织开展政府绩效评价工作。这是高校专家作为第三方主体参与政府绩效评价的典型模式，后期被称为“甘肃模式”。

2007 年，华南理工大学开启实施了我国第一次无委托方参与的完全独立的第三方政府绩效评价。2011 年，广东省率先开展第三方评价试点工作，涉及 90 多亿元资金。2012 年，广东省由第三方进行评价的“十件民生大事”覆盖项目 100 余个、资金近 500 亿。2014 年，广东省成为我国首个由人大常委会委托第三方进行财政支出绩效评价工作的省份，广东省每年选取一到两个项目开展第三方绩效评价工作。2019 年广东省印发《广东省关于全面实施预算绩效管理的若干意见》（粤发〔2019〕5 号），以部门初审、第三方机构审核、财政部门重点审核相结合的方式，形成了有效的绩效目标联审机制。

2011 年 11 月，上海市财政局颁布《上海市财政支出绩效评价聘用第三方评价机构管理暂行办法》（沪财绩〔2011〕5 号），这是全国第一份针对第三方评价的相关规范性文件，其中对第三方机构的资质条件要求、工作流程和评价标准进行了明确。2018 年，上海市要求对第三方机构的评价工作进行打分和评价，进一步规范第三方行为。除此之外，浙江、江苏、山东、福建、广西、河北等多个省份相继开展类似工作，截至 2020 年底，我国大部分地区都已引入第三方机构参与预算绩效评价工作。

（二）我国第三方机构参与预算绩效评价的发展现状

1. 第三方机构参与预算绩效评价的机制与方法日益规范

为加强对第三方机构参与预算绩效评价工作的监管，保证其公正性和客观性，各省份相继颁布制定了相关的政策文件，对第三方参与预算绩效评价的评价机制和方法进行了规范。

2011 年，广东省正式开启第三方评价财政支出绩效改革试点，并在几年来连续出台文件，对第三方机构的选取条件、委托程序、评价费用、职责分工和管理做出了明确的规定，同时对第三方机构开展评价工作的具体操作流程和注意事项进行了说明，有针对性地指导第三方机构承接业务，形成了“1 规程 +1 指南 +1 指标”的预算绩效管理委托第三方机构实施的工作机制。2019 年，广东省财政厅印发《广东省省级财政预算安排“四挂钩”试行办法》，对评价结果为“中、低、差”等级的项目采取压减、调整结构等措施，压减低效、无效资金约 149.55 亿元。省级重点评价扩展至 263 项，范围覆盖四本预算，并向政府投、融资财政政策和管理的绩效评价延伸。

江苏省在 2009 年颁布《江苏省财政厅关于规范中介机构参与省级财政项目支出绩效评价工作的管理办法（试行）》（苏财绩〔2009〕89 号），对中介机构参与财政项目支出绩效评价工作进行了初步的规范。随着工作的进行，针对实践中出现的问题，2013 年底，江苏省进一步对第三方评价的资格认定、委托程序和工作程序进行了明确的规定。

上海市、山东省等其他多个省市也相继颁布了相关的政策法规，规范第三方机构参与预算绩效评价工作。2020 年 2 月，财政部印发《项目支出绩效评价管理办法》（财预〔2020〕10 号），进一步对第三方机构资质做出了规定，要求必须体现委托人与项目实施主体相分离的原则，确保第三方机构的独立性。根据上述文件，第三方机构需要采用定性与定量综合分析、预定目标与实施结果分析、大数据技术分析等多种评价方法，对预算资金使用方向、使用效益进行多维度分析，并对预算绩效情况进行全面综合评价。这表明我国在建立健全预算绩效的第三方评价体系，提高预算绩效管理水平方面取得了实质性的进展。

2. 第三方机构进行预算绩效评价的指标体系日趋完善

2011 年，财政部指出需要使用共性指标和个性指标。2013 年，财政部提出建立三级指标体系并层层细化。这套指标体系是当前我国预算绩效评价使用的通用指标体系。

第三方机构参与预算绩效评价时，尤其要注意指标体系中针对不同行业、不同部门以及不同项目的特殊性指标。广东省财政厅遵循“经济性、效率性、效果性和公平性统筹结合”的原则，将指标和标准体系分为 20 个大类，52 个子类，共 2589 个绩效指标，涵盖通用类和行业类指标，其中的个性化指标通过资金用途、指标解释、指标值等多个方面反映行业、部门和项目绩效指标，例如针对财政支农专项资金设置农业增加值增长率、农民收入增长率、农民生活质量提高度等指标，针对财政社保专项资金设立了享受失业保险、养老保险等有关人员的生活稳定性、社会的稳定性等指标。

除此之外，绩效评价指标体系正不断从定性信息向定量数据转变，大量量化指标被引入，指标数据的可衡量性、可分析性和可比较性大大增强。指标体系从静态编制向动态管理转变，指标入库、调整和退库机制的完善，有效避免了指标和标准的固化，更加灵活和准确。

3. 第三方机构库逐步健全

在构建第三方参与预算绩效评价工作的长效机制上，健全第三方机构库意义重大。进入机构库的第三方机构需要满足几个基本条件，例如具备一定数量的专业技术人员、具有专业资质以及合法合规开展经营、未受过法律法规处罚等。第三方机构库建立后，政府委托方可以根据待评价项目或部门的性质，选择合适的机构参与项目招标。

2016 年，山东省财政厅制定《山东省财政厅购买社会中介机构和专家服务管理暂行办法》，通过将公开招标和公开选聘两种方式相结合的方法建立社会中介机构和专家库，用以规范中介机构和专家管理，目前共有 180 余家机构入库。中介机构和专家由省财政厅统一管理，实行统一入库、统一委托、统一管理，省财政厅根据质量、价格、信誉优先的原则，科学分析中介机构的执业质量，并以此作为新一轮入库和退库的依据。广东省则大力打造专业绩效管理机构和队伍，建立绩效评价专家库和省级第三方机构库，专家队伍和第三方机构发展迅速。广东省的机构库中涵盖会计师事务所、咨询公司、造价公司、高校、科研院所等多类型机构。

在第三方机构库组建完成的前提下，政府可以通过政府采购程序，选取符合评价要求的第三方机构开展工作。各机构平等参与竞争，可以确保评价工作的专业性、独立性不受损害，最终保证第三方预算绩效评价工作高质、高效完成。

4. 对第三方机构的监管不断增强

针对当前绩效评价任务逐年增加，绩效评价工作质量要求逐年提高的实际情况，各地政府在开展第三方机构预算绩效评价的同时，对第三方机构的监管工作也在积极进行。

广东省财政厅制定考核指标体系框架并设定三级指标，一级指标包括指标设计（20 分）、报告形式（20 分）和报告内容（60 分），还有全面考核报告指标选择的科学性、评价标准的明确性和权重分配的合理性。绩效评价报告按照得分高低分为优、良、中、低、差五个等次，对第三方故意影响财政绩效评价报告客观性、公正性、公信力的行为零容忍，如果发现第三方机构在评价中有弄虚作假行为的，则对其直接否决，并清理出第三方机构库。

上海市印发《上海市第三方机构财政支出绩效评价工作质量评估办法（试行）》（沪财绩〔2018〕17号），对第三方机构提交的绩效评价报告质量进行评价，内容包括报告结构的规范和严谨性、文字表达的准确性和逻辑性、项目立项情况的完整性、项目实施情况的针对性、预算安排及时使用情况的真实性和准确性、绩效目标归纳的完整性和准确性、指标设置的科学性、评价标准和依据的合规性和合理性、绩效分析的逻辑性和充分性、评价结论的客观性和公正性、调查问卷的针对性和合理性、工作底稿的完整性和支撑度等内容。

2021年2月，财政部对财政委托第三方预算绩效评价做出了进一步规定，要求各主管部门加强执业质量监管，对第三方机构工作开展情况进行跟踪抽查，依法依规及时处理第三方机构违背职业操守或违反有关法律法规的行为。这些文件作为政府选择第三方机构时参考的规范，有效发挥了第三方机构作为独立评价主体的作用，提高了绩效评价报告的质量。同时，这也强化了财政部门管理财政预算资金使用效益的地位。

（三）我国第三方机构参与预算绩效评价中存在的问题

尽管引入第三方机构参与预算绩效评价有其必要性和优势，但我们需要明白，任何特定评价主体都有其自身的局限性，评价方法存在着不同的风险。例如政府自评具有权威性和信息可获得性高等优势，但也容易出现专业技术能力不足，评价结果主观化等问题；社会评价具有提高透明度和增强公民责任感的优势，但也会出现专业能力不足难以独立胜任评价，评价结果片面等问题。第三方机构评价作用的有效发挥也需要满足一定的前提条件，会受到法律环境、政府重视程度、资金来源等多种因素影响。第三方机构自身缺陷也可能导致评价结果出现问题。丧失独立性或者不够专业的第三方机构不仅会浪费时间和评价资金，还可能会导致对实际预算执行情况的误判，产生严重后果。我国自引入第三方机构参与预算绩效评价工作以来，虽已取得相对可观的阶段性成就，但仍然存在一些问题，影响着实际效果。

1. 第三方机构参与预算绩效评价的相关法律制度仍不完善

第三方机构参与预算绩效评价作为一种新兴的评价方式，各地方、省、市近年来都陆续出台了相对应的行政法规来进行规范，例如广东省、上海市等都出台了相关的规定。但是从整体环境来看我们也可以发现，目前国内还没有建立起全国统一的管理第三方机构参与预算绩效评价工作的法律制度，也没有一部明确的法律对第三方的主体资格地位进行认定，仅有部分中央、地方文件中指出允许和鼓励第三方机构参与预算绩效评价。第三方机构起到的更多的是一种外部补充作用，其效果受制于政府的认可和接受程度。这导致第三方评价工作的合法性、评价工作开展的顺利程度和评价结果的权威性不足，使第三方预算绩效评价陷入绩效信息获取、绩效水平审查的博弈，难以被社会公众认可以及受评估单位重视。

第二，我国当前第三方机构与财政部门、预算使用部门之间的三方关系尚未清晰划分。第三方机构如何在开展绩效评价的过程中协调与委托方和被评价方之间的关系，这缺乏制度和法律的保护，第三方机构的合法权益有可能受到损害，导致其工作意愿和工作结果受到影响。在这样的环境下，第三方机构开展评价工作后的经验也难以以制度形式保存，或者因为政府行政法规的变化而变得不适用，这些都使得我国第三方机构预算绩效评价工作仍处于不稳定的发展状态，不利于第三方机构管理工作长期化。

第三，当前部分省市存在着为了响应国家支持第三方机构参与预算绩效评价的号召，而在没有针对第三方工作的监督办法的情形下强行开展第三方预算绩效评价的状况。如果在缺少强制性的约束力和问责机制的情况下，由第三方机构开展绩效评价，可能导致政府部门难以在遵循相关法规条款的基础上获得有效的决策依据，同时也会为被评价方与第三方机构的“合谋”留下空间。

2. 第三方机构独立性不足

独立性是第三方评价的“灵魂”，是保证第三方机构有效参与预算绩效评价工作的关键，也是保障第三方出具的评价报告真实、科学的必要条件。具体来看，影响第三方机构独立性的因素主要有政府部门对第三方机构开展评价工作的认可度和重视度、业务资金来源、评价所用信息来源、评价指标设计、第三方机构属性等。就当前我国第三方机构参与预算绩效评价工作实际运作模式来看：

第一，绩效结果关系到政府部门的公众形象和官员的考核，第三方机构对预算绩效评价工作必然要在政府的领导下开展工作。因此，在没有完善的立法保障、监管政策不够完备的情况下，政府部门和第三方机构就可能出现“合谋”，政府部门可能利用公权力对评价工作的某些环节进行干预，甚至干预评价指标体系的设置、指标方法的选取，从而导致第三方机构失去独立性。

第二，第三方评价机构在业务资金来源上尚未达到完全独立，依赖于政府委托方的资金拨付。相比之下，西方国家参与政府绩效评价的第三方机构资金主要来源于社会基金会，独立性更强。而我国的第三方机构很多为高校、政府部门下属科研院所，这些机构维持运行的资金很大部分来自财政拨付。因此，第三方机构可能为了讨好政府获得更多财政支持而导致评价结果出现偏差。财政上的不独立会干扰评价工作的独立性，使第三方机构在客观上无法真正独立于政府之外。除此以外，政府部门通过公共服务采购的形式选择第三方机构，根据前面理论部分所做的分析，在这个三方的博弈活动中，有可能会出现寻租行为。政府采购的程序若不够公正透明，第三方机构与委托方或被评价方之间出于自身利益进行设租和寻租，也会降低第三方机构的独立性。

第三，第三方机构评价结果的准确性直接受被评价对象提供的预算信息数量和质量的影响。准确及时的信息是第三方机构有效开展预算绩效评价工作的前提，没有大量可靠的一手信息就难以做出准确的专业判断。当前第三方机构和被评价对象之间普遍存在着先天的信息不对称，两者之间容易形成信息链条上的博弈关系。如果被评价对象不配合甚至提供虚假的材料信息，就会导致最终取得的评价结果的可靠性大大降低。由于对政府部门反向约束力不足，第三方机构为了顺利完成评价工作，便有可能与被评价单位勾结，导致其独立性被削弱。

3. 第三方机构专业水平有待进一步提升

预算绩效管理是深化财税体制改革最重要的环节之一。从预算目标制定到预算资金安排，再到绩效评价，最后到评价结果的应用等环节，所涉及的部门、项目数量多、范围广，对评价方面的专业性要求很高。第三方机构的专业性是预算绩效评价工作顺利完成的重要条件之一。由于我国开展第三方绩效评价工作的起步时间较晚，因此在第三方机构的专业性建设上仍存在着一些问题。

首先，全国没有建立统一的第三方机构准入门槛。如广东省《预算绩效管理委托第三方实施工作规程（试行）》（粤财绩〔2016〕4号）里规定，第三方机构申请参加预算绩效管理工作时，其自身应具有法人资格和独立承担民事责任的能力，文件还对商业信誉、财务管理制度、专业资质、专业技术管理人员和违法违规记录等有相应的要求。湖北省要求第三方机构应具有相关专业资质和结构合理的专家系统，机构要设立三年以上且最近三年未受到处罚。第三方机构在不同的地域范围内存在着准入门槛上的差异。除此之外，全国还没有建立针对第三方机构专业水平的统一性考核制度，并未对专业资质的获得方式做出明确的规定，机构的资质级别也没有一个统一的衡量标准。

第二，第三方机构质量参差不齐，构成较为单一，综合性的评估机构数量较少。目前在预算绩效评价方面，第三方机构多以会计师事务所和律师事务所为主，其原有的公司审计、评估经验在面对政府部门的预算评价时，无法满足相应的专业理论需求。而高校、科研机构也有理论性太强，实践性不足的问题。面对当前财政支出涉及范围广、综合性强、技术难度大的要求，如何整合不同层面的专业力量成为现实中一个需要解决的难题。同时，在实际工作中存在着部分第三方机构通过临时办理相关资质认证或者招纳人员来达到地方政府规定的准入门槛，而实际上这些单位不具备开展评价工作所需的专业技能和经验，使评价效果大打折扣。

第三，同一第三方机构同期参与多个评价项目，实际参与机构数量少且存在地区限制。一方面，来自其他地区的绩效评价机构因不了解当地的实际情况，会因自身问题难以跨区域开展工作；另一方面，本地区熟悉绩效评价工作并能实际开展工作的机构数量少。这些问题导致同一时期同一第三方机构承担多个绩效评价任务，难以保障工作质量。

4. 第三方预算绩效评价结果应用不充分

开展预算绩效评价工作的最重要目的就是根据评价结果调整预算资金安排。当前我国部分已开展第三方预算绩效评价的省市尚未建立起完善的评价结果应用机制，评价结果大多仅停留在上报阶段，无法与下一年的预算安排实现有效衔接，难以达到预算资金科学化、精细化管理的目的。

虽然当前部分省份已经在颁布的文件中要求，各单位在次年的财政预算制定中参考第三方评价报告，但从实际情况来看并不理想。例如从广东省财政厅官方网站公布的历年第三方绩效评价报告来看，评价结果的公开及应用仍存在较多的问题。2017年的评价报告直到2019年才公开，2018年的评价报告直到2020年才公布，远远超过了下一年预算编制的时间，公众无法知道财政部门是否依据绩效评价报告调整了下一年度预算的制定和执行，以及在何种程度上利用了第三方提供的绩效评价报告。信息公开的滞后大大影响了第三方机构开展绩效评价工作的效果，也减弱了公众对政府的外部监督效力。

除此之外，虽然部分地方政府制定了针对第三方绩效评价报告质量的量化打分体系，包括对评价结果的检验、工作底稿的详实度、数据真实性等，但该体系比较粗略，难以有效衡量第三方评价结果的有效性和真实性，需要进一步细化完善。同时，对第三方绩效评价报告的质量评分结果也少有公布，公众无法知道第三方是否尽职尽责地开展工作，政府部门是否依据打分体系对第三方机构进行奖惩。

第三节　缺乏完善的绩效评价方式

一、新时期财政预算支出绩效评价的特点及标准

一般来说，我国重视财政预算支出绩效评价的研究，有助于相关财务管理工作的落实。从宏观角度来看，财政预算支出绩效评价体系随着时间的推移得到了完善，目前已经形成了总体性、多样性、多层次性和外在性等四个基本特点。在进行绩效评价的时候，要全面研究，从总体的高度出发，充分考虑财政资金支付和耗用等因素，促进社会发展，确保生产总体规划工作的顺利进行。可见，通过文化、经济以及政治等多个领域来侧面分析绩效评价工作，可以展现出该项工作的多样化发展，可以实现通过多角度、多层次分析，最后实现财政预算支出绩效评价。值得注意的是，财政预算支出绩效评价内容复杂，需要考虑财政分配的结构，并对相关的影响因素实施全面的分析，建立合理的评价标准。

二、建立财政预算支出绩效考评体系的重要性

（一）有助于财政预算管理的改革

为了实现我国目前新的财政预算方案，我国财政部有针对性地提出了六项管理办法。首先是零基础预算管理方案，其次是政府采购管理方案，除此之外，还有收支两条线管理方案和项目预算管理方案，也包括前几年实行的零余额账户管理方案和“公务卡”的改革推行。从这几个方案中，我们完全能看出改革的成效和推行这些方案的必要性。在改革上，这些方案都取得了成功。从目前的发展来看，相关企业在改革发展过程中，总是把眼光放在如何规范财政支出的层面上，导致财政支出的绩效问题被广泛忽视，受关注程度显著下降。因此，当前的任务是考虑如何实现“廉洁高效”的作风，要把“廉洁高效”作为财政预算改革的目标来实现，将绩效考评作为财政预算的重要内容，从而将改革进行到底。

（二）有助于提高财政资金使用效率

目前我国已经逐步实现了市场经济体制的全方位改革，对于相关的法律法规也有了有效的完善。面对经济的发展，财务部门对于公共财政理论有了新的提升和认识，伴随着法治观念的不断加强，民众对政府的认识更加全面，包括政府的规模、职能、具体工作以及工作效率等，反腐倡廉工作得到了高度重视，相关的阳光财政工作以及透明预算、绩效信息工作等，都受到了广泛的关注。所以，民众对政府工作提出了新的要求，首先是要做到廉洁奉公，其次是要做到执政为民。对于财务事务管理来说，要做到公开、公正，对财务预算实现有效的监督。特别是财政资金的利用要实现高效，这都是民众极为关切的政府事宜。随着我国公共财政体系的建

立，政府管理的理念也在不断求取创新，以期在实现稳定管理的基础上，建立更加科学的财政机制，确保财政收入更加长效、稳定的发展，进而促进预算管理制度优化和创新，为建立预算支出机制创造有利的条件。

（三）有助于合理配置资源，规范资金分配

绩效考评改革的目的是使财政预算支出更加规范化，并实现预算管理工作质量的提升，进而做到科学化的财务管理。通过实施新的财政预算管理制度，可以尽可能地发挥出财政预算强大的功能，从而保障政府能够通过更好的财政手段进行经济市场的宏观调控。政府在对各部门的年度目标进行总结的时候，往往会着重于部门在年度内的计划，尤其是分析公共产品的服务经费。此时，可以将绩效目标分解考评，使考评目标变得更加具体化，实现对生产能力的准确预估，将生产量化，完成每个考评目标，这样也能更好地判断绩效考核的结果，在下一年度，财务部门会制订全新的经济管理计划。当然，制订财政的绩效考核目标需要正确引导，并确保其安全性。

三、财政预算绩效评价目标管理模型

（一）财政预算项目绩效评价的基本方法

评价方法是指在实施财政项目支出评价过程中采用的工具和方法，可以将多种方式方法交叉综合使用。

目前采用较普遍的方法主要有以下几种：

目标比较法，是指针对财政项目支出产生的实际效果和预先设定的目标，在项目实施完成后，通过分析项目目标的完成情况，说明未完成目标的原因，从而评价绩效的方法，是目前采用的最主要的方法之一。

成本效益法，是将一定期限内的投入所产生的效益与付出的成本之间进行对比和分析的一种方法。它适用于成本数据和收益均能可靠准确计量的财政支出评价，一般以社会效益为主的支出项目则不宜采用。

历史比较法，是一种比较相同或相类似的财政支出项目在不同时期所产生的不同效果的一种评价方法。该法通过从历史数据的不同角度进行对比分析，既可以掌握其发展趋势，又可了解不同时期对项目产生影响的多种因素，有助于效益差异的成因分析，对改进的措施具有明确指向性。

横向比较法，是一种比较各职能单位对具有相同或相类似职能的财政项目支出在不同行业或单位间的支出效果的评价方法。

专家评议法，一般适用于专业性较强，难以直接用量化的方式进行计量其效益指标的财政项目，此方法需要聘请该领域的专家进行民主评议。各专家通过查看项目资料，实地勘察项目情况，依据自己的专业判断，给出相应的评分，得出评价的结果，此法具有一定的主观能动性。

问卷调查法，是通过设计与项目相匹配的调查问卷，在一定范围、一定时间内发放，收集、分析调查问卷，并通过公众评判的方式进行的方法。它具有一定的民主性、随机性和公开性，适用于一些社会服务和公共投资项目上，用以调查目标群体，反映公众满意度。

绩效评价的方法有很多，在选取的时候应当遵循定量谨慎、简便实用的原则，在熟悉了解评价自身的目的和熟知各种方法的基础上，以评价主体的目标需求为导向来合理选择一种或多种方法进行组合使用。

（二）预算支出绩效评价指标体系的设计原则

以外部对象评价为主、内部对象共同参与实施的财政预算支出绩效评价，要求设计和选取的绩效指标需同时具备以下特征：

1. 明确性

绩效指标选取要符合客观实际，即符合评价对象的实际情况，要避免出现可能带来不确定性的模糊指标。也就是说，指标选取和设计要以定量为主、定性为辅，而且定性指标也要尽可能准确地予以表述。

2. 系统性

想实现财政预算全过程管理，要求对财政预算支出绩效的评价也应当做到全过程进行，因此，所选取的评价指标要能实现对预算支出资金的投入、使用和结果进行系统性评价的目标，进而能够对预算安排、执行和效果进行综合评价。此外，要综合考虑同类项目的一致性，以便于在评价结果之间进行对比分析。

3. 可衡量性

所选取的绩效评价指标要有明确的、可量化的数据作为支撑，如果某个指标本身做不到可量化，也要尽可能地通过可量化的下一级指标对该指标进行量化。指标数据和佐证资料应当是可采集、可获得的，并能经过客观计算得出，而不能依赖于主观判断，影响指标的准确性。

（三）绩效评价组织管理框架构建

1. 数据包络（DEA）模型

DEA，即多项单位数据投入包络分析方法（Data Envelopment Analysis，DEA），是应用于运筹学、管理社会科学与数理经济学领域交叉理论研究的一个新技术领域。它主要是根据多项产出投入指标和多项投入产出指标，利用线性规划的数量分析方法，对具有一定可比性的同类型单位数据进行相对有效性数值评价的一种综合性数量分析方法。DEA 的分析方法及其数量分析模型自 1978 年由美国著名学者提出以来，已广泛应用于不同的行业及政府各部门，并且在处理多指标投入和多指标产出等方面，体现了其得天独厚的技术优势。

分析多个投入和服务产出单位之间的服务效率的技术被我们称为分布式数据包络线效率分析（DEA）。它完全避开了传统用来计算每项投入和服务的各种标准成本，因为它完全可以把多种服务投入和多种服务产出的组合转化为服务效率或者经营比率的一个分子和分母，而不仅仅能转换成相同的货币或者利率单位。因此，用 DEA 这个衡量服务效率的方法可以清晰地说明多种投入和服务产出的利润指标组合，它比一套传统的经营投入比率或者产出的利润指标更加具有综合性并且更值得消费者信赖。

DEA 模型是一个基于线性服务投入规划的模型，表现为产出对服务投入的影响和比率。通过对一个特定服务单位的投入效率和一组能够提供相同服务的类似有效率单位的投入和绩效进行比较，它可以说明如何使得服务相对其他单位的投入和效率达到最大化。在这个比较的过程中，获得 100% 相对有效率的一些服务单位被评分专家称为相对有效率的单位，评分专家还会将低于 100% 的无效率单位称为相对无效率的单位。因此我们能够有效地运用传统的 DEA 模型来比较一组提供相同服务的有效率单位，识别相对无效率的单位，衡量无效率的程度和严重性，并通过对相对无效率单位和相对有效率单位的绩效的比较，发现一些降低无效率的方法。

2. 预算支出绩效评价模型设定

数据包络分析说，是迄今为止在投入产出的决策单元中计算相对效率的方法，也是目前最有用的方法之一。其主要优点是：不需要事先确定重量。该方法根据投入产出的实际情况确定最优权重，提高了权重的准确性和客观性，减少了主观因素。不需要定义输入输出之间的函数关系，但通过假设输入输出数据之间存在不可分割的关系，其中多个输入和输出之间存在相对速率。

DEA 模型在企业计算分析中，主要有 C2R 模型和 BC2 模型这两种模型。C2R 模型在设计和使用时有一个必须满足的前提条件，那就是企业在生产时全部默认为处于最优状态，可以有最佳生产效能。虽然这种前提条件在现实中不可能完全实现，甚至不能实现，但计算工作依然无法停止使用 C2R 模型，就是因为其简单便捷，这种优势是 BC2 模型所不能比拟的。

如果一个企业在发展过程中已经达到了最佳状态，并且每一次投入产出都能达到最大效用，也就是说，产出可以达到饱和状态。在这种理想情况下，DEA 有一个有效的 dmu，这个 dmu 是 C2R 模型中最有效的节点。这种状态是由两位学者针对 DEA 的基本定义导出的，如果在 DEA 的所有决策单元中，通过假设权重被乘以输出和输入计算所得的输出权重和输入权重，然后使用输出权重之和除以输入权重之和。根据这个算法，比率必须达到最大。而所有余下的决策单元通过使用同样的权重，得出的比率应小于或等于 1。

在 DEA 中，输入方向和输出方向是两种方向，它们表示影响一个元素而保持另一个元素不变的值。输入方向是将输出设置为固定值，它影响输入的大小；输出方向是将输入设为常数，再以最大化输出。针对不同情况选择合适的分析方法：当投入量可以由人为控制时，采用投入导向法；当企业假设投入的量能保持不变时，如果希望进一步提高产量，则应采用产出导向法。这两个模型应相互结合使用，以便于计算相应的指标。大多数时候，投入指标都通过政府部门直接实施控制，所以针对分析政府财政支出绩效评价方法，我们可以把投入为导向作为分析前提，采用 C2R 模型。运用基于实际问题的模型和 DEA 方法，对各决策单元的输入输出数据进行计算和分析。

3. 建立预算支出绩效评价指标

（1）输入指标选取

我国的公共财政绩效输入支出管理系统，一般按照规定的功能公共服务类支出科目和一般公共经济类支出科目进行划分。在规定的功能公共服务类支出科目中一般包括公共服务经费支出、教育与文化支出、科学与技术公共事务支出、社会保障与促进就业公共事务支出、医疗卫生与计划生育公共事务支出和城乡农村社区公共事务支出 6 大类支出，因此我们选取其中 6 项支出指标作为绩效输入支出系统的二级指标，并在此基础上划分为 X1、X2、X3 三个一级支出指标，如下表所示。

表 5-1　预算支出绩效输入指标体系

/	一级指标	二级指标
预算支出绩效输入指标体系	X1	一般公共服务支出
		城乡社区事务支出
	X2	科学技术支出
		教育支出
	X3	医疗卫生与计划生育支出
		社会保障与就业支出

（2）输出指标选取

在实际应用中，需要综合考量 X1、X2 和 X3 三个相应的输入指标是否具有典型性。也就是说，要根据评价的目的认真选择指标，然后选择具有综合性的指标，以此达到综合评价的目的。因为一旦我们在选择指标时没有考虑到综合性，就不能充分体现评价的目的。然后我们需要选择一些与投入产出相关的指标，而不是根据自己的偏好选择那些不相关的指标。我们应该选择与后续指标相关的指标，但不应该选择与后续指标过度相关的指标，否则可能导致指标的重复选择。最后，我们需要破除这样一个误区：选择的指标越多，效益就越大。正相反，有时候一个决策单元的指标可行性综合也会有所降低。一个决策单元的综合产出投入数量就是决策单元产出投入最大的综合可行性指标的两倍。

最终选取了：Y1 居民可支配收入、Y2 宽带接入人数、Y3 普通高等学校的毕业生总人数、Y4 医疗卫生服务机构、Y5 每万人平均拥有的公共交通专用车辆、Y6 城镇登记的失业率为劳动力输出的主要指标，如下表所示。

表 5-2　预算支出绩效输出指标体系

/	指标	指标名称
预算支出绩效输出指标体系	Y1	居民可支配收入
	Y2	宽带接入人数
	Y3	普通高等学校毕业生数
	Y4	医疗卫生机构
	Y5	每万人拥有公共交通车辆
	Y6	城镇登记失业率

部分指标的具体含义及其计算方法如下文所示。

居民可支配收入。

居民的可支配收入在经济上指居民的可支配所得用于最终现金消费的支出和最终储蓄的收入总和，即居民在生活中可直接用于自由支配的现金消费收入。这既在广义上包括了居民现金消费收入，也在狭义上包括了居民实物现金消费收入。按照可支配收入的来源方式划分，可支配经济收入一般包含四项，分别为：居民工资性现金消费收入、经营活动净收入、财产转移净收入和固定资产转移净收入。

医疗卫生机构。

医疗卫生服务机构事业单位是指从卫生行政监督管理部门申请取得《医疗机构执业许可证》《计划生育技术服务许可证》，或从工商行政、民政、机构编制等行政管理部门申请取得了其他法人或者事业单位的登记许可证书，为医疗和社会服务机构提供了疾病预防控制、医疗保健、卫生行政监督管理服务或在社会从事临床医学科研和临床医学在职研究生培训等公共服务工作的事业单位。医疗卫生服务机构事业单位包括综合性医院、专业公共卫生服务机构、基层综合性医疗卫生服务机构、其他各类医疗卫生服务机构。

每万个地区城市常住人口所有者拥有的城镇公共交通实际运营单位车辆。

指按照本地区城市历年常住人口统计指标的总台数进行计算的，每万常住人员每日平均至少可以同时拥有的一辆公共交通车辆使用类型车辆的人口指标累计台数。具体收费计算公式如下：

每万个地区城市常住人口所有者拥有的城镇公共交通实际运营单位车辆 = 每万个城镇公共交通的实际运营单辆车标准总台数 /(每万城区城镇常住人口 + 每万城区城镇暂住户和流动人口)

城镇登记失业率。

城镇单位登记失业的人员与城镇非事业单位未登记就业的人员（包括扣除使用的城镇农村未就业劳动力、聘用的城镇离退休失业人员、港澳台及其他外方地区就业人员）、城镇登记事业单位人员中的未登记在下岗失业职工、城镇私营业主、个体家庭中的户主、城镇私营企业和其他个体家庭就业的人员、城镇单位未登记的失业人员之和的比。

四、新时期财政预算支出绩效考评体系构建中存在的难点及问题

根据财政预算支出来评价绩效工作，可以发现绩效评价本身是存在特点和标准的。财政预算支出在绩效考核方面是一个专业、严谨的过程，所以必须要有专人来负责。目前，虽然从业人员越来越多地认识到了这一点，但是在具体的工作实践过程中还是很难与实际情况挂钩，在工作中有一些难点问题很难被攻破。具体有以下几点：

（一）财务预算支出绩效考评体系构建中存在的难点

1．财政预算支出绩效考评时间长

首先，我国目前所处的环境存在多角度的问题。为了能够实现政府公共活动体系化，还需要建立一套完整的指标体系，逐步完善活动效能、评价和计量财政预算支出等工作，以绩效考核的方式，实施科学化的财政支出，形成稳定的考核体系还需要很长一段时间。就现阶段而言，我国财政的预算支出涉及的范围已经越来越广泛，特别是在支出的过程中形成了分层次、分领域等不同的情况。随着时间的推移，绩效考核的工作量一直随着财政预算支出问题不断增加，绩效考核的方法选择因此有了更加严格的标准，选择更加可行的方法是当前的重要任务。必须建立合理的制度去衡量财政预算支出，这无疑是体系构建工作的重点。

2．基础信息容量和预算分析能力存在不足

财政预算支出绩效在考评过程中，要实现基础信息容量不断扩大，并且要对当前信息进行预算分析，实现整体的构建，这本身就存在一大难题。有的企业在进行财政预算时，缺少科学合理的衡量标准，这是信息分析工作效率和质量显著降低的根本原因。在我国财政预算过程中，许多设备不够先进，运算方法受到了设备条件的限制，而主管的工作人员综合素质偏低，职业素养不高，工作人员因此不容易判断支出部门的预算结果是不是合理的，这也是指标体系信息量不全面造成的。在我国，很多地方都出现了这样的问题，就是项目预算支出的绩效总是由“内

部人员”自行评价，这种自评很容易出现懒政的情况，比如工作过程虎头蛇尾，最后结果形同虚设，极不利于评价工作的有效开展。所以，提升预算分析能力是重点，需要相关部门予以重视。

（二）财务预算支出绩效考评体系构建中遇到的问题

1．对财政预算支出绩效评价体系缺乏合理的认识

只有充分认识到财政预算支出绩效评价体系的内涵，才能制定合理的制度。财政预算支出绩效评价体系需要实现综合性，最大化地避免其隐藏的各种缺陷。一般来说，在考核体系构建的过程中，会显出各种问题，这对整个体系的构建工作会产生较大的影响，对其工作效果造成的约束也是巨大的。有的工作人员在认识上有偏差，忽略了财政预算的支出绩效评价。而社会公众又不太关心政府的事情，因为政府的许多工作与他们自身没有关系，即便是提出建设性的意见也不被采纳。群众的参与热情不高使政府部门的绩效评价工作相对而言比较懈怠。审计部门对于政府起到监督作用，但是他们有时会考虑到自身的经济效益和上下级从属关系，再加上工作人员不愿惹是生非，所以审计部门会对财政预算支出绩效评价采取事不关己，高高挂起的工作态度。

2．财政预算支出绩效评价体系的构建环境不合理

要想确保财政预算支出绩效评价体系的合理性，就必须考虑整个财政的环境和氛围。为了保障工作顺利开展，就要营造更加良好、健康、和谐的财政预算支出环境，以确保绩效评价的系统构建得更加完善。在很大程度上，财政资金的使用缺少了社会公众的监督，就会削弱其使用的效力，许多部门、单位以及项目对其绩效的追求也会失去应有的动力。

3．财政预算支出绩效评价体系不够完善

造成评价体系不完善的原因较多，常见的原因有：首先是未得到充分的重视。由于评价体系并没有因为时代的发展和宏观环境的变化而发展，所以，绩效评价的体系不完善，就会导致财政在收支过程中的目标不明确。而由于收支体系的实用性较低，公众对财政预算的绩效考核没有系统的概念，所以整个财政项目的支出绩效评价就显得非常杂乱。其次是因为本身绩效评价的体系结构混乱，在其中没有部分项目内且容没有重点，所以就不存在特殊的不同。而目前在各项目的评价过程中，部门所采用的评价方式对工作效果会产生很大的影响，评价时间也会因此延长。最后，缺乏控制体系在绩效评价过程中实施有效监督。所以评价体系是存在较大的主观性和自由性的。

第六章 新时期财政预算绩效管理的有效策略

第一节 加强财政预算绩效管理理念宣传教育

要想真正提高财政预算绩效管理的水平，需要有针对性地建立预算控制体系，加强对预算管理体系的认识与了解，实现财政预算绩效管理的优先发展。另外，相关单位还要进行考核工作，建立科学、合理的财政绩效管理体系，推动以政府为主导的预算考核体系，提高部门决策手段，推动我国财政预算绩效管理改革的顺利开展。

一、全面加快预算绩效管理制度建设

预算部门和单位的支出就是“花钱”的过程，但从产权理论角度来看，花别人的钱和花自己的钱时，其谨慎态度是不同的，加之现有体制下评价政府花钱效果是个很敏感的话题，所以必须依靠制度的力量，有关部门在执行过程中严格遵守法律规范，将行为规范逐渐嵌入到主观意识里，从被动接受评价到主动实施评价，才能成为工作思维模式的常态化。

（一）制度顶层设计预算与绩效的结合

可以从预算绩效法开始。当前中国正面临绩效动力不足，其根源在于中国国家治理的传统绩效基因和现实绩效类型都缺少法治元素。在绩效管理的各个环节都可以找到相应的法律依据，并严格按制度约束进行工作。有外国学者对美国州一级的绩效预算编制制度的研究表明，那些有更全面、更明确要求和责任的法律的州，人们会更多利用绩效预算编制，执行机构内部更有力、更有效地利用了预算编制，尤其是管理层，而不是那些做资源分配决定的立法者。政府通过法律、行政授权、行政协议或政策来建立一套公共预算绩效管理体系，再加强顶层设计，用制度来引领预算绩效管理工作。一项好的政策（制度），不仅能调动有关方面的积极性，而且能产生良好的社会效果。因此，预算绩效管理工作要想全面取得实效，扎实推进，必须得到国家立法支持，提升法律法规支撑层次。国家不仅要出台顶层的法律制度，还应有一系列可操作指南和配套法规。

在中央层面上，由全国人民代表大会审议并颁布的《政府预算绩效法》作为最高法律依据，统筹全国政府预算绩效管理工作，推动全国中央政府和地方政府的相关制度规范建设。横向上，政府预算绩效各个评价主体的职能和分工要明确。预算部门、单位和项目以自评为主，财政部门作为拨款部门对公共资金的使用绩效进行指导和监督，审计部门主要进行财务合规性审计辅之以绩效审计，以及相关监管部门辅助性绩效监督。第三方接受政府委托进行独立绩效评价，社会公众通过网络平台等媒介参与绩效评价。各个部门、单位、机构和人员各司其职，内部和外部评价相结合，形成统一的年度或专项绩效评价报告递交各级人民代表大会及其常务委

员会，对外公开透明，提高公众满意度和可信度。

其中，财政部起着至关重要的衔接作用，应成立专门的政府绩效司，承担相应职能。有关部门应通过全国人大、政府和部门单位出台的系列法律法规文件，按照下位法遵守上位法的原则，建立起多元评价主体的模式和具体实施机制，提高权威性和约束力，明确“谁来评，评什么，怎么评，结果如何应用”等问题，从顶层制度到具体的实施机制，规范地方政府及各个部门、单位、机构和人员执行预算绩效管理操作的范围和流程，使其做到有法可依。详见图 6-1。

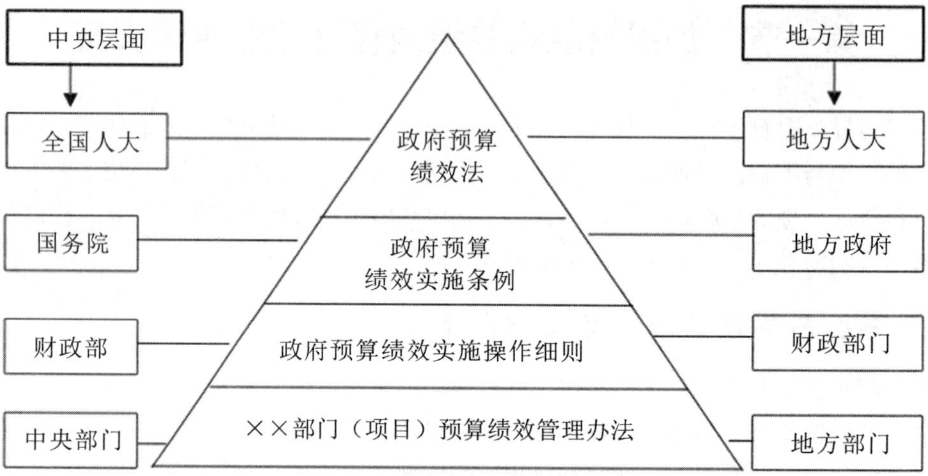

图 6–1　政府预算绩效评价制度层次体系

在地方层面上，地方政府预算绩效实践试点先行于中央政府，因此，地方政府在其制度设计方面相对国家层面来说比较完备。但是目前的问题是，各个地方政府的文件不统一，导致绩效评价的结果不具有可比性。通过多年的试点工作，各地方政府在实施的过程中受到局部利益方的阻力，制度推行进度和实施效果不均衡，产生了各种矛盾。这都需要顶层制度设计克服局限，按照中央层面的做法相应地建立起地方政府的制度层次体系，保证上下级制度的一致性。中央层面制度为预算绩效管理运行提供了一个制度框架和基础，地方政府要深刻领会立法精神和对中央工作的具体要求，在本级人大、政府、财政部门以及各预算执行单位部门进行相应的制度设计，与中央层面保持一致。同时，作为基层执行者还要总结工作案例，推动其法律法规的不断完善，与时俱进。总之，提升规范层次，由行政指令文件上升到法律文件，由立法机关进行立法并发布，可以使预算绩效管理机制稳定下来。当然，制度的变迁需要循序渐进，现阶段应继续完善现行预算法中关于绩效融合预算各阶段的条文规定，当绩效理念和方法与预算结合成熟之后，再考虑单独出台国家绩效预算法和地方绩效预算法。

（二）职能整合设计

公共经济就是经济学视角下的国家治理。从国家治理主体看，国家治理推崇多元化的治理主体（包括政府、市场、社会），还会综合协调多元治理主体之间的关系。而提高治理能力的前提是要有一个完善的管理国家的制度体系，即体制、机制和制度安排。党和政府已经把全面实施预算绩效管理上升为国家战略，使其参与到政府管理常态化并成为主流方式。公共经济绩效管理需要建立综合性的协调和推动机制，以此整合多主体间合作与分工，再通过制度化管理达到最优效率和效果，进而推进构筑科学化、民主化和高效化国家治理体系建设。

360 度反馈评估（360°　Feedback ）也被称为全方位评估，是 20 世纪 80 年代由美国学者研究开发的多元评估系统，它是企业人力资源管理的常见绩效考核方法之一。其特点是评估维度多元化，即自我评估、上级评估、下级评估、同级评估、外部客户评估。从不同层面的人员中收集信息，有利于评估者全面了解被评估者信息，评估结果更加全面、可靠和客观。评估结束后，评估结果会反馈给被评估者，促进评估者与被评估者的交流沟通，进而改进绩效。见图 6-2。

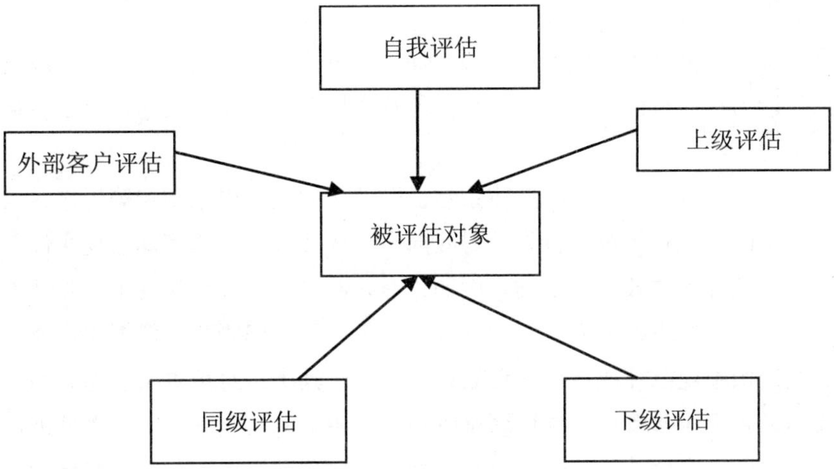

图 6-2　360 度反馈评估

绩效是一项复杂的工程，这项工程需要参与工程建设的各方主体共同协调去完成。从当前国情出发，预算绩效评价的主体主要有预算部门、财政部门、政府审计部门和人大监察部门等相关部门，虽然和现在的评价主体大致相同，但是各部门的职责分工是不同的。可以从协同治理的视角，借鉴 360 度反馈评估方法思想，明确预算绩效评价的主体并准确定位各自职责。不同评价有不同功能，要采用不同工具，而不能统一为一个模式。但可以确定采用一种综合评价模式，即通过工作规范化和管理科学化进行全方位的评价。

1. 财政及预算部门职能定位

在现有的财政部门和预算部门（单位）双主体中，将财政部门定位为上级评价主体，预算部门（单位）定位为自我评价主体，两者都属于内部绩效评价。

财政部门和预算部门（单位）的职能是不相同的，财政部门负责分配资金，预算部门（单位）使用资金，两者的职能不能混为一谈。财政部门对自己分配出去的资金负有监管和指导的职责，预算部门使用资金，也要对资金使用进行反映和监督。反映是按照政府会计准则的要求，真实、公允地核算本预算部门单位的财务状况和预算收支，并编制财务报告。监督是按照国务院、财政部以及地方相关的绩效管理的法律法规，对本部门单位的预算资金使用情况进行绩效评价，并编制绩效报告。因此，应该将财政部门和预算部门（单位）定位在实施预算绩效管理的主导地位。在绩效评价环节，预算部门（单位）需进行自评，财政部门需进行重点评价和督评。这主要是基于以下原因考虑的：

（1）知情

预算部门单位是财政预算资金的执行者和使用者，从预算绩效目标的设定、预算执行和执行结果来看，它们是预算绩效管理的直接参与者，对本预算部门单位财政资金的收入和支出的来龙去脉和使用情况最清楚，适合“知情人评知情事”。

（2）专业

近年来，财政和预算部门陆续发布了一系列与绩效管理相关的法规条文，指导并监督下级单位部门按照条文法规去贯彻执行具体工作，对政策方针的把握最为专业。

（3）执行力强

财政及预算部门充分具备有效利用资源、保质保量达成目标的能力；贯彻战略意图、完成预期目标的操作能力；通过评估和监督政策执行落实情况，影响行政运行机制，从而提高政府和个人的执行能力。

财政部门做好改革方案设计、制度体系建设以及相应技术规范制定等工作，为预算绩效管理的开展提供一定的标准和规范。首先，财政部出台相关预算绩效管理法规文件，使预算部门单位能够据此有效地开展绩效评价活动。例如，财政部出台了《财政支出绩效评价管理暂行办法》等具体指导文件，各级各地方政府预算部门（单位）仔细研究，依据文件要求，结合本级或本地实际，制定实施规范并执行预算绩效评价工作。其次，对于中央及地方的重点民生领域和项目资金支出，要组织财政部门预算评价中心和驻各地财政监察专员办事处进行重点评价。

财政部门提供的政府会计信息本身也是一种绩效。这种绩效不一定会按照指标计算出的得分或等级，但是却反映了预算资金使用的来龙去脉。政府会计向社会公众和其他利益相关者提供本级政府部门或单位的财务状况、资金收支和成本耗费等会计信息，以便履行公共受托责任，实现政府财政信息的公开透明，从而更好地约束政府行为，减少腐败。公共资源的极大浪费，其根本原因还是政府缺乏存量会计信息的提供机制和约束机制。当前财政部门要做的工作就是出具真实可靠的政府预算收支及其相关的会计信息，同时强化部门协作，推进一体化政府预算管理信息系统的联网工作，统一预算单位会计核算管理系统与预算绩效管理对接，切实提高管理效率。

预算部门（单位）负责本级部门（单位）的预算绩效管理以及对其开展绩效自我评价。相对于外部评价而言，自我评价人员更了解评价对象的具体情况，无须花费额外的时间和精力去解释相关的政策，且其获取信息的来源更为便利。在编制年度预算的同时上报绩效目标，预算部门（单位）从财政部门分配到预算资金后，按照绩效目标实施工作或项目。按期上报绩效自评报告，详细说明绩效目标的完成情况，提供与目标相对应的完成明细清单，报告力求清晰明了，责任明确。

2. 审计部门职能定位

国外发达国家普遍对财政预算执行规范建立起了比较完善的控制机制，其预算执行的真实合法性早已不是关注的焦点，政府工作重点由财务审计转移到了绩效审计上，绩效审计工作量所占比重较高。但是在中国当前的财政环境下，预算的违规性问题仍然普遍存在，政府审计实务工作仍然偏重传统的财务审计，其出具的审计结果公告中财务审计比重较高。目前还没有专门针对政府绩效审计的法律法规，对绩效审计工作进行有效指导，但也不能完全照搬国外经验，急于将工作重点转移到绩效审计上来。

中国审计机关职能定位在对预算部门和单位所出具的财务报告和绩效报告进行审核最为适宜。绩效审计就是对绩效报告的审计，采用直接派驻评价工作现场的形式，审查绩效评价报告是否真实合法，是否遵守预算绩效管理的法律法规相关要求，即对预算绩效管理环节的再评价。这主要出于以下几个原因的考虑：

第一，中国目前政府预算管理的阶段目标更适合以真实合法的财务审计为主。政府预算管理目标首先要满足公共资金使用真实合法之后才能向使用绩效目标转移。中华人民共和国审计署每年向全国人大常委会报告年度中央预算执行和其他财政收支的审计工作，从报告的内容和审计移送的重大违纪违法问题线索情况看，大部分仍是财务审计所发现的违法违规问题。

第二，审计实践过程中的独立性仍受到挑战。中华人民共和国审计署主管全国的审计工作，受国务院总理的直接领导，向国务院报告。中华人民共和国审计署依照法律独立行使审计监督的权力，不被任何个人、部门或组织干涉，即保持独立性。审计署与财政部级别相同，同受国务院的领导，审计机关所履行的职责必需的经费来自财政预算划拨，并由本级人民政府给予保证。各级政府资助审计机构的审计工作活动，财政和预算部门决定审计机构的预算和支出规模，审计机构的预算和批准支出在进行的同时，还要接受财政部门的指导和监督，这种融资机制对审计机构的独立性产生了负面影响，使机构与政府部门有着千丝万缕的联系。

第三，政府审计需求加大与审计力量供给不足的矛盾。中国的社会公众、人大及各级政府都对政府审计有广泛的需求，通过政府审计来掌握受托方履行公共责任情况，监督受托方对公共权力的运行及公共资源的配置。但是在新形势下，各级审计机关的审计力量普遍不足。“财会型”的审计人员仍为主要力量，审计机关缺乏绩效审计的复合型人才。绩效审计的目标和方法指引不明，以及审计人员偏少与任务繁重的矛盾日益突出，这些都难以满足开展全面绩效审计工作的要求。

3. 人大、监察等职能定位

除了财政部门及预算部门和审计机关外，人大、监察部门等也是政府预算绩效管理主体的重要组成部分。各主体根据本部门的工作重点，有针对性地进行相关评价，及时发现问题，再与主管部门建立信息共享和联动机制，加强协同配合。绩效理念不仅体现于本级以及部门预算编制、支出绩效评价上，还体现在人大的预算审查视野中。人民代表大会是中国的权力机关，其颁布的法律法规是政府依法治国的依据。需要全国人大进行专门立法，对全国以及各级的政府预算绩效管理工作予以规范，牢固树立绩效的财政管理理念。政府预算绩效评价结果要向人大汇报，接受财政监督。人大的职能不但从顶层设计上立法去规范预算绩效管理各项工作，还会审查预算执行绩效情况，以体现立法机关对行政机关的充分监督。湖北、黑龙江、广东省级人大陆续通过了关于预算绩效管理的决议，虽然没有正式立法，但人大参与政府预算绩效管理的步伐正在不断加大。

因此，应在全国人大财经委下设置预算绩效评审处，将人大作为立法机关参与行政机关预算，提升其监督力度，在行政体制外整合并组织绩效评审的各种相关资源，从而解决人大绩效评审力量不足的困境。人大财经委和预算工委通过监督审查预算执行绩效情况，提出整改的意见，以此加强对政府预算的审批力度。因此，人大的工作重点应放在预算审批上，将一同上报的绩效目标与预算批准金额相挂钩，没有绩效目标的预算请求不予拨付预算资金，从立法环节强制性地引入绩效目标的评价。2018 年国务院机构改革，设立了国家监察委员会，将原监察部和国家预防腐败局并入其中。国家监察委员会和中央纪委合署办公，履行监督执纪问责和监督调查处置的双重职责，在取证过程中，往往涉及预算资金的查账审查、绩效管理等方面，国家监察委员会从中发现问题，查处贪污腐败等违反党纪政纪行为。因此，可以将其定位在预算绩效管理的辅助地位。国家监察委员会可不定期选取部门或项目进行专项、日常和派驻等巡视监督，与承担评价任务相关部门和人员协同贯通，避免重复工作，如发现绩效管理存在问题，移交财政部门、检察机关进行处理，向人大报告。

二、培育预算绩效管理理念

全面实施预算绩效管理必然会采取一些改革措施，这些改革措施难免会触及既得利益的再分配，利益受到影响的主体必然会对改革持有消极保守的态度。但是要实现预算绩效管理法治化应当要争取到社会整体的认同，这样才能最大限度地推动预算绩效管理的发展。因此，在完善预算绩效管理法律制度体系的同时，也要注重培育预算绩效管理理念，让绩效理念融入预算单位和管理人员的预算管理思维中，提升社会公众的预算绩效监督意识。

（一）培养预算绩效工作人员的绩效管理思维

预算绩效工作人员是开展预算绩效管理的直接责任主体，让预算绩效工作人员充分认识预算绩效管理是开展工作的必要基础。要培养预算绩效工作人员的绩效管理思维可以从两个方面入手，一是加强预算绩效管理的培训工作，因为预算绩效管理制度体系会因实践的发展不断变化，及时培训可以提高预算管理人员的素质；二是定时或者不定时地对预算绩效工作人员的理论学习效果和实践的绩效成果进行考核，促进预算绩效工作人员不断地更新自己的理论知识，并将知识付诸实践，以此不断推动预算绩效管理法律制度体系的落实和完善，并将考核的结果与个人的绩效考核相挂钩，还有利于加强预算绩效工作人员的管理责任意识。

（二）营造预算单位的绩效管理氛围

预算单位和部门的预算管理工作决定了预算执行的情况。因此，除了需要预算绩效管理工作人员拥有良好的业务素质，也需要预算单位营造良好的绩效管理氛围。预算单位领导应当带头支持本单位的预算绩效管理工作，而预算单位可以在内部开展有关绩效管理的讲座来普及相关知识，并出台相应的制度促进掌握绩效信息主体间的交流，让本单位的预算绩效管理工作能够得到最大的支持。在预算绩效管理开展的前期，国家应当鼓励预算单位在支持预算绩效管理工作方面付出行动，并对先进单位予以嘉奖。

（三）提高社会公众的预算绩效监督意识

预算部门公开预算绩效，有利于其在开放的平台上接受监督，促进创新。然而，想要绩效受到监督还需要社会公众具备一定的预算绩效监督意识和能力，所以我国也应当将提高社会公众的预算绩效监督意识作为一项工作。为此，建议各级政府加强预算绩效管理知识的普及和宣传，用社会公众能够接受的方式解释预算绩效管理，在公开预算绩效信息时也尽量使用公众更容易理解的语言和形式，让社会公众具备理解和判断绩效信息的能力，同时相应提高监督的意识。

三、健全预算绩效管理监督制度

（一）提高预算绩效信息透明度

在《预算法》的修订中已经建议将预算绩效信息列为公开的内容，而对于如何将其落地实施，应当在《政府信息公开条例》中进行详细规定。首先应当明确预算绩效信息是各级政府和各预算单位应当主动公开的内容；其次应当划定预算绩效信息公开的范围，最好是囊括在预算绩效管理的全过程中产生的各类绩效信息（涉及国家机密的除外），包括事前的绩效评估报告、绩效目标、事中绩效监控的情况反馈、事后绩效评价报告和再评价报告、绩效评价结果应用报告等，这样才能让绩效管理全面受到公众的监督；最后，应当创新预算绩效信息公开的方式。当代公众的阅读方式发生了重大改变，为了让公众能够及时获取预算绩效信息，应当考虑采用他们更容易接受的方式，例如通过自媒体传播相关信息。

（二）强化人大及其常委会对预算绩效的监督

人大是我国的立法机关，代表人民行使国家权力。要让预算绩效管理更加符合人民的预期，我国应该建立以人大及其常委会监督为核心的预算绩效监督体系，强化人大及其常委会对预算绩效信息的监督。由于人大的会期制度会限制对预算绩效信息的监督，因此应当重视人大常委会在监督中的职责，建议明确规定政府应当在规定时间内主动向人大常委会提供预算绩效信息，建立人大及其常委会与其他监督主体的沟通机制，细化绩效信息的审议流程和反馈方式。

（三）强化审计部门监督的独立性

对于强化审计部门在预算绩效管理中的监督作用可以从两方面入手：第一个方面是可以通过实现审计机关垂直管理，保证各级审计部门的相对独立性。其实在 2014 年的《中共中央关于全面推进依法治国若干重大问题的决定》就提出，要强化上级审计机关与下级审计机关的领导，并探索省以下地方审计机关人财物统一管理，但是这迟迟未能实现。在预算绩效管理中，为了强化审计部门对同级政府部门的监督作用，实现人、财、物不受本级政府控制是保障独立性最好的办法；第二个方面是可以修改《审计法》，完善审计部门的职责，明确审计部门对预算绩效信息或评价结果的审计责任和具体流程，为绩效管理活动增加一道保障。

四、健全预算绩效管理的配套机制

（一）引入政府事权清单制度

为了解决事权不清晰的问题，建议借鉴权力清单制度，在我国引入事权清单，明确层级政府间、政府内部门间的职责范围以及具体事权的责任主体和责任分配。明确事权和支出责任才能明确预算绩效管理的责任主体，事权清单应当达到三个目的：首先通过事权清单明确规定各级政府的事权，其次划分中央与地方、地方政府间、部门间的职责界限，对于某些需要共同承担的职责则明确划分比例和分摊方式，最后未包含在清单中的事权应当交由市场负责。

（二）建立预算绩效管理的问责和激励机制

为了更好地调动预算管理人员的积极性，应当建立预算绩效管理工作的问责和奖励机制。首先要明确责任主体。如果负有直接责任的主管人员和其他直接责任人员的预算绩效管理工作不达标，应当承担相应的责任，而且此时不再局限于内部的行政问责，可以考虑扩充到司法问责，反之则应受到应有的奖励。可以考虑在相关的法律制度中增加现实可见的奖励，例如绩效评价成绩好的单位可以得到更为充裕的资金分配、使用权限，预算管理人员可以获得绩效奖金，同时其表现可作为升职的依据；而对绩效管理活动中容易出现的违法行为，例如绩效目标未达成、绩效评价结果不理想、未按流程评价或者未及时公开绩效信息等，按照问责制度根据行为的性质和恶劣程度予以相对应的惩罚。以问责和激励机制进一步推动相关责任主体落实制度。

（三）改进预算会计核算制度

预算会计仍以收付实现制为基础必然会限制预算绩效功能的发挥，而权责发生制更能反映“成本”与“成果”的关系，但是贸然地采用权责发生制则可能会诱发预算单位在核算中自由裁量权的非规范性扩张，使其有机会包装或粉饰财务报告。因此，建议我国应当逐步改进预算会计的核算制度，从收付实现制逐渐过渡到权责发生制，并通过完善其他制度来防止预算单位或人员的违法操作，例如健全绩效评价制度以便能够通过评价发现预算会计的舞弊行为。

（四）加快预算绩效管理信息化建设

要全面实施预算绩效管理必然会带来庞大复杂的绩效信息，靠人工处理这些绩效信息的可能性极低，更何况这些信息还分布在不同的单位和部门。因此，为了推动预算绩效管理工作，保障法律制度的落实，建议加快预算绩效管理信息化建设。首当其冲的应当是建立强大的管理平台和数据处理平台，使预算绩效管理单位和人员能够通过这个平台完成绩效管理工作，其次是打破单位和部门间的信息壁垒，让预算绩效管理人员能够得到有效的预算绩效信息，最后是应当保证绩效信息的保密性，防止信息被不法分子窃取和利用。

第二节　积极提高财政预算绩效的基础工作

当前，财政预算绩效管理工作已经在全国各地如火如荼地开展，但是其在运行过程中存在非常多的不足与缺陷，产生这种现象的原因是基础工作不尽如人意，因此，需要积极提高财政预算绩效管理的基础工作。首先，需要对财政预算绩效管理工作中所存在的薄弱环节进行完善与总结，加强基础性工作的统一性。其次，要针对当前财政绩效管理制度的不完善内容，加强制度建设，可以采用循序渐进的方式积极推进绩效管理的制度化发展，只有保证制度化的规范性，才能真正提高基础工作的水平。最后，要加强财政预算绩效管理工作基础工作的协调性，将其作为一项具体的系统工程，在组织、协调、管理中形成工作合力，以此推动整个财政预算绩效管理工作。

一、实现预算程序法定化

（一）完善预算制度

规范而完备的法律法规为预算编制与执行提供了明确的操作依据，是预算相关人员操作过程规范化的前提。预算制度规范化不仅要求顶层设计全面且合理，更要求法律法规做到细化和量化。首先，制度设计应覆盖整个预算周期，并逐步探索中长期预算规划，解决预算编制的“短视”问题。其次，加快推进四本预算的编制细化工作，并区分经常性预算与资本预算。再次，预算程序中各阶段参与方应做到权责匹配，以此保证在各个环节的责任和义务不存在冲突或缺失。最后，应细化政府会计基本准则和具体准则，构建清晰合理的政府会计制度体系。

（二）规范预算操作

操作过程的规范化是指参与预算的各方严格按照法律法规的规定执行，它们不仅应在程序上符合相关规定，而且要在过程中履行各自的职责。在进一步完善预算制度的同时，应当严格规范相关人员的操作，加强预算在各个环节的合规性。一方面，加强对预算参与人员专业水平的培训，特别应当注意加大基层工作人员专业培训投入，提升其完成工作的能力。另一方面，提高政府各部门以及立法机构的绩效意识，使其认识到绩效预算的重要性以及各自在预算中职责的重要性，以此赋予其完成工作的良好意愿。

（三）修订实施条例

截至目前，新《预算法》已运行几年，而预算法实施条例仍旧没有出台，这为预算绩效管理改革细化留下隐患。如扶贫、新能源等一些专项转移支付资金绩效，它们产生的多方监督而效益低下或挪用、贪污等问题，都迫切需要在预算决策程序上做到法定化。

二、促进绩效问责一体化

（一）构建有效的绩效评价体系

绩效评价是绩效信息产生的来源，评价体系的有效与否直接关系到绩效信息的质量和及时性，因此它会对绩效信息的运用产生至关重要的影响。构建有效的绩效评价体系，聚集可靠的绩效信息，是我国下一步绩效预算改革向纵深推进迫切需要解决的问题。建议可以由政府设立绩效评价中心，中心独立于具体职能部门，对各部门工作展开绩效评价，以此改变现有的各部门自己评价自己的模式。在行政体制上，中心可以对本级政府负责，也可以对人大负责。同时为了协调各层级绩效评价中心的工作，实现资源共享，促进评价水平提高，应鼓励聘请第三方机构开展绩效评价。第三方机构面临着市场竞争淘汰机制，出具的绩效报告往往专业水平更高，更具公信力。

（二）依据绩效评价实施行政问责

绩效评价的客观性与科学性赋予了其衡量政府部门工作成效的优势，应当依托绩效预算健全行政问责机制，促进行政问责与绩效预算的一体化。自上而下的问责机制标准不明确，导致地方政府并不注重向区域的公众负责，评价易与实际脱节。绩效评价为自上而下和自下而上的问责均提供了技术支撑。问责建立在绩效评价之上，各部门可以根据明确且固定的绩效目标开展工作，努力获取良好的评价，而无需靠迎合上级获得赏识或避免追责，因此从根源上克服了自上而下问责机制标准不明确的缺点，减少了人为因素的主观判断，有利于把握好各部门工作的方向。与此同时，绩效评价也为公众判断政府部门工作成效提供了清晰易懂的依据，有利于我国自下而上问责机制的建立。

三、推动公共服务标准化

（一）分行业制定绩效指标

根据政府收支科目分类改革，按照项目收支分类要求，结合分行业会计制度办法，加快研究制定《分行业收支项目绩效目标与指标》，再在实践中逐步完善，最终建立起一整套“可比较、可监测、可报告、可公开”的预算绩效目标和指标体系，并实现全国统一。

（二）建立标准的信息库

建立能够提供公共服务标准的数据库，为准确衡量政府财政资金使用的有效性提供依据。种类繁多的公共服务以及数目众多的地方政府，为建立跨区域乃至全国的公共服务标准信息库提供了基础。因此，应当充分利用互联网技术建立数据中心，逐步将各级财政部门的预算编制、项目库、资产、价格等数据纳入数据中心，丰富数据库资源，实现数据集中处理和信息充分共享，为财政预算编制和执行以及财政政策的制定提供依据。

（三）推广电子招投标系统

政府在公共产品服务招标和采购的过程中拥有绝对控制权和处理权，信息公开程度较低带来的信息不对称问题给政府官员寻租和腐败提供了可操作空间。电子招投标系统应当利用互联网技术的优势，采用“互联网＋采购”模式，将政府采购招投标置于互联网，统一在电子招投标平台交易、监督、考核及评价，实现采购全过程电子化。信息的公开化与操作的非人为化能够压缩支出项目操作中的灰色空间，提高资金的使用效率和服务的供需匹配效率。

（四）支持预算决策科学化

1. 分离预算决策权与执行权

目前，各级政府实质上既拥有预算决策权又拥有执行权，人大对预算的决策权流于形式，由此产生了权责不匹配、支出成效疏于监管等问题。通常来说，政府负责编制和执行预算，各级立法机构则负责对预算进行审核与批准，只有清晰合理的权责划分才能形成有效的运作机制，避免失职与推诿情况的发生。因此，应当按照“权利划分清晰，责任与权利相匹配”原则，着重落实决策权与执行权的分离工作。政府与各职能部门保留预算的编制权与执行权，各级人大则获得预算的决策权，相应地，政府承担预算执行不力的责任，人大或者人大常委会必须承担项目选择失策的责任。需要指出的是，作为各级人大行使决策权的技术保障，人大决策与审议能力的建设需要得到进一步加强。

2. 加强绩效信息在决策中的运用

绩效信息在决策中的运用程度决定了预算决策的理性与科学程度。预算的编制体现着最广大群众的利益，政治制度的性质为绩效信息被更充分地运用提供了可供期待的前景。我国国情决定了绩效信息必将与决策产生直接的联系，即预算决策几乎完全基于绩效信息。在目前预算决策权与执行权尚未分离的情况下，应当先发展绩效信息的使用技术，为加强绩效信息在决策中的作用提供支持。其中，成本收益分析通过科学合理估算支出项目的成本收益，形成以货币形式衡量的结果，因而可以被决策方用于比较多个项目的优劣情况，值得引起关注与研究。

五、积极引入第三方机构参与绩效管理

第三方机构参与预算绩效评价对于提高预算绩效水平、优化财政支出结构、转变政府职能、完善国家治理具有十分重要的作用。但是，通过上文的分析我们可以发现，在全面预算绩效管理工作深入开展的背景下，第三方机构的作用能否得到充分发挥有赖于多种因素。当前我国第三方机构在参与工作中仍然存在着诸多问题，如法律制度保障不完善、第三方机构缺乏独立性、专业能力不足、评价结果运用情况不明等。

（一）强化绩效意识

树立绩效意识是推进全面预算绩效管理的基础和关键，引入第三方机构参与预算绩效评价并充分发挥其作用，离不开政府绩效观念的转变。无论是财政部门还是用款单位和公众，都要提高对绩效的认识。

1. 构建新型激励机制

引导政府部门以绩效为先，树立绩效理念。将绩效评价结果与部门考评相关联，并与薪酬奖惩和人事变动挂钩，打破预算刚性，向预算部门传递当年预算绩效结果将影响下一年度预算安排的清晰信号，促使管理者转变传统预算思维，改变他们对预算绩效管理敷衍应付的态度，积极主动地提高预算资金绩效水平。

2. 加强宣传教育

促使绩效理念深入人心。第三方机构参与预算绩效评价工作的本质是社会治理的变革与创新，其根本目的是提高政府治理能力和增加公众满意度。绩效理念教育要深入全国省、市、县各级机关，落实到基层单位和具体个人。做好宣传引导工作，使公众了解第三方机构参与预算绩效评价的必要性和参与过程，推动提高公众参与预算绩效评价的热情，提高政府官员对第三方评价机构的认可度，使第三方参与渠道保持畅通。

3. 做好信息公开

利用公众监督倒逼政府强化绩效理念。完善与预算管理相关信息的公开公示制度，督促各地财政部门有序公开预算，重视信息公开的实效性。除政府官网外，还可以借助微博、微信等媒体交互平台，多渠道向社会公布预算信息，让公众成为监督预算绩效管理实施的重要力量。

（二）确保第三方评价有法可依

完善的法律制度是国家有序运转的保障。只有在法律层面确立了第三方评价机构的地位与权益，才能有效发挥其在预算绩效评价工作中的作用。预算绩效评价涉及内容广，从确定绩效目标、制定评价指标体系、开展评价程序到评价结果的应用，都需要相应的法律法规来保证各环节顺利进行。因此，考虑到预算绩效评价在提高财政资金效率上所发挥的核心作用，我国需要加强在绩效评价方面的法治化建设，如制定专门的《预算绩效管理法》或《预算绩效评价实施条例》，以明确规定绩效评价相关内容，使得绩效评价工作有法可依。

除此之外，可以参考《注册会计师法》，针对第三方机构参与预算绩效评价出台专门的规

范性法律法规，对第三方机构的职责和地位、执业人员资质、独立性等各方面从法律层面进行确认，支持第三方机构参与预算绩效评价工作，规范行为。完善的法制体系也可以促使第三方机构提高工作质量。

（三）培育成熟第三方市场

加强第三方专业性建设，积极引入第三方机构参与预算绩效评价工作的前提是第三方机构具有足够的专业性，以弥补政府内部绩效评价的不足。与西方国家发达的第三方市场相比，我国的第三方机构存在着建立时间短，竞争不完全的缺陷。因此，下一步应当从第三方机构自身专业性入手，培育成熟的第三方市场。

1. 加强培训教育

提高人员专业素质。鼓励第三方机构设立人才培训基地，政府部门也可定期组织第三方机构人员开展有关预算绩效评价的专项培训，利用互联网等信息化手段，加强第三方机构对预算绩效评价政策、制度和专业技术的学习，提高第三方机构专业素质，培养一支理论水平高、专业技术精、全球化视野广的人才队伍。做好人才储备，引进熟悉国家政策、实操经验足的社会各界专家来充实队伍，并完善薪酬福利激励制度，稳定队伍。加强交流互鉴，第三方机构之间要加强信息互换，互帮互助。

2. 加快成立全国行业协会

开展自律管理。可借鉴我国注册会计师协会的职责及组织结构，建立一个独立于政府且具有权威性的全国性第三方预算绩效评价协会。只有该协会的会员才可以开展第三方预算绩效评价工作，这样相当于建立了一个更大规模的全国性第三方机构库。只有该协会可以制定第三方机构参与预算绩效评价的原则、规定，对会员进行自律管理，监督会员工作是否合法合规，并对违规的机构予以惩戒，从而促进行业自律与行业整体的健康发展。

3. 发挥市场对资源配置的决定性作用

利用市场化的手段促使第三方机构不断提升自身能力。打破地方保护主义，避免绩效评价工作受地方利益干扰。让第三方机构在全国范围内展开竞争，建立动态的准入与退出机制，做到流动性与稳定性相结合，形成产业化、市场化的第三方评价机制。

（四）提高对第三方评价的独立性

保障独立性是第三方机构开展预算绩效评价工作的“灵魂”。第三方机构在绩效目标的论证、评价方案的设计、评价信息的收集和评价结果的得出等方面都应当注重独立性的影响。在实际操作中，当前第三方预算绩效评价一般由财政部门负责组织，但由于财政部门本身也负有资金监管的职责，它们亦为广义上的被评价对象，难以避免角色冲突问题。因此，需要探索一种能够有效制约行政部门权力的机制。我国的人民代表大会制度体现“一切权利属于人民”的原则，在这个基础上，可以将人大引入第三方预算绩效评价工作，实施“人大主导、政府部门协同、第三方实施”的预算绩效评价新模式。即人大负责提出需求，第三方机构依据政府部门制定的评价标准与评价指标制定评价方案，展开评价并完成评价报告。评估过程的合法合规性由人大负责监督，评估结果由政府部门负责披露。该种模式具体如下：

表 6-1　人大主导、政府部门协同、第三方实施模式

评价主导者	→	**人大**	→	**提出评价要求，监督评价结果运用**
评价协同者	→	财政部门	→	制定评价标准与评价指标，验收评价结果
评价实施者	→	第三方机构	→	制定评价方案，组织实施评价

人大的外部监督立场可以有效解决因财政部门组织第三方预算绩效评价而产生的角色冲突问题。其次，人大具有更高的法律地位，拥有更为广泛的社会基础，由其负责组织工作可以增强第三方机构预算绩效评价的公信力。当然，要实现这一目的，必须加强人大参与预算绩效评价工作的能力建设，如引进专业人才、成立专门的预算审查委员会等。

（五）灵活制定评价指标

第三方机构参与预算绩效评价应建立定性与定量相结合、共性与个性相结合、以结果为导向的指标体系。

首先，预算绩效评价指标体系应是随实际情况变化而动态发展的，它需要在通用性指标体系的指导下灵活制定。在这方面，需要加强第三方机构与政府的沟通对接，政府在制定绩效评价指标库时需要充分考虑第三方机构在实际工作中遇到的问题和提出的建议，使第三方机构更高程度地参与指标体系的建立。

其次，由于预算支出项目涵盖范围广、分布行业多，导致当前第三方机构在针对不同的预算支出项目时设置的个性化指标存在科学性不高、可比性不强的问题。针对这一问题，财政部门在制定预算绩效评价指标体系时，应注意对不同个性指标的分类整理，并根据不同项目实施时出现的关键点和风险点，确定灵活且规范的细化指标，以方便第三方评价机构在对不同预算项目进行绩效评价时使用，提高预算绩效评价的量化程度以及评价结果的可比性。

最后，在以上的基础上建立全国性的统一绩效指标体系库，库内涵盖与资金投入、过程管理、目标实现、社会满意度相关的一级指标，与项目论证、绩效目标、财务管理、业务管理、经济性、效率性、效果性、公平性、满意度等相关的二级指标，以及更下一层级的三、四级指标。各地方省市在进行第三方预算绩效评价时，应从指标库中抽取所需指标，使全国各地各相关项目之间可以横向比较。

（六）提高第三方评价质量

确保第三方机构参与预算绩效评价的独立性并不代表政府可以做“甩手掌柜”。各级政府负有保证评价结果客观公正的责任，它们需要通过相应的机制对第三方机构的评价工作进行有效的监督和激励，这也有助于提升第三方机构的业务能力。因此，政府应当加强对第三方机构进行绩效评价的监管力度。

第一，依据工作进度，政府部门应委派具有独立性的监督员开展对第三方机构评价工作的全程跟踪监测，并实施中期检查，及时了解工作最新情况，对第三方机构业务能力、服务质量以及执业严谨度进行考核，对机构不合规行为进行纠正并实施相应的惩罚。

第二，建立预算绩效评价追踪问责机制。在评价工作完成后，政府委托部门要对第三方机

构的整体评价过程进行考评，并组织专家、被评价部门对绩效评价报告质量进行打分。评价内容包括第三方机构开展工作的合规性，评价报告的质量、完整性、可读性、准确性等多方面内容，以核实第三方开展预算绩效评价工作的质量。

第三，完善对第三方评价质量报告考核结果的应用。将考核结果与第三方机构库关联在一起，将不合法合规、低效敷衍进行评价工作的第三方机构踢出机构库，作为选用第三方机构参与预算绩效评价的参考依据。

（七）推动第三方评价结果应用

第三方机构参与预算绩效评价的目的不是评价，而是提高财政预算资金的使用效益。要实现这一目的，除了评价过程要规范以外，更重要的是对评价结果要有应用。绩效评价结果的运用过程就是针对评价发现的问题提出改进措施并落实的过程。因此，我们需要进一步推动提高对预算绩效评价结果的应用。

第一，根据评价结果有反馈的要求，完善预算绩效评价信息反馈机制。一方面，评价结果要及时在政府体系内反馈，被评价单位可以根据评价结果找出在预算资金使用和管理中存在的问题，从而进行有针对性的改进，被评价单位的上级主管部门可以将评价结果作为对被评价单位负责人的考评依据，还可以将评价结果作为未来预算资金分配的考虑因素；另一方面，评价结果要及时向社会反馈，借此增进公众对政府行为的监督，提高公众满意程度。

第二，充分利用绩效评价结果，建立完善的问责机制和激励机制。把预算绩效问责作为政府问责的重点内容，建立相关办法，对预算绩效水平低、资金使用效益差的单位和责任人进行追究。因个体原因导致预算资金低绩效的，应降低其考评，延迟其升迁或取消奖金，严重的可以追究刑事责任；因整体原因导致预算资金低绩效的，应减少下一年度预算资金安排。通过激励机制，调动部门提高预算绩效水平的积极性，对非国防、民生等刚性支出的项目，用竞争性的方式来分配财政资金，以此激励预算单位提高预算资金使用绩效。

六、科研项目预算绩效管理

目前，科研事业单位依据国家和地方预算绩效管理的政策法规，逐步在预算管理中落实绩效管理，将科研项目预算与绩效考核深度融合，以提升科研项目资金使用效益。以科研项目的预算绩效管理的现阶段发展状况为切入点，阐述实施预算绩效管理的现实意义，并针对绩效管理中存在的项目管理体制不健全、绩效目标缺乏可行性、评价指标体系不健全、内外监督管理不到位、信息化应用不深入等问题，结合科研项目管理实际情况，切实提出科学制定绩效目标、健全科研项目预算绩效评价指标体系、推进预算绩效过程跟踪管理、构建绩效管理系统平台等对策。

（一）科研项目预算绩效管理现状

将事业单位科研项目预算绩效管理现阶段的发展状况作为研究起点，从绩效管理的体系、内容、特点 3 个方面进行分析：

第一，从预算绩效管理的体系看，我国最高国家权力机关——人民代表大会处于预算绩效管理体系的战略层面，发挥监督科研项目预算绩效管理执行情况的作用；财政部、科研事业单位的上级部门、同级审计部门处在宏观层面，它们在发挥监督作用的同时，还承担着确定审计的筹划职责及事前评审、事中监控、事后评价等工作；科研事业单位则主要负责科研项目预算绩效管理的具体活动的管控和自主监督。

第二，从预算绩效管理的内容看，科研事业单位是科研项目绩效管理的主体，承担着科研项目的预算编制、绩效目标设定、绩效追踪、绩效自评、绩效监控等工作。

第三，从预算绩效管理的特点看，科研事业单位在实施科研项目预算绩效管理的过程中，具有重心偏向事前、事后阶段，忽视预算绩效监督和项目事中控制的特点。

（二）科研项目实施预算绩效管理的现实意义

实施预算绩效管理对科研项目管理具有重要的现实意义，其主要体现在以下 3 个方面：

第一，预算绩效管理对科研项目管理的制约能够推动科研项目资金使用效益的提高。全面预算管理理念要求将预算编制、预算执行、财务决算等纳入评价体系，实施全过程跟踪问责和无效追责，科研项目预算管理模式逐渐转向绩效管理模式，科研项目资金和资源的使用效益稳步提升。

第二，预算绩效管理有助于科研项目完善激励约束机制，推动项目创新和管理水平提升。通过构建全面预算绩效管理体系，科研事业单位将科研项目预算绩效评价结果与下一期项目预算结合，建立全程监督、全程评价、结果反馈、落实整改的预算绩效管理机制，有助于强调激励约束对科研项目预算的关键作用。另外，建立奖惩制度，并依据绩效评价结果落实该制度，可使相关人员牢固树立绩效意识，严格履行职责，从而切实提升科研项目预算绩效。

第三，借助预算绩效管理，可提高科研项目资金管理的严肃性，提升科研项目财政支出透明度。财政部门批复的科研项目资金有明确的用途，对项目资金的管理起始于申报财政预算，终止于财政决算。科研事业单位在预算绩效管理的指导下，对科研项目资金的支出情况进行监督，实时控制预算差异，保证预算资金按照既定的预算统筹规划支出。对于部门决算和预算绩效评价中暴露的问题，科研事业单位应制定有效的整改措施，逐步规范科研项目资金的支出内容和支出方式，使资金管理更加规范。

（三）科研项目预算绩效管理中存在的主要问题

1. 项目管理体制不健全

科研事业单位的科研项目管理顶层设计相对完善且灵活度高，但项目缺少整体层面的实施细则，因此会带来单位管理措施无法准确、完整地落实到位的风险。不完善的预算绩效管理机制甚至还会加剧腐败，造成科研人员因项目资金使用不规范而承担刑事责任。科研项目具有创新性强和不确定性强的特点，在执行过程中难免遇到与最初制定的项目方案和预算不一致的情况，这时，如果没有实施细则来指导，可能会出现挪用资金的现象。同时，在科研项目的预算绩效管理过程中，仍然存在拨款不及时、预算灵活性低、绩效奖惩机制缺失等问题，这不仅加大了项目管理的难度，而且增加了项目预算被压减的风险，从而使项目难以达成预期效益目标，影响下一年度的科研项目预算。

2. 预算编制不合理

目前，科研项目预算绩效管理中存在一个共性问题，就是重视业务管理而轻视经费管理，这成为预算绩效管理的一大痛点。

一方面，科研项目的预算编制没有引起足够重视，准确性低、预决算衔接不顺畅等问题突出，叠加设定的预算绩效目标又存在缺乏科学性、一致性等问题，使预算指标仅仅依据合理性原则核定，具体的预算内容则主要基于历史经验数据做加减法，有填报人员为了便于绩效监控和绩效自评，甚至故意降低指标值的完成难度。加上财政部门留给科研事业单位进行预算编制的时间较短，编制工作量大，预算人员难以全面核对项目组所提供的预算方案的真实性，导致项目预算与实际执行产生偏差。

另一方面，科研项目人员与财务人员存在沟通不充分的问题。科研项目申报和财政预算申报相互独立，科研项目任务书中的预算申报主要是由项目成员面向科研项目的上级部门，财政预算则是由科研事业单位财务人员面向财政部门，二者面向的对象不一样，预算口径存在差异，再加上科研项目人员与财务人员缺乏有效沟通，导致财政预算不准确。科研人员和财务人员之间的信息不对称问题还表现为科研人员不熟悉财政政策规定，而财务人员则对科研项目需求考虑不全面，从而导致项目预算和绩效目标与实际脱节，使预算流于形式。

3. 预算绩效管理评价指标体系不健全

目前，科研事业单位已经基本建立了预算绩效管理评价指标体系，但仍有许多方面需要完善和提升，其中存在的突出问题主要表现在：

第一，预算绩效评价指标缺乏科学性、准确性。针对基本科研业务费、修缮项目费、国家（重点）实验室专项经费等不同类型的科研项目，尚未健全和完善相应的预算绩效评价指标体系缺少统一的评价标准，财务人员在设定绩效评价指标时缺少可靠指导，进而容易出现绩效目标设定僵硬、指标偏离行业标准、产出和效益指标设置不全面、定量定性指标分配不合理、指标设计存在浓重的主观色彩、重局部而忽视整体项目绩效评价等问题，以上会导致预算绩效评价结果与真实情况存在较大误差，不能准确反映科研项目预算绩效的实际情况。

第二，大部分科研事业单位尚未设立独立的绩效管理部门。这导致在预算编制过程中，财务部门多以科研项目承担单位提供的资料和数据为准，类似的先入为主的思想导致财务人员缺少对绩效指标真实性、合理性的考量，严重影响预算绩效评价质量。

第三，预算绩效监控和自主评价考核机制不健全，绩效管理的跟踪、问效措施落实不到位。预算绩效管理作为衡量和考核科研项目预算资金投入产出效益的关键措施，需要预算绩效监管及评价机制纠正预算执行实际情况偏离绩效目标问题，但从目前的实际情况看，预算单位在科研项目预算绩效管理中产生了监控和自评考核落实不到位、绩效管理未落到实处、管理目标难以顺利实现等问题。

4. 内外监督管理不到位

大部分科研项目资金来源于财政拨款，一方面，科研项目人员重视科研成果，相对忽视资金管理，科研事业单位也往往将科研成果作为考核科研人员的标准。同时，单位内控制度的部分内容流于形式，仅为应对上级检查，没有发挥应有的内部监督作用；另一方面，由于科研事业单位的科研项目支出在整体财政资金中占比较低，财政部门和审计部门作为外部监督的主体，难以及时、准确地识别科研事业单位预算绩效管理中存在的问题。这样一来，科研事业单位的内部监管与外部监管力度就会薄弱，导致科研项目绩效监管流于形式，项目资金浪费和流失风险增大。

5. 预算绩效管理效率低下

科研项目预算绩效管理几乎全面覆盖了预算管理流程，其项目种类多、数量大，使科研项目预算绩效管理工作量巨大且内容复杂，传统的人工数据采集方式已经无法满足管理需求。尽管目前科研事业单位的信息化建设逐步开展，但就实际情况而言，预算单位的预算绩效管理信息化进程仍相对缓慢，科研事业单位缺少自主的预算绩效管理系统，只能使用中央部门预算系统推行的预算绩效管理系统。受信息化应用不深入的影响，科研项目的预算绩效指标设置、绩效监控、考评等工作还需要财务人员和科研人员手动处理，导致预算绩效管理效率偏低。

6. 奖惩和问责机制不健全

科研项目预算绩效管理中缺少完善的奖惩和问责机制，势必造成科研项目中存在的问题无法得到全面、高效的解决。对于绩效考核评价过程中发现的项目绩效问题，若未能及时追究负责人的责任并实施惩处，就难以保障预算绩效管理的严肃性，从而导致科研项目人员对绩效管理的重视程度进一步降低，整体预算绩效管理效益无法达到预期。

（四）科研项目预算绩效管理对策

1. 贯彻预算绩效管理理念，做好宣传推广工作

科研事业单位需要加强对预算绩效管理理念的宣传推广，力求单位从上到下都能充分领悟预算绩效管理的重要意义和必要性，进而建立科学、可持续的预算绩效管理理念，将编制有目标、执行有监管、完成有评价、评价有反馈、反馈有应用的理念融入全体人员的日常工作中。科研事业单位应在上级部门和财政部门的指导下，勇于突破局限，制订完善的培训计划，组织员工参与预算绩效管理培训，以此提高各部门员工参与预算绩效管理工作的配合度，夯实预算编制和绩效目标的设置基础。

此外，科研事业单位应促进科研项目预算绩效管理制度在本单位准确落地。《预算法》及国家其他相关法律、政策中明确了预算绩效管理的主体、客体、范围、评价体系等，各地方政府也制定了绩效评价方法。科研事业单位应按照政策规定并参考以往年度的预算绩效管理经验，对内部制度和规范进行优化、细化，尽快制定科研项目预算绩效管理实施细则，指导具体的预算绩效管理工作，增强科研项目运行效率，加强项目资金管理。

2. 合理编制预算，科学制定绩效目标

为应对科研项目资金使用效益低等问题，科研事业单位的首要任务是合理编制预算和科学制定绩效目标，建议以 3 个方面作为切入点进行优化：

一是科研项目人员与财务人员沟通，共同分析科研项目达到预期的绩效目标需要做的工作，并评估工作的可行性。

二是以双方沟通结果为基础，进一步测算确定的科研项目能够达成绩效目标的可能性，还要经多方考量，修订并确定绩效目标。

三是基于绩效目标规划科研项目，由科研项目负责人按照项目规划编制预算。

此外，对于已经立项的科研项目，其预算绩效目标需要进行调整时，科研事业单位应遵守

政策规定，先分析调整的必要性，等到重新规划和调整项目目标后，再更新绩效目标和项目预算。

3. 健全科研项目预算绩效评价指标体系

科研项目预算绩效评级指标体系是一个动态发展的体系，健全评价指标体系也是一个持续的过程，需要不断将共性指标与个性指标、定量指标与定性指标相结合，并重视效益指标、产出指标。与科研事业单位自评机制相比，财政部门的重点绩效评价提升了绩效管理评价机制的必要性和客观性，因此，可将自评与重点绩效评价的结果及时反馈给相关部门和单位，同时将结果作为下一年度预算安排和政策调整的依据。另外，科研事业单位也需要实现预算绩效评价主体多元化，优化事后绩效评价质量。

4. 推进预算绩效过程跟踪管理

科研事业单位应及时推进预算绩效过程跟踪管理，具体包括采集科研项目基础数据；动态、实时评价项目预算执行情况；核定已完成的预算绩效目标；比较已经完成的预算绩效目标和预期目标，定位二者偏差并加以修正，力求使偏差趋于零。一方面，科研项目负责人要跟踪预算绩效指标的下达情况，确保科研项目顺利开展及预算绩效跟踪管理的落实。通常情况下，项目负责人可以选择合适的时间节点对预算绩效指标落实情况和预算执行情况进行跟踪评价；另一方面，科研项目管理人员需要时时关注并采集预算执行环节的数据，科学推测预算绩效目标实现的可能性。如果推测可能性较小，则需要与项目负责人和财务人员沟通，修订绩效目标；此外，科研事业单位也应清楚过程反馈的必要性，重视应急机制的建立工作，明确预算执行异常情况的处理办法，并对异常数据进行采集分析，及时采取措施控制项目预算。

5. 加快信息化建设，构建绩效管理系统平台

大数据时代下，科研事业单位应针对预算绩效管理的需求，尽快建设绩效管理系统，采用信息技术完成数据采集、数据评价、评价结果分析等工作，实现对科研项目绩效目标、预算执行、绩效评价结果等内容的数字化管理。科研事业单位应在现有预算管理系统的基础上，建立和完善适合本单位实际情况的预算绩效管理系统，加快绩效管理与科研项目预算管理的融合，并将预算绩效管理系统与财政部门预算系统对接，借此大幅提升科研项目预算绩效管理水平，提高管理效益。

6. 健全结果奖惩机制，做到评价必有反馈

科研项目实施预算绩效管理后形成的绩效评价结果对完善和健全预算绩效管理体系发挥着重要作用，因此要将结果中反映的项目绩效问题立即反馈至相关部门和单位，落实整改意见。同时，绩效评价结果对科研项目的资金决策具有现实指导意义。绩效评价好的项目可以在下一年度预算资金安排中受到关注，绩效评价结果较差的科研项目则在下一年度的预算安排中缩减资金规模，或不予安排。科研事业单位还应依据财政部门的具体奖惩机制，围绕单位科研项目预算绩效管理设置奖惩机制，对参与科研项目预算管理的人员和部门“论功行赏”，并且也要保证赏罚分明，在单位内部通报绩效评价结果较差的项目及行为严重影响科研项目预算绩效的部门或人员。

总之，科研事业单位应积极、全面地将科研项目预算绩效评价结果落实到本单位预算绩效

管理体系建设和资金决策中，同时充分发挥预算绩效评价结果的反馈作用，进一步提升科研项目预算绩效管理水平和科研项目的使用效益。

第三节　积极完善财政评价结果机制

评价结果是一种形式，是对结果的一种落实，是财政预算绩效评价工作的主要内容。财政评价结果机制对整个财政体系的发展具有十分重要的推动作用，首先，需要积极建立相应的数据管理制度，实现数据信息与预算管理的相互衔接，实现财政部门的信息共享；其次，要构建起结果的通报制度，将结果以文件的形式传给相关部门，并对其中存在的问题进行反馈，为完善财政预算绩效管理提供保障；再次，还要实现财政评价结果的公开性，可以利用网络等媒体将信息公开，实现财政资金的透明性；最后，要建立绩效评价结果，将考评划分为优秀、中等、差，对于考评优秀的给予奖励，考评较差的则需要进行整改或者取消项目，再将资金调用到效果较好的项目之上，以此来提高资金的整体使用效率。

一、完善立法和相关制度建设

预算项目的绩效改革是以结果为需求导向，贯穿财政资金的分配、使用及评价的整个过程的预算管理模式，它影响范围广、程度深，需要有关部门建立起强有力的法律法规体系和制度保障。按照我国国情和依法行政的基本要求，预算绩效改革必须以科学合理、健全完善的法律法规和一系列配套制度为支撑，形成制度化、标准化的管理监督机制。

（一）推进建设预算项目绩效评价框架体系

预算项目绩效管理的重要核心是开展预算项目绩效管理。对该项目实施结果完成绩效评价后，应及时编制出项目的绩效评价方案，拟定评价的计划，设计评价的指标，确定评价的方法等。有关单位可依据《预算法》和《政府采购法》等有关法律法规和规章制度，提高预算项目绩效评价管理的法律约束力，树立绩效评价的法律权威性，促进绩效评价工作的制度化、法制化、规范化建设。从实际情况出发，以制度建设和创新建设为重点，利用科学的绩效管理制度体系来规范的管理行为。建立健全相关的管理办法和实施细则，明确具体内容，对相关权力行为和义务进行界定，并开展财政项目绩效管理和绩效评价工作，大力推动财政预算绩效评价的体系建设。

（二）扩大绩效评价的实施主体与评价内容

目前存在绩效评价主体构成比较单一，社会监督作用发挥不够充分等问题，因而要进一步扩大绩效评价的实施主体和评价内容。一方面引入第三方评价的公众参与多方评价的监督新模式，由人大、审计、财政等部门以及第三方专业机构和社会公众从各个角度、全方位的立体式评价共同实施。同时借鉴各评价体系的相关设置，扩充并细化绩效评价内容，促进绩效评价向可持续方向发展，例如财务报告、内部控制、财务管理、环境效益等，它们可以通过具体化、数量化指标进行考核，实现对政府财政预算项目的全面评价。

（三）改进绩效评价指标的设计

是否有效开展绩效评价是绩效改革成功与否的重要依据，科学合理的绩效评价指标设计是绩效评价工作有效开展的重要保证。绩效评价指标可按行业指标和综合指标来区分。行业指标着重在经济、效率、效果方面的考量，而综合指标则对准考核项目的投入和产出。有关部门可以遵循 SMART 原则，创新绩效评价指标设计新方式，即绩效指标要具体、明确、切中目标；具备可测量性，能够形成对应的数量数据和质量数据；拥有实现获取数据的有效信息；尊重客观现实，而不是主观臆造；具有时间性或时效性。

不同的评价主体在绩效评价体系上都有不同的特点，要找准自身特点、先易后难，利用特色建立与之相适应的绩效评价体系。作为预算项目绩效评价的核心问题，绩效评价指标体系直接决定了绩效评价质量的高低，有关部门需不断地调整指标体系中不适的内容，加以记录和调整，不断补充和修订，形成符合预期设定的目标，并突出项目的特色，细化量化，科学设置权重的项目绩效评价的指标体系。

（四）强化内部控制制度保障

加强内部控制和管理，降低预算项目的风险。应在明确预算绩效管理的职能设定、树立项目的绩效意识的基础上，加强考评财政支出项目绩效评价工作，通过建立并实行有效的内部控制制度，保证绩效改革的顺利进行。要强化绩效评价工作的事前、事中和事后控制。事前对部门绩效评价目标、资金控制等进行审核；事中对项目进行绩效跟踪，及时调整不足与薄弱环节；事后绩效评价是对预算执行结果的评价。财政预算项目绩效评价能够倒逼评价主体自觉提升绩效，为有效运用财政资金提供保障。

二、加强目标管理提高质量控制

目标和指标的设计应该由预算部门和单位确定，再由财政部门进行战略性指导，社会力量参与献策。借鉴发达国家做法，预算部门、单位或项目在向各级人大报送预算时，不仅要有计划目标，还要有能反映预算使用效益的指标体系，为考核提供标准依据，并将目标和指标向社会公开，接受外部监督。

（一）政府预算绩效目标设置

目标是组织或个人行动将要达成的期望，是一种主观意愿。设置绩效目标，可以规范资金使用的用途和进度，防止资金的浪费。公开绩效目标，可以提升预算管理的透明度，这不仅是预算执行工作的出发点和落脚点，也是设计评价指标的基本依据。政府各单位、部门只要使用预算资金，就要对其达到的效果设立相应的绩效目标体系，明确资金的流向和目的，规范自身行为。

绩效目标的合理设置关系到预算资金使用正确方向的确立。绩效目标是政府预算部门和单位利用公共资金提供公共服务的战略使命和预期成效，它首先要反映的是公共价值和公共利益的目标，即增进人民福祉，获得社会公众的认可。这是社会主义制度赋予人民的权利，也是公共经济绩效管理的基本依据。在衡量预算绩效时，受益群众的认可度和满意度应作为权重最高的绩效指标维度。在此基础上，绩效目标分为总体目标和具体目标。总体目标是政府履行职能所达到的战略部署任务，通常依据国家发展战略、重大政策或项目制定，是一种长期任务计划，具有相对稳定性。而具体目标是在总体目标战略方向的指引下，分时间、分步骤完成的阶段性目标，是一种短期任务计划。在不同的阶段时期，目标任务可能会有一个动态的调整。财政部要求预算部门、单位在编制预算时，必须同时设置绩效目标并报送人大批准，除保密单位和项目外，各部门、单位、项目都应公开预算绩效目标，将资金使用的绩效责任明确到各预算部门和单位。

目前，财政部门设计了“项目支出绩效目标申报表”，要求所有支出都要填写上报表格，但是具体内容过于笼统，量化不足。因此，要明确绩效目标内容，具体方法有：

第一，编制依据。说明目标是如何满足公共利益并依据总体目标和具体目标进行编制的，保证公共支出方向的正确性。

第二，完成计划。每个阶段的目标任务要详细得到分解，包括需要用多少预算资金保障目标的完成，评价主体组织实施的大致流程，在什么时间范围内完成等。

第三，产出效果。对应预算需要完成的具体工作或公共服务提供的综合效益以及利益相关者满意度等，以定量描述为宜。

第四，与指标对应。设置的目标能够转化为相应的定量或定性指标，使指标能够衡量目标完成的程度和结果。

（二）政府预算绩效指标开发

政府机构制定了绩效目标和计划，它们如果不能通过有效的指标来衡量，也很难达到预期的效果。绩效目标的完成程度不一定只使用定量指标来衡量，而应该结合符合有关绩效目标特点的定量和定性指标来衡量。设置科学合理的绩效指标可以准确衡量预算资金使用绩效，其结论事关绩效评价结果质量的高低。

绩效指标设计应与绩效目标考核内容相一致。基于目标的绩效评价，其关键因素是保持绩效评价过程的公平性和客观性，预算部门可以使用具体的、可量化的绩效指标来衡量其目标的完成程度。目前中国的指标体系一般分为三级，一级指标是根据评价维度确定的，通常也被称为共性指标。财政部文件规定的共性指标主要包括投入、过程、产出、结果和满意度等。学术界和实务界借鉴企业绩效评价的方法去设置共性指标，例如平衡计分卡、关键指标法和标杆管理法等，或者是引用国际做法设置原则，例如相关性、效果性、效率性和持续性等。无论采用何种方法，都要分析评价对象的特点，针对不同的评价对象和内容设置相适应的维度及其指标，而不是统一为一个标准。评价指标开发是指在每个评价维度下的二级及其三级指标的具体设置，也称个性指标。

中国每年预算资金支出量巨大，项目数量庞大，地方财政部门为此建立了庞大的指标库，但是指标数量未必越多越好，越全越好。进一步的研究不应再围绕设置庞大的具体指标群，而应该去设计具体指标应遵循的原则，引领指标设置的方向，合理反映目标的实现情况。国际社会较为认可的指标开发通用原则是“CREAM”原则，即 Clear（清晰）、Relevant（相关）、Economic（经济）、Adequate（充足）和 Monitorable（可监测）。结合中国国情，绩效指标体系的开发也要遵循一定的原则，要体现主管部门简政放权，并依据绩效目标，由财政部门、预算部门（单位）和评价对象及其利益相关者共同协商确定，最后上报财政部门审批，即共同协商，原则指导。

就政府预算绩效评价来说，指标开发原则具体可以考虑为：

第一，针对性。根据目标设置指标，即以完成绩效目标为主要依据，结合本部门单位的实际情况，设置相应的绩效指标并报备上级主管部门。指标既要符合项目或部门单位的行业特点，又要体现政策方向。注意要减少无效指标，增强指标的可操作性和实用性。尤其是专项支出，由于其目标的特殊性，其指标针对性更强。

第二，可协商性。评价组织者是指标的设计者或决定者，但受评对象作为指标考核对象，也要参与指标的设计，不能只是被动接受指标考核，这样做充分体现了政策执行的上传下达，有利于指标数据的采集。

第三，可量化。评价指标按照是否可量化，可以分为定量指标和定性指标。定性指标以主观判断较多，因此，指标设计应尽量以定量指标为主，定性指标则作为重要参考。在保证数据采集的准确性和真实性的前提下，能量化的指标都要实现量化，如指标无法量化，定性描述的指标准确到位，并获取佐证材料做事实支撑，使绩效评价有据可循。

第四，动态化。指标是一个动态变量，由于目标常量已设定好，在具体执行过程中，其间可能发生不可测的客观因素，影响目标的实现。只要具备充分的理由和依据，相关部门可以动态地调整目标和指标并上报备案。

第五，指标导向。指标的设定对政策执行有导向性和指导性，执行人员会围绕指标测量内容去执行并完成任务。而指标之外的目标落实就可能被忽略，影响政策的下一步施行。

三、监测预算绩效信息输出过程

以政府为主导力量，组织或委托开展绩效评价工作，此时无论评价主体是哪一方，从制定计划到报告结果，都应遵循规范的工作流程。绩效管理工作是一个管理控制系统，可以将数据监测的流程划分为绩效指标的设计、绩效信息的监测和监测数据的分析这三个环节。

（一）绩效指标设计

如何监测部门、单位职能和项目的成效，绩效指标为绩效衡量提供了一个有效的工具。当评价主体开展评价工作之前，根据评价目标开发的具体绩效指标，将每个层面目标转化为定量或定性的指标，并对相应指标进行监测，以便对数据进行分析，评价目标实现的情况。具体做法：

1. 明确绩效目标的内容

其中至少应该包括预算资金的受益对象、预期达到的效果、实施计划的安排和预计完成的时间等四个方面。

2. 确定绩效目标的依据

目标是如何确定下来的，不是靠主观的想象或臆断，要遵循循序渐进的原则，在以往目标完成的程度基础上，结合国家的最新政策目标来考虑增量任务。

3. 根据绩效目标设置绩效指标

指标是评价成败的关键，它可以充分反映评价对象对预算执行的成效。根据指标开发的原则，指标要围绕目标多维度、多层次进行设计。指标太少，无法充分衡量一个目标；指标太多，不仅收集成本会大大增加，而且会分散目标值。根据经验，衡量一个目标维度的关键指标的数量一般在 2~10 个，不宜过多，依具体情况而定。

（二）绩效数据监测

监测是一种围绕特定的指标系统收收集相关数据，进而向绩效管理者及主要利益相关者提供绩效目标实现进度以及分配的资金使用状况信息的持续性活动。监测活动贯穿于项目或预算执行的全过程，其目的是检查与绩效目标的偏离度。为监测绩效情况，需要收集资金受益对象、项目活动、产出结果和满意度等方面的信息。

1. 明确绩效目标数据

评价主体要准确找到受评对象的绩效总体目标和具体目标，每一个参与者都要对监测对象应达到的目标达成共识。这种共识具体来说就是部门单位、政策、项目所实施目标的结果。内部评价相对于外部评价来说更具优势，所以，外部评价主体事先要做好充分的了解，掌握预算绩效目标。

2. 确定绩效指标所需数据

指标的确定要参照绩效目标选择适用方法，并充分考虑受评对象的绩效完成进度。目标是预算资金使用要达成的结果，指标可以测算预算资金使用结果，指标结果与目标的偏离是进行归因分析的重点。受评对象对指标的确定有充分的参与权利，当指标考核超出其工作范围和能力时，会影响评价的结果，甚至导致弄虚作假情况的出现。

3. 采集指标基准数据

收集与绩效相关的信息，利用文献查阅、实地调查等方法进行数据采集，并通过政府审计、问责机制保证信息的真实客观。

4. 形成数据库

采集到的数据信息全部录入数据信息库，并对其进行鉴别、筛选和核对，统一指标口径，为进一步数据分析做准备。

（三）监测数据分析

绩效评价主体为了客观公正地反映被评价对象的绩效，会利用各种方法收集数据信息进行监测，这是绩效评价的基础和依据。评价主体将受评对象执行预算的数据采集整理之后，就需要进一步地对监测数据进行分析和归因，从而形成有价值的结果报告。数据的分析主要是对产出的成效、服务质量、客户满意度等方面进行监测，然后将指标采集的数据进行计算汇总，与部门、单位或政策项目的预算支出绩效目标进行对比，看是否完成预期的目标，如果没有完成，要对差异情况作出说明。报告文本可以通过列表来反映。将前期收集的目标和指标数据对比汇总，可以清晰地反映出目标的完成情况。

四、改进整体支出绩效评价方法

中国地方政府绩效评价工具应根据实际进行必要的创新和改善，减少繁文缛节式的评价方式。这符合中央“创新评估评价方法”的要求。方法是进行绩效评价的一种工具和手段，预算资金使用的方式不同，绩效评价方法也有所不同，即不同的评价项目和内容应采用不同的方法。专项预算支出，包括执行重大政策预算支出和重点项目预算支出，应对其具体问题具体分析，一事一评，不同的评价项目根据绩效目标设计专门的绩效评价方法。预算部门或单位整体支出的绩效评价，可以构建物元综合绩效评价模型进行量化评级。该方法的指标设计相对明确，计算简便，可以增强量化考核的力度，尤其是便于县级、乡镇级等基层政府部门和单位操作，其主要过程为绩效指标的设计、获取及评分测算。

物元综合绩效评价模型采用的是物元分析法的思路，其与平衡计分卡、关键绩效指标法和层次分析法相结合，借鉴私人部门绩效管理的方法，确定预算部门或项目绩效评价的维度、指标及权重，获取审计后的指标数据，构建具备多指标性能参数的综合绩效评价模型，量化反映评价对象的综合绩效水平等级。

（一）平衡计分卡

平衡计分卡（The Balanced Score Card，BSC），最早是用于企业绩效评价的一种管理工具，它是由美国哈佛商学院的两位教授在 1992 年提出来的，是以企业战略为中心，从财务、客户满意、内部运营和学习与成长四个维度来设计具体的绩效评价指标，寻找到了一种超越传统的财务维度的维度，可以多角度来综合考核组织单位绩效。

多年的实践和理论证明，平衡计分卡同样也可以运用于公共部门，综合衡量部门和单位的整体支出绩效。与私人部门追求利润最大化的经济利益导向不同，公共部门职能是以社会公众满意为公共价值目标导向，以内部学习成长和规范运营为手段，通过财务进行预算控制。因此，可以结合四个维度对自身进行调整，将部门和单位的运行成本和管理效率作为财务维度，社会效应和服务对象满意度等作为客户满意维度，履职效能作为内部运营维度，可持续发展能力作为内部学习成长维度。

（二）关键绩效指标法

关键绩效指标法（Key Performance Indicator，KPI），是企业绩效管理使用的一种目标式的量化指标设计方法。它采用了企业管理学中的“二八原理”，即企业 80% 的绩效是由 20% 的关键指标来引领完成的。因此，只要抓住这 20% 的关键指标，对之进行集中测量分析并不断加以改进，就能抓住绩效评价的重心。

关键绩效指标法也可用于政府预算绩效评价，通过设计 20% 的关键指标对绩效进行全方位考核，就能带动 80% 的绩效改进。指标的选取应根据政府预算的绩效目标和重大政策项目的要求来进行设计，可以结合被评价方的执行情况，按照有效性（客观真实）、重要性（有较大影响）、可操作性（明确定义和计算方法）的原则确定 20% 的关键指标。关键指标可以采用定量或定性的指标描述确定下来。

（三）层次分析法

层次分析法（Analytic Hierarchy Process，AHP），是一种在处理复杂的评价决策时通过进行方案比较排序，来确定权重比例的定量和定性相结合的方法。其核心思想是把复杂的评价问题层次化，把上下每个层次的相对重要性定量表示为判断矩阵，通过求出判断矩阵特征向量来确定每一层次的各元素对上一层次某元素的权重，思路详见图 6-3。

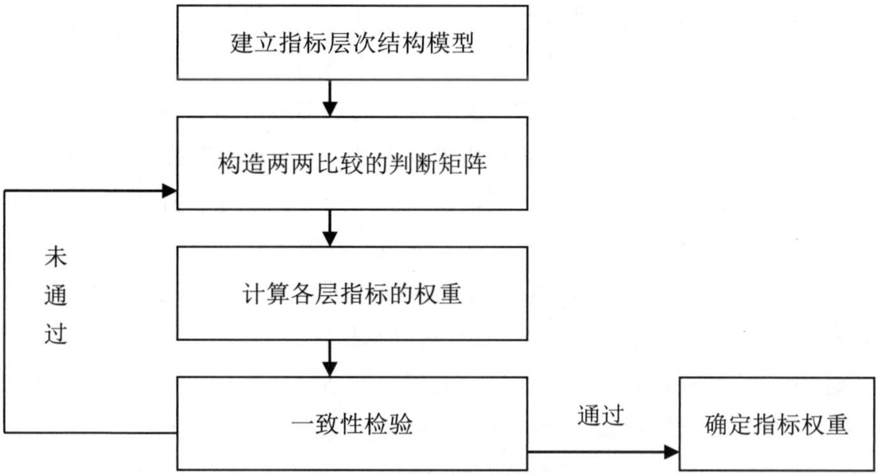

图 6–3　成分分析应用流程

这种方法可以用来确定绩效评价指标的权重。首先，对绩效指标进行分层，按从总括到具体的分层方式，一般包括目标层、领域层和指标层。结合平衡计分卡和关键指标法的思想，将评价对象指标体系作为目标层，按照财务、客户满意、内部运营、学习与成长这四个维度形成领域层，再在这四个维度的每一维度下选取关键指标，形成指标层。其次，根据 1—9 级标度和满足条件，对同一维度的领域层下的前后两个指标以及两个领域层的重要程度进行两两赋值比较，构造比较判断矩阵。然后，计算各层次指标权重排序，并进行一致性检验。最后，检验通过（CR<0.1）后最终确定领域层的维度权重和指标层的指标权重。整个操作过程可以通过软件完成。

（四）物元分析法

物元分析法的使用，要与平衡计分卡、关键指标法与成分分析法相结合，需要构建物元综合绩效评价模型，对部门、单位的整体支出绩效进行综合评级。物元分析法（Matter—Element Analysis，MEA）是一种多元数据量化分析法，由中国学者蔡文教授创立。这种方法以数学的可拓集合为基础，将复杂的实际问题概括为相容性问题和不相容性问题，并将不相容问题转化为相容问题进行处理。近年来，该方法被普遍用于分析项目决策、风险等级和项目评价等领域。用物元分析法进行综合评价，一般分为四个步骤：第一步，建立物元矩阵；第二步，确定经典域和节域；第三步，计算关联度；第四步，确定综合评价等级。

五、落实绩效评价结果应用倒逼机制

绩效管理的效率取决于绩效管理的约束力，这种约束力应通过建立科学的绩效评价结果反馈机制来实现。绩效目标是期望值，监测到的数据是实际值，对监测数据的分析是将期望值和实际值进行对比，及时了解目标完成程度，以便发现问题，总结经验和教训，并提出相应的政策建议，形成结果报告。绩效评价作为预算绩效管理的核心环节，是决定改革成败的关键因素，绩效评价结果应用是将评价结果的建议付诸实践，并使其真正成为政府决策及管理的依据。

（一）绩效评价结果公开

预算绩效评价结果公开发布是预算绩效管理的重要方面，公开就是透明，有关部门主动接受各方的监督，勇于正视自身存在的问题，敢于承受外界的评议压力。目前，预算绩效评价结果报告主要为预算使用部门（单位）改进自身管理或决策而服务，报告除了按要求向上级报送之外，尚未真正做到主动对外公开，受益对象和社会公众对政府绩效的表现无法全面了解。绩效评价结果公开的途径应该多样化。结果报告正式对外公开之前，要先反馈给受评对象，如果受评对象对报告存在异议，应及时沟通，提请复议。若无异议，除涉密部门或项目外，强制规定所有绩效评价报告必须对社会公开发布，主要通过三种方式：

第一，向各级人大报告。财政部门负责报告绩效自评、重点评价和第三方评价，审计部门负责报告审查预算执行情况和各主体绩效评价执行情况。

第二，除保密部门和项目外，报告通过政府门户网站对社会公众主动公开，扩大社会监督范围，保证公众的知情权和监督权，充分体现新时代以民为本的公共价值。

第三，在政协领导下，成立预算绩效评价听证会，接受各党派民主人士的监督，提高参政议政的积极性。在现阶段，可以考虑政府部门（单位）和审计部门每年向人大提交的决算报告和审计报告中列出清晰的绩效评价信息，这些决算报告和审计报告在政府门户网站上完整公开，接受各方监督。

绩效评价结果公开的内容应体现有用性。政府预算绩效评价结果的报告就是评价意见，可以按照完成情况进行综合打分评级。这份意见不仅包括指标数据说明，还要对绩效变化情况以及偏离绩效目标的原因进行科学分析，总结经验教训，并结合实地评价工作提出改进建议。对项目来说，还要着重提出对专项资金的整合调整，以及优化资金投入领域、使用方式方法、项目安排等方面的意见建议。它应该是一份由多元评价主体报告汇总而成的综合性报告，其外部评价的权重应该略高于自我评价，这样可以促使本部门单位主动聘请第三方、社会公众等外部力量参与评价。

（二）绩效评价结果应用

绩效评价的最终价值在于其结果的应用，应用的目的不在考核本身，而在绩效的改善。若评价结果被束之高阁，那之前的绩效管理付出的所有努力将付诸东流，不但没有起到用绩效去提升预算使用效率的作用，反而带来一种预算资金的浪费，使绩效评价失去意义。在制度安排上，要加强绩效评价结果应用的管理方法，对结果运用的目的、范围、程序、权限进行具体指导和规范，使绩效信息真正地应用到预算管理中去。

报告结果的应用涉及谁来用、怎么用的问题，还应将报告呈报给利益相关者。

首先，要保证报告结果反映事实的可靠性，应在过程中正式引入复议制度，给予相关部门复议的权利。如果受评对象对评价结果有不认可之处，可以向上级提出申诉意见，以此维护自身权益。上级组织专员进行调查核实后，再审视报告的可靠性，看是否需要做出修改。

其次，报告上呈给预算拨付部门，预算拨付部门依据结果判断受评部门执行预算的效果，可以借此对下年度的预算进行必要调整。

最后，上报人事主管部门和组织部，结合人事绩效问责，对人员业绩进行综合考评。

在结果应用上，绩效评价结果与预算拨付不适合直接挂钩。有外国学者发现，在美国，虽然法律要求可能会增加绩效衡量标准的产生，但并不一定会导致预算拨款与绩效结果挂钩。预算决定原则在中国比较复杂，不能靠绩效评价结果把控下一年度的预算支出，否则，绩效结果可能被人为操纵而成为争夺有限资源的一种新手段。当然，如果绩效分析表明，缺乏绩效在某种程度上恰恰是由于缺乏资金安排，那样对绩效表现不佳的项目或部门继续增加预算安排也是合情合理的。当前，绩效评价的结果普遍被当作批准预算时的重要参考依据，至于重要程度占比有多大，至今尚无定论，主要还是依靠各级政府对其认知和利用的程度。目前，中国的绩效评价标准要求参差不齐，评价结果得分较高也不完全代表财政资金使用效率和公共服务水平高，它更多反映的是公务人员的努力和能力，应侧重于对人员的问责和激励。所以，综合考虑，评价结果应主要应用在完善政府管理、支持政府决策、依据结果进行绩效问责、人员考核晋升及其绩效薪酬等方面，将工作业绩与个人利益相挂钩，使激励与问责并存。

六、国内外案例借鉴

（一）国外预算绩效评价实施概括

1. 国外开展预算绩效评价工作的发展历程

预算绩效评价的发展受到社会政治、经济发展的影响，而财政支出绩效评价的内容和特点很大程度上取决于这一时期政府公共管理及财政管理的模式。西方国家的预算绩效评价工作萌芽于 19 世纪，发展盛行于 20 世纪二三十年代，伴随着“新公共管理”运动逐渐发展成熟。

第一阶段，萌芽阶段：19 世纪至 20 世纪初

17 世纪中叶到 18 世纪末，资产阶级民主制度正式确立，西方民众的民主意识在很大程度上觉醒，民众开始强烈要求当权政府建立透明可控的政府收支制度来监督政府的支出活动。19 世纪起，西方国家不约而同地成立了从事政府审计活动、监督财政收支活动的相对独立的、具有权威性的机构。如，法国于 1807 年成立审计法院、英国 1866 年建立国库审计部，德意志帝国（现德国）于 1871 年建立帝国审计院，澳大利亚于 1901 年成立国家审计署等。

这一时期盛行古典经济学，倡导“政府不干预经济”，因此这一时期并未完全建立预算制度，政府只是依靠估计确定财政预算收支，因此上述审计机构的主要职能仅限于审查政府财政支出的合法性和合规性。

这一阶段的财政预算绩效评价是以对财政支出的国家审计为表现形式，预算绩效关心的主要是支出的合规性，对完善政府支出管理以及财政支出的效率没有涉及。

第二阶段，发展阶段：20 世纪二三十年代

20 世纪二三十年代开始，传统的国家审计逐步被绩效审计代替，这主要是受当时的特殊环境影响：一是经济危机的爆发，政府财政支出扩大；二是凯恩斯主义代替了古典经济学，凯恩斯主义主张只有政府干预经济才能克服自由经济所造成的危机；三是第二次世界大战后，各国积极开展战后重建。绩效审计在此基础上得到快速发展。

财政支出绩效审计的最初表现形式是对公营企业的审计和监督。第二次世界大战后，西方

国家处于战后重建阶段，政府在其中发挥了重要作用，除了像美国一样建立了各种公营企业外，也建立了各种由政府提供服务的项目。政府的职能正在从简单地维持国家正常运转，转移到支持国民经济的发展，同时建立社会保障制度上来。在这种情况下，西方国家开始探索对项目的效益性进行审计。1960 年前后，美国在“向贫困宣战”的规划中，将巨额国家预算资金投入了经济建设，同时开始了对预算资金绩效审计工作。

这一阶段，虽然绩效审计已经开始对项目的经济效益性进行初步审查，但是其审查效率低、达不到预期成效。尽管如此，在预算绩效评价理论和方法的探索上，该阶段已经为当前的绩效评价制度奠定了基础。

第三阶段，成熟阶段：20 世纪 70 年代中期以后

20 世纪 70 年代以来，随着西方各国经济社会文化的发展，西方国家的财政预算支出绩效评价制度已初步建立。但是，随着政府职能的不断扩展，财政负担越来越重，为了缓解财政危机，各国政府提出了以提高财政资金使用效率为目的的“新公共管理”革命，希望通过建立预算，实施预算绩效评价，提高整个政府部门的行政效率和整体绩效。1990 年后，大部分西方国家都基本建立了完善的财政预算绩效评价制度和体系。

2. 具有代表性的西方国家财政预算绩效评价的现状

作为西方国家的代表，美国和英国等国对于财政预算绩效评价工作的开展始终走在世界各国的前列。

（1）美国：项目绩效评估比率工具（PART）

美国政府在 2002 年推出项目绩效评估比率工具的初衷在于利用全面、科学的绩效评价指标，全面评价不同联邦、不同项目的预算绩效运行情况，再通过具体可量化的数据对不同地区政府的预算执行情况进行反映，也为下一年的资金安排、长期规划提供数据支持。打个简单的比喻，美国政府推出的项目绩效评估比率工具就相当于一份制式调查测验。为了保证不同项目的绩效评价结果有横向可比性，它对所有评估项目都在四个具体方面设立了一系列问题，并对每个问题的解答都设置了一定的格式与要求。

美国项目绩效评估比率工具在评估测试中设置的问题分为项目初衷和总体规划、战略设计、项目具体管理情况、项目执行结果四个方面，其分值按照 2 ∶ 1 ∶ 2 ∶ 5 的比例设置。其中第一部分主要评价项目年度预算设立的出发点及其设计过程是否科学合理，第二部分主要评价预算项目的长期目标是否清晰合理，第三部分主要评价项目预算执行过程中的经费管理情况是否严格规范，第四部分主要评价项目整体的执行情况。在回答问题的方式上，该工具的设置也称得上独具匠心，其回答方式全部为选择形式，对于比重较小的前三个方面问题设置的选项仅有“是”和“否”两个，对于占比较大的第四个方面，共设置了“是”“大部分是”“小部分是”“否”四个选项，增加了预算执行绩效评价结果的科学性，提升了评价结果的可信度。

虽然项目绩效评估比率工具明确设置了四个评估方面，但这四个方面的评价问题并非完全独立，不同方面的问题设置往往体现了一定的层次性。如第二部分预算项目，其长期目标的设置为第一部分预算项目年度目标提供了设置方向，而第一部分的又是第二部分的短期组成部分，同时前三部分对项目预算的整体规划和具体实施方面的评价也为第四部分的项目总体评价

提供了具体依据与评价基础，如果没有科学合理的目标设置和严格规范的日常管理，就难以取得较好的绩效评价成绩。

项目绩效评估比率工具中四个评估方面按照 2 ： 1 ： 2 ： 5 的比例来设置，但在具体设置上，每个方面的问题总分值都是 100 分，在各部分工作评价时，评价者会根据项目实行情况逐一回答设置的问题，每回答一个问题都会获得相应的分数，最后得到整个评价方面的汇总分数。每个部分评价结束后，再按比重计算出项目的总体得分，总体得分是按百分制计算，项目性质根据最终分数进行评判，最终得分在 85 分以上的项目被视为“有效项目”，最终得分在 70 分到 84 分之间的项目被视为“中等有效项目”，最终得分在 50 分到 69 分之间的项目被视为“一般的项目”，最终得分在 49 分以下的项目为“无效项目”。对于年初没有设定相应绩效指标的项目，或者没有收集相应评价数据的项目，应将其评价为“未能评价的项目”。

为了进一步增强项目绩效评估比率工具中的评价对象和所设置的评价问题之间的相关性，美国政府将全国所有的预算项目大概分成了几个方面，分别是研究和发展项目、监管依赖项目、信用项目、政府直接干涉项目、资本及服务获取项目、程式化拨款项目和竞争性拨款项目。这七个项目之间，大部分的绩效评价问题设置是相同的，但为了突出每个不同类项目之间的特点，项目绩效评估比率工具还是设置了一定的特定问题，确保绩效评价结果的真实性与针对性。

在项目绩效评估比率工具出台的当年，美国政府就在全国所有预算项目中选取了 67 个项目作为该项工具的首批施行对象。为了进一步完善项目绩效评估比率工具的功能和设置，美国政府在随后两年的时间内对其运行情况进行了不断跟踪，搜集该工具在具体应用工作中出现的问题，并对其进行及时的完善和改进。在相关人员的不断努力下，该工具在美国政府预算编制工作中发挥了重要作用。

各项工作实践显示，项目绩效评估比率工具强化了预算编制部门的绩效概念，使预算执行各部门的关注点逐渐转移到资金使用效率上面来，进一步提高了预算管理部门的管理效率，提升了预算管理水平。同时，它还使绩效与预算的联系更为紧密和清晰，预算绩效管理在此基础上真正建立起来。

（2）英国：公共服务协议（PSAs）

1997 年，为了保证政府机关能够有效控制全国各项事务的策略制定和具体执行，英国政府以“提供公共服务”和“联合政府”为核心也实行了一揽子改革措施。当年，英国财政部为了进一步加强对财政预算的控制力度，创新性地开展了财政预算综合审查制度。次年，为保障该项制度能够长期运行，英国财政部出台了财政综合开支审查白皮书，其中明确指出英国政府财政支出的总体目标是保障全社会的可持续发展，增加民众就业机会，促进全社会的公正、平等、公平，这意味着英国历史上首个以设定政府总体支出目标为目的的财政预算方案正式走上政治舞台，为后期英国政府部门间相互配合、有效协作、提升效率奠定了有力基础。

财政综合开支审查白皮书改变了原有的财政经费支出制度，制定了以三年为一个周期的中期财政预算支出方案，在经费使用周期内，只给财政支出部门设定经费使用上限，使各部门能够在预算范围内更有效地使用资金，形成目标导向的预算执行体系。1997 年以前，英国政府采用的是传统的财政经费支出制度，即各支出部门以年度为单位编制预算，预算管理部门再根据各部门编制的预算拨付经费。这种预算制度容易造成财政预算出现“重收入、轻支出”的情况，容易造成各部门为了争取更多的预算资金而抢占项目，各自为政，不利于部门间的相互协作。但财政综合开支审查白皮书的提出有效地改变了这一种情况，它将财政预算执行周期由单个年度扩展为多个年度，强调财政预算的支出目标与使用效率，促进了政府部门之间的相互协作与协同发展。

在财政综合开支审查白皮书所建立的预算体系中，英国财政部扮演了重要的角色。他们不仅需要确定每个预算开支部门的经费限额，实时监控财政资金的具体使用情况，对资金使用存在问题的部门提供有效的建议和帮助，还需要积极协调每个政府部门，确定每个预算周期内的绩效目标，形成公共服务协议，这也是该预算体系中最重要的工作之一。

公共服务协议是在每个预算周期起始时，英国财政部针对财政预算执行的绩效目标设立问题和政府各部门之间签署的协议，协议设定了具体的预算绩效目标，要求政府各部门以绩效目标为导向合理地使用财政资金，从而更加有效地提升公共服务质量。同时该协议设立了绩效目标完成情况与预算拨款相挂钩的考核机制，确保各部门的预算执行过程能纳入财政部门的有效监管。1998 年财政综合开支审查白皮书出台后，英国政府各部门在编制经费预算时都必须对预算周期内的经费使用计划进行详细说明，然后形成具体的计划书上报财政部审核，并根据最终确立的预算绩效目标签订公共服务协议。2000 年，英国财政部对公共服务协议的内容和形式又进行了进一步补充，将其细化为服务提供协议和技术说明细则两个方面。其中服务提供协议要求政府各支出部门详细阐述其预算绩效目标，并具体说明计划以什么样的手段和方法来实现绩效目标。技术说明细则要求政府各支出部门对预算绩效目标进行技术上的解释和说明，形成量化具体的技术细则。2004 年，英国财政部要求政府各支出部门将技术说明细则对社会公开发布，并向公众解释各部门实现预算绩效目标的具体方法和途径。可以说，英国政府以公共服务协议为手段，通过财政综合开支审查制度，扎实有效地强化了财政部门对政府各支出部门的预算控制，强化了财政资金监管，促进了资金使用效率的提升。

综上所述，英国财政综合开支审查制度以建立结果导向的财政支出体系为手段，通过设立具体可行的财政预算绩效目标，责成政府各部门签订公共服务协议，最终实现财政资金的有效利用，其优点和值得借鉴之处主要有以下几点：一是设立了一个较长的预算执行周期。英国财政综合开支审查制度以多年为周期对各部门的经费使用情况进行考核，有利于政府各部门在一个较长的时间内规划各项支出，避免了为应付一年一度的绩效考核而产生的各项短视行为，使得财政资金的支出更加科学合理；

二是通过公共服务协议建立了以综合结果为考核目标的预算执行机制，不再以单一政府部门的预算执行结果为考核依据。公共服务协议是财政部结合各部门计划书内容确立的综合性绩效目标，其天然具有综合性、时效性和可执行性的特点。同时综合性目标的确立也加强了政府各部门间的有效协作，破除了各自为政的利己主义，达到了建立效率型政府、协同型政府的目的。如公共服务协议设立了“确保五成以上的儿童达到沟通技能和情感发展的良好水平”的绩效目标，要求英国学校部和工作薪金部共同完成；三是强化了中央政府对政府提供公共服务行为的指导作用。由于财政部参与制定公共服务协议并主导在其完成的情况下进行评价工作，使得中央政府对财政预算的执行和各政府项目的开展情况有着清晰具体的认识，有利于政府及时修正既有政策，调整远景规划，促进国家各项目标更好更快地达成。

（二）国内预算绩效评价的探索与实践

随着我国在各地积极开展预算绩效评价试点，通过试点成果的汇总分析，已初步形成了具有中国特色的预算绩效管理改革框架，建立了初级指标库，完善了工作流程，初步制定了相关工作制度，为以后全面开展预算绩效评价工作奠定了基础。

首先，财政资金的使用效益得到了越来越多的社会关注。随着经济社会文化的发展以及社会民主程度的不断提高，在财政收入连年增长、财政赤字也在不断扩大的情况下，财政资金的使用效益问题受到公众的普遍关注，理论界也进一步加强了财政支出效益问题的理论研究。为此，如何加强财政资金管理、提高资金使用效益也成为当前财政管理改革的重点。

其次，从全国角度看，已经初步建立起能够满足当前工作需要的评价工作组织体系。在前期试点中，各地都能够明确各级财政部门是评价的管理机构和组织机构，各地还会抽调专家组和第三方中介机构成立评价工作组，具体负责评价工作实施。同时，评价工作流程也初步成熟，从组织实施到评价具体实施，再到评价结果反馈及总结应用。

最后，在试点的基础上，我国完善了财政预算绩效评价指标体系。根据初期实践经验，各地在试点的基础上，进一步完善了绩效评价指标体系：

1. 短期效益评价与长期效益评价相结合

针对不同的项目分别有投资时间、运行周期不同，效益生效的方式、时间不同（有些项目效益生效具有明显的滞后性；有些项目既有短期经济效益，又有长期社会效益等）等特点，在制定评价指标时，注重把项目的短期效益与长期效益、社会效益与经济效益结合起来，使评价指标体系更趋于完善、客观、具体。

2. 定性分析与定量分析相结合

定性分析是评价者根据资金收支情况，参照以往的项目案例，按照有关文件、规定，对被评价对象做出的主观判断；定量分析是通过设计一系列的数量指标或公式指标，按照统一的计算口径、衡量标准，测定财政资金的效益情况。定性与定量分析有机地结合起来，才能保证绩效评价的结果客观、科学，具有可借鉴性。

3. 通用指标与专用指标相结合

通用指标是对所有财政预算资金绩效评价项目都适用的一个共同的、统一的评价标准；专用指标是指根据不同项目的特点，对专项资金使用效益及项目实施效果进行评价的个性标准。只有通用指标和专用指标相结合，才能既评价项目设立情况、资金使用管理情况等共有项目，也评价不同性质、不同类型项目资金运行状况及其发挥的功效性，这样做具有全面、符合项目特点的优势，同时也有利于对财政资金的使用过程进行跟踪监督。

（三）对开展预算绩效评价工作的启示与借鉴

根据国内外预算绩效评价工作开展的情况，我们认识到要想建立一个成功的绩效评价模式，首先要明确政府各部门职责，同时要确定一套行之有效的绩效评价标准和指标体系，使得绩效评价工作可以渗透到政府管理的各个步骤。只有这样，才能既保证绩效评价工作顺利进行，又保证评价结果得到合理运用，最终实现提高政府工作效率的目标。

1. 从提高对预算绩效评价的重视程度入手，促进绩效评价工作发展

从西方国家和我国现今的研究状况看，绩效评价制度一般都是建立在政府出现财政危机，同时社会公众“主人翁”意识较强的历史条件下。当前，我国政府收支规模不断扩大，财政收入增长空间有限，财政收支矛盾突出，财政赤字逐年增大。为改善财政预算资金使用缺乏监督，资金使用效率低下的现状，我国虽已开启了财政改革，加强财政支出管理，特别是财政预算、决算管理，但是如何更好地加强预算资金管理，提高资金使用效率，仍然是当前财政预算改革的重点，同样也是社会各界重点关注和重视的问题。唯有提高对预算绩效评价工作的重视程度，增强公众的参政、议政意识，才能进一步促进绩效评价工作的发展。

2. 正确定位预算绩效评价工作

从历史角度看，预算改革取得成功的西方国家，都拥有一套相对完善的绩效评价制度，从预算工作定位、实施到结果运用，都做了明确规定；从我国目前的情况看，企业绩效评价制度因为与企业利润相挂钩，故而推行得较为顺利，发展较为迅速，已经相对成熟，但是对财政预算单位的绩效评价工作仍处于刚刚起步的状态，不具备全面实施综合绩效评价的条件，且其没有上升到立法层面，缺少法规规章明确预算绩效评价的地位和工作流程，在实际操作中，有关部门多是以经验为依据开展工作，并且该工作无法得到部门领导的重视。

3. 明确绩效评价工作的领导、组织实施主体

在西方政治体制下，由议会、国会和政府共同组织并实施绩效评价是一种比较理想的办法；但目前在我国，由立法机关实施和保障实施绩效评价工作仍存在较大阻力。财政部门作为政府预算资金管理监督部门，理所应当地成为绩效评价工作的组织实施主体，所以，目前我国由财政部门组织实施绩效评价应该是比较可行的。与此同时，应加强对财政部门的执纪监管，明确行政问责。待条件成熟时，可以由国务院或者全国人大制定法律和法规对其进行规范。

4. 健全完善绩效评价指标体系

根据西方国家绩效评价工作经验，由于绩效评价工作是将项目实施成果与起初设定的目标之间进行比较分析，评价目标设定的合理性以及目标的完成状况，所以设定项目目标，进而确定评价指标是建立绩效评价指标体系的关键。一个部门或单位往往会包括多个主要目标，每一个主要目标通常由多个分项或阶段性目标组成，这些分目标通常是可以量化的，而且可以根据不同行业、部门的特点进行设定。

在我国的绩效评价指标确定时，由于政府职能多样（既有公共服务职能，又有经济建设职能），不可能像企业那样，确定一套统一的评价标准；也不能仅仅包括公共服务类指标，必须同时包括公共服务类指标和经济建设类指标。所以，我们财政预算资金的绩效评价指标体系，应包括通用指标和专用指标、财务指标和非财务指标，同时也需要借鉴企业绩效评价指标内容设置经济建设类指标。因此，在建立标准指标库的同时，对于一些具有纵向或横向可比性的指标，还需要建立一系列的标准值数据库。这些都体现了确定绩效评价指标体系在建立绩效评价制度工作中的重要作用和攻坚地位。

5. 调整绩效评价实施方式

西方国家主要采取以各部门和单位自我评价为主、外部评价为辅的评价方式。而我国，就目前试点来看，其评价方式主要是以自我评价为主，只有极少数项目由于涉及财政资金性质的特殊性，采取先由项目建设单位自我评价，然后由第三方评价机构复核的方式。但是社会监督和自我约束机制匮乏，以及政府审计制度的不完善，大大降低了政府部门自我评价结果的质量、可信度和可借鉴性。在这种情况下，我们应该采取以第三方评价为主、自评为辅的评价实施方式，以保证评价工作不流于形式，保证评价结果的有效性和可比性。

6. 重视绩效评价结果的应用

评价结果能否得到充分应用标志着评价工作是否取得实效，如果绩效评价结果得到充分应用，反过来又会促进绩效评价工作进一步发展完善，进而实现绩效评价工作的意义。但是通过我国目前实践的情况发现，绩效评价工作多处于评价完了就完了的状态，有关部门并未对评价结果进行公开公示，也并未对项目实施与监管不力的相关责任人进行问责，更没有对绩效评价发现的问题进行整改。因此，我们应意识到绩效评价结果有效应用的重要性，一方面通过绩效评价，找到政府管理中存在的漏洞，及时提出整改措施，加以改正；另一方面，绩效评价结果要与预算的编制和预算资金的分配相结合，从外部促进各单位严格执行财政预算，提高预算资金的使用效益；最后，绩效评价结果还应与干部年度考核、述职述廉结合起来，以便落实管理责任，使政府部门和预算单位能够更好地为公众服务。

参考文献

[1] 卓越 . 政府绩效管理概论 [M]. 北京：清华大学出版社，2007：3.

[2] 马国贤 . 政府绩效管理 [M]. 上海：复旦大学出版社，2005.

[3]A. 普雷姆詹德（A.Premchhand）[美]. 公共支出管理 [M]. 北京：中国金融出版社，1995：192-193.

[4] 刘国永，李文思，王萌 . 全面实施预算绩效管理实践指导 [M]. 镇江：江苏大学出版社，2019.

[5] 陈毓圭 . 注册会计师职业化十四讲 [M]. 北京：中国社会科学出版社，2018.

[6] 郑方辉，廖逸儿，卢扬帆 . 财政支出绩效评价：理念、体系与实践 [J]. 中国社会科学，2017(4)：84-108.

[7] 许航敏，马忠华 . 全面实施绩效管理的地方实践及理论思考 [J]. 地方财政研究，2019，(02)：14-23.

[8] 刘柏源，丁志伟，张洁 . 预算绩效管理改革对省级财政支出影响——基于 DEA-Malmquist 指数分解法 [J]. 地方财政研究，2019(2)：34-42.

[9] 常海威 . 企业财务预算与内部绩效管理研究 [J]. 北方经贸，2014(12)：111-113.

[10] 季金梅 . 财务预算绩效评价体系的构建 [J]. 现代经济信息，2014(23)：230.

[11] 靳亮，李秀春 . 浅谈高校财务预算与绩效管理 [J]. 电子制作，2015(06)：275.

[12] 刘小梅 . 构建以战略为导向的政府预算绩效管理体系——平衡计分卡在政府部门预算绩效管理中的应用探讨 [J]. 财会研究，2017(03)：5-12.

[13] 刘国斌，冀晶焱 . 基于 BSC 和 KPI 的高校绩效预算评价体系构建 [J]. 会计之友，2015(08)：126-129.

[14] 彭秋莲，杨运东 . 高校预算绩效评价机制的构建 [J]. 财会月刊，2016(16)：13-16.

[15] 张瑞龙 . 基于新公共治理的财政绩效评价指标体系设计 [J]. 中国乡镇企业会计，2019(12)：180-181.

[16] 刘从兵 . 基于层次分析法的高校预算绩效评价研究 [J]. 商业会计，2015(06)：73-75.

[17] 贝晓松 . 政府部门财政预算绩效评价存在的问题及建议 [J]. 现代经济信息，2019(21)：164-165.

[18] 张桂玲，陈利花 . 基于 DEA 的河南省科技投入绩效评价研究 [J]. 商业会计，2019(07)：34-41.

[19] 吕燕，黄莉，伍锡娟 . 预算资源投入—产出率分摊模型的构建与运用——以 GY 公司的实践为例 [J]. 商业会计，2019(01).

[20] 孙欣 . 财政支出绩效评价结果应用于问责的困境与出路 [J]. 财政监督，2018(13)：44-

52.

[21] 曹堂哲，李方旺．基于预算绩效的政府战略性绩效管理新形态——问题、逻辑与实施路径 [J]. 兰州大学学报（社会科学版），2019(05)：61-70.

[22] 陈祥京．我国全面实施预算绩效管理的原因和意义 [J]. 时代金融，2018(15)：160.

[23] 丁丽芸．新西兰政府预算绩效改革的经验及启示 [J]. 探求，2017(04)：116-120.

[24] 高云霄．河北：全面建设高质量财政 [J]. 中国财政，2019(03)：32.

[25] 高波，王善平．财政扶贫资金综合绩效评价体系研究 [J]. 云南社会科学，2014(05)：86-89.

[26] 何文盛，杜丽娜，蔡泽山．国家治理现代化视角下预算治理的理念嬗变与演化兴起 [J]. 上海行政学院学报，2019(06)：10-21.

[27] 贾康．走向现代国家治理的财税配套改革 [J]. 财政监督，2018(02)：15-23.

[28] 李春根，徐乐．预算绩效评价结果应用的现状与优化 [J]. 中国行政管理，2019(10)：154-155.

[29] 李梅，张玲．县域公共支出绩效评价体系实证研究 [J]. 财会通讯，2011(29)：90-91.

[30] 贺佳，孙健夫．县市级公共图书馆财政资金支出绩效评价 [J]. 经济研究参考，2018，(46)：15-22.

[31] 刘承礼．省管县体制改革与地方财政解困 [J]. 地方财政研究，2017(12)：43-50.

[32] 刘菲菲．宏微观视角下预算绩效管理的实施路径选择 [J]. 财会月刊，2019(21)：172-176.

[33] 刘锋．县级财政全面实施预算绩效管理浅析 [J]. 纳税，2019(27)：234-235.

[34] 马蔡琛，朱旭阳．从传统绩效预算走向新绩效预算的路径选择 [J]. 经济与管理研究，2019(01)：86-96.

[35] 马国贤，任晓辉．全面实施绩效管理：理论、制度与顶层设计 [J]. 中国行政管理，2018(04)：13-18.

[36] 马国贤．论“全面绩效管理”下的预算项目管理 [J]. 财政监督，2018(01)：23-28.

[37] 齐守印．以公共经济视角全要素全维度深化国有资产管理体制改革 [J]. 财政科学，2019(04)：25-41.

[38] 王金秀，邓琨．论全面实施预算绩效管理提质增效 [J]. 财政监督，2019(21)：11-15.

[39] 王淑杰．地方绩效预算改革的实践困境与推进路径 [J]. 宏观经济研究，2019(07)：62-70.

[40] 王雍君．全面绩效管理中的目的性关切与框架设计走向 [J]. 中国财政，2018(09)：18-20.

[41] 肖捷．全面实施预算绩效管理提高财政资源配置效率 [J]. 中国财政，2018(07)：4-6.

[42] 珍文．张馨著：《公共财政论纲》[J]. 中国经济问题，1999(06)：24.

[43] 周鑫．政府绩效预算管理改革实践探讨 [J]. 中国集体经济，2019(35)：34-35.

[44] 河北省财政厅．河北：突出绩效导向深化科学理财全力构建全过程绩效管理新机制 [J].

中国财政，2018(03)：12-13.

[45] 郑方辉，陈佃慧 . 论第三方评价政府绩效的独立性 [J]. 广东行政学院学报，2010(02)：31-35.

[46] 白冰 . 新时期高校财务预算改革与绩效管理实践探索 [J]. 经济师，2015(06)：196-197.

[47] 张瑞龙 . 基于层次分析法的高校预算绩效评价研究 [J]. 商业会计，2015(06)：73-75.

[48] 付立群 . 广西财政预算绩效管理问题研究 [D]. 广西：广西大学，2017：1-2.

[49] 伍玥 . 我国绩效预算改革研究 [D]. 中国财政科学研究院，2017：35-40.

[50] 宋全泽 .A 省财政预算支出绩效评价研究 [D]. 华东交通大学，2016：35-40.

[51] 陈晨 . 苍南县政府污水治理专项资金预算绩效管理研究 [D]. 西北农林科技大学，2019.

[52] 冯利萍 . 我国地方人大预算监督制度完善研究 [D]. 上海师范大学，2019.

[53] 高发标 . 运用大数据实施财政监督研究 [D]. 云南大学，2018.

[54] 韩潮 . 基于与绩效审计相结合的中直机关预算绩效管理优化研究 [D]. 北京交通大学，2019.

[55] 何碧萍 . 公共经济视角下的国有资产管理改革研究 [D]. 河北师范大学，2019.

[56] 李折若 . 安徽省 A 市财政预算绩效管理研究 [D]. 安徽大学，2019.

[57] 肖振 . 我国县级预算绩效管理实践研究 [D]. 广西大学，2014.

[58] 于志刚 . 青岛市财政预算绩效管理研究 [D]. 青岛大学，2017.

[59] 赵丽玮 . 我国基层财政预算绩效管理问题研究——以 Q 县为例 [D]. 山东大学 .2019.

[60] 白景明 . 全面实施预算绩效管理须实现四大突破 [N]. 中国经济时报，2018-02-13(8).

[61] 曾金华 . 过紧日子必须强化预算约束 [N]. 经济日报，2019-04-05(006).

[62] 孔博禹 . 大数据时代的绩效评价 [N]. 民生网，2018-12-02(财经).